KB098227

학교,
민주시민교육을
만나다!

학교, 민주시민교육을 만나다!

발행일   2019년 12월 18일 초판 1쇄 발행
          2021년 06월 23일 초판 3쇄 발행
지은이   김성천, 김형태, 서지연, 임재일, 윤상준
발행인   방득일
편 집   박현주, 허현정, 박선영, 문지영
디자인   강수경
마케팅   김지훈

발행처   맘에드림
주 소   서울시 도봉구 노해로 379 대성빌딩 902호
전 화   02-2269-0425
팩 스   02-2269-0426
e-mail   momdreampub@naver.com

ISBN   979-11-89404-28-4 93370

어떻게 제대로 된 민주시민교육을 할 것인가?

학교,
민주시민교육을
만나다!

김성천·김형태·서지연·임재일·윤상준 지음

맘에드림

현재 교실 안에 시민은 존재하는 것일까? 시민은 태어나는 것이 아니라 길러진다고 하는데 학교는 현재 시민을 기르는 공간인 것인가? 현장 교사로서 매일 만나는 학생들은 다양한 미디어나 자극적인 게임에 빠져들고 있고 장난스럽고 무분별하게 혐오의 언어를 사용하고 있지만 이에 학교에서 대응하는 시민으로서 경험은 거의 없다. 우리 책은 다음 세 가지 고민으로부터 시작되었다.

고민1.
학생은 학교의 주인이자 교복 입은 오늘의 시민인가?

한국은 OECD 가입국 중 유일하게 만 19세로 가장 높은 선거 연령 기준을 두고 있고, 청소년이 정당에서 활동하거나 선거운동에 참여하는 것을 금지하고 있다. 인구의 20%를 차지하는 만 18세 이하 청소년들이 선거철이 되면 투명인간이 되고 만다. 우리나라 선거법상 SNS에 자신의 지역 선거에 누가 뽑히면 좋겠는지 밝힐 자유도 없다. 실제 지난 지방선거에 온라인 선거운동에 참여한 청소년들은 당시 선거관리위원회로부터 경고를 받았다.

하지만 변화가 시작되고 있다. 정치적인, 사회적인 측면에서 시민교육에 대한 요구가 높아지고 있다. 민법 개정을 통해 성인의

나이를 만 18세로 낮추려는 움직임이 있으며 총선을 대비해 만 18세 선거권을 포함한 정치개혁 법안이 국회 신속처리 안건으로 지정되어 뜨거운 쟁점으로 부상하였다.

그러나 정치적 사회적 변화에도 불구하고, 불행히도 교육 현장인 학교에서는 민주시민교육이 뿌리내리지 못하고 있다. 학교 민주시민교육은 모든 학교 구성원들이 자신의 의견을 말할 수 있고, 모두가 동등하게 자신의 의견을 학교 운영에 반영시킬 수 있도록 하는 교육이다. 학교 구성원들 간에 의견이 다를 때는 심도 있는 토론을 하고 전문가 의견도 들으면서 절충점을 찾아내며 이러한 과정에서 누구도 배제되지 않고 소통이 원활하게 이뤄지도록 하는 교육이 학교 민주시민교육이라고 할 수 있다. 하지만 학교 현장의 민주시민교육은 다르다. 민주시민교육은 교육기본법의 총괄적인 교육목표이지만, 실제 학교에서는 창의적 체험활동의 범교과 10개 과목 중 하나일 뿐이다. 다른 법적 의무 시수에 밀려서 이름뿐인 교육으로 전락하였으며, 해도 되고 안 해도 되는 교육으로 현장에서 인식되고 있다.

우리는 혐오의 시대에 살고 있다. 학교도 다르지 않다.

청소년들의 기존 정치에 대한 냉소뿐만 아니라 타인에 대한 증오와 혐오 현상이 심각하게 나타나고 있다. 세대 간, 지역 간, 사회 집단 간의 첨예한 갈등으로 공동체성과 시민성이 약해지고 있다. 미래에 대한 불안과 공포, 만연한 갑질 문화, 치열한 경쟁 때문에 내부의 분노로 다양한 사회문제가 발생하고 있다. 이에 촛불 혁명 이후 많은 시도교육청에서 민주시민교육과를 신설하고 다양한 민주시민교육에 대한 정책들을 현장으로 쏟아내고 있다. 하지만 교육운동을 이끌고 있는 교원단체들은 민주시민교육에 대해 시종일관 미지근한 반응이다. 이는 여타 현장 교사들의 태도와 다르지 않다.

오히려 학생 인권과 교권과의 대결 구도에서 평행선을 달리는, 서로 다른 입장만 확인할 뿐이다. 학생인권조례를 악용하는 학생 사례, 교사의 교육권을 침해하는 학부모 사례 등을 직간접적으로 접한 교사들은 민주시민교육을 제대로 시작도 못해 보고 열정이 사르라진 듯하다. '학생에게 욕 들으면 300만 원'이라는, 교권 침해 보험 기사에 나오는 교사는 시민적 주체성을 위해 기본적으로

존중해야 할 학생 인권조차도 삐거덕거리는 상태를 방치하고 있다. 민주시민교육은 학생 인권과 교권 사이에서 길을 잃은 상태이다. 학교의 주인으로서 오늘의 시민으로서 존중받으며, 성숙한 시민이 되기 위한 다양한 경험을 할 수 있도록 학교 공동체가 모여 머리를 맞대고 고민해야 한다. 그러나 오히려 학생 인권과 교권의 대결 구도 속에서 민주주의나 시민성에 대한 합의는커녕 우왕좌왕하고 있는 상태이다.

고민3.
학교에서 어떤 경험을 해야 민주시민이 될까?

현재 학교에서 학생들은 입시 위주의 교육 속에서 아직도 많은 교실에서 토의나 토론 없이 미래에 사라질지도 모르는, 또는 이미 사라져버린 죽은 지식을 주입받고 있다. 민주시민교육 또한 마찬가지이다. 지식 위주로 인권의 종류를 외우고 기본권을 구별하며 정치에 참여하는 방법을 달달 외우고 있다. 이렇게 민주시민교육이 사라진 자리에 비인권적인 언어가 난무한 예능 프로, 포르노 용어와 같이 자극적인 언어가 난무하는 유명 BJ 방송, 방송 심의 제약도 없는 유튜브 속의 19금 광고 등이 자리를 잡았다. 오히려 TV에 가족들이 옹기종기 모여 뉴스를 보고 오락을 즐겼을 때가 나왔다. 정보 검색을, 성인들이 대부분 접하는 인터넷 포털이 아니라, 유튜브로 하는 청소년들은 방송 심의를 벗어난 곳에서 무방비하게 노출되고 있으며 가짜뉴스와 무분별한 상업적 자본, 성차별적 사고에 지배를 받고 있다. 하지만 학교에서는 학생들의 상태, 학교 시민교육의 현실이 어떠한지 잘 모르고 있는 실정이다. 학교는 시민으로서의 경험을 제공하지 못한 채 아직도 공정을 가장한 무한 경쟁 지식 수업이라는 열차에서 빠르게 질주하고 있다.

우리 책은 한 아이가 학교라는 공간에 들어와서 어떤 경험을 하여 민주시민으로 자라날 수 있는지를 횡적인 방향을 가지고 제시하였다. 현재 민주시민교육에서 학교의 민낯을 1장에, 민주시민교육을 위한 교육과정의 실천 모습을 2장에, 교육과정을 둘러싸고 있는 학교 3주체와 민주적인 학교문화에 대한 모습을 3장에, 학생의 시민 감수성 신장을 통한 학급 자치, 학생 자치의 주체적 경험을 4장에, 지역의 시민으로 확장하는 실천적 경험에 대한 모습을 5장에, 민주시민교육에 대한 정책 제안을 6장에 담았다.
선거 연령 하향을 준비하며 학교는 시민을 길러내고 있는지를 돌아보자. 이젠 학생을 시민이 아닌 존재, 어른의 지배에 종속된

존재로 생각하는 틀에서 벗어날 때다. 통제가 아니라 신뢰, 수동적인 접근이 아니라 주체적으로 학교에서부터 지역의 시민으로 확장되는 다양한 경험을 통해 교사, 학생 모두 깨어있는 시민으로 성장하는 발걸음을 함께 내딛기를 바란다.

차례

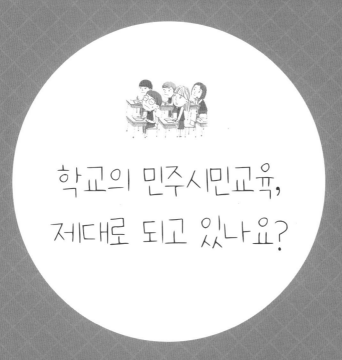

학교의 민주시민교육,
제대로 되고 있나요?

시민교육에 대한 공교육의 책무성 강화가 강조되고 있는 지금, 세계는 여러 가지 문제들로 골머리를 앓고 있다. 날로 깊어지는 양극화, 점점 더 살벌해지는 종교 간 갈등, 수많은 무고한 희생을 낳고 있는 테러, 인간소외와 난민 문제, 불안한 사회 분위기에 휩쓸려 사람들의 눈과 입을 가로막는 가짜뉴스 등. 이모든 문제에 대해 아직까지 뾰족한 해결책을 제시하지 못하고 있는 가운데, 학교교육에서 학생들의 의식 수준을 높이고 이들을 성숙한 민주시민으로 길러내려는 노력들이 논의되고 있다. 학교에서 민주시민교육이 제대로 이루어져야 한다는 목소리가 높지만, 아직까지는 과연 제대로 된 교육인지 미지수다. 이에 이 장에서는 학교가 왜 민주시민교육에 앞장서야 하는지와 현재까지 이루어지고 있는 민주시민교육의 실정 그리고 앞으로 지향해야 할 민주시민교육의 방향성에 관해 살펴보려 한다.

01

학교와 광장,
우리 학생들의 두 가지 시민성

촛불 혁명이 보여준 성숙성

2016년 겨울, 대한민국의 밤거리는 촛불로 환하게 불타올랐다. 어른들뿐만 아니라 교복을 입은 학생들까지 손에 촛불을 들고 나왔던 것이다. 친구들과 팔짱을 끼고, 부모의 손을 잡고 삼삼오오 모여들어 칼바람이 휘몰아치는 한겨울 매서운 추위에도 아랑곳없이 드넓은 광장을 뜨겁게 달궜다. 그때 광장의 자유발언대에서 소리 높여 평등하고 정의로운 세상을 요구하는 학생들의 모습은 참으로 의젓하고 당당했다.

어디 그뿐인가? 2014년 수많은 무고한 희생자를 낸 끔찍한 세월호 참사에도 학생들은 끝없는 추모 행렬에 자발적으로 참여하며 노란색 리본 속에 뜨거운 시민의 마음을 표현했다. 말로는 학교의 주인이라고는 하지만 마지못해 시키는 대로 하는 데 더 익숙한 존재, 툭하면 쓸데없는 생각하지 말고 공부나 하라는 말을 듣는 미숙한 존재로 여겨지던 우리 학생들이 보여준 모습은 성숙한 시민의 모습 그 자체였다. 이런 아이들이 만들어가는 사회라면 우리 사회의 미래도 밝지 않을까 하는 희망이 보였다.

일상이 되어버린 폭력과 미성숙성

하지만 촛불 혁명에서 똘똘 뭉쳐 보여주던 학생들의 성숙한 시민성은 대체 어디로 자취를 감춘 걸까? 최근 쏟아지는 언론의 보도들을 보노라면 또다시 불안감이 엄습해온다.

> 인천의 한 아파트 옥상에서 또래 학생을 집단 폭행하다가 추락사하게 한 4명의 중학생이 재판에 넘겨졌다. 피해자를 폭행할 때 당시 그의 입과 온몸에 가래침을 뱉고 바지를 벗게 하는 등 심한 수치심을 준 것으로 드러났다. 피해자는 이렇게 맞을 바에는 차라리 죽는 게 낫겠다는 말을 남기고 옥상에서 추락해 숨졌다.[1]

중학교 3학년 승영(15세 가명)이는 지난해 반 친구들과의 단체 카톡 방에서 왕따를 당했다. 승영이의 글에 친구들은 대답을 하지

---

1. 〈인천 중학생 추락사〉, 《경기일보》, 2018. 12. 12.

않거나 아예 없는 것처럼 대화하기 일쑤였다. 별로 친하지 않은 아이들이 시작했던 일이 금세 다른 친구들에게도 번졌다. 아이들은 페이스북 등 SNS에 승영이 사진을 올려 외모를 비하하거나 이유 없이 욕을 하기도 하였다. 얼굴도 모르는 다른 학교 아이들까지 가담한 이런 행동에 큰 충격을 받은 승영이는 현재 심리 상담을 받는 중이다.[2]

　최근 온라인, 오프라인 상관없이 일상에서 남을 괴롭히는 학생들의 폭력이 점점 더 도를 넘어서고 있다. 사이버 폭력인 경우 연령이 점차 낮아지는 추세가 뚜렷해 초등학생도 예외가 아니다. 모바일 메신저로 음란물을 공유하거나 BJ(인터넷 개인 방송 진행자)들이 유행시킨 포르노 용어를 교실에서 아무렇지도 않게 사용하고 있다. 바로 전 수업 시간에 '세계 인권 선언'에 대해 배웠음에도 불구하고 쉬는 시간에 쏟아지는 특정한 성별에 대한 비하 용어, 예컨대 메갈, 김치녀, 페미와 욕설, 지역에 대한 비하 언어들은 교사를 좌절시키기도 한다. 이미 청소년 언어가 되어버린 보이루, 앙기모띠 등과 같은 성적 유머 코드는 이젠 초등학교에서도 쉽게 들을 수 있다. 심각한 문제는 특정 집단을 비하하는 농담, 잘 모르면서 무의식적으로 사용하는 표현들이 청소년의 집단 문화로 강화되어 학교 폭력과 같은 차별 행위로 이어지고 있다는 점이다. 이러한 일상적인 학생 삶 속에서 발현되는 미성숙한 시민성에 아마

---

2. 〈고삐 풀린 청소년 사이버 일탈〉, 《세계일보》, 2018. 1. 24.

도 많은 교사들이 심각성을 느끼지 않을 수 없을 것이다.

안타깝게도 최근 학교에서 볼 수 있는 학생의 일상 속에서 시민성을 찾기란 쉽지 않다. 학교에서 학생은 그저 성적이나 높여야 할 존재일 뿐 시민으로서 정체성이 없다는 뜻이다. 교육 자체가 입시 중심으로 이뤄지다 보니 공동체 구성원으로 같이 살아가기 위한 윤리의식도 현저히 낮은 상태이다.

민주주의란 본래 일상생활 속에서 구현되는 삶의 방식이다. 하지만 학생들에게 평범한 일상생활의 장소라고 할 수 있는 학교가 과연 민주적 원리와 방식으로 돌아가고 있을까? 안타깝게도 우리나라 학교에는 아직까지 민주적 원리와 방식이 삶의 방식으로서 뿌리내리지 못했다. 머리로 이해하고 있는 민주주의가 정작 자신들의 실생활인 학교에서 삶의 방식으로 적용되지 않는 모습을 고스란히 지켜보는 학생들의 눈에는 분노와 냉소가 가득하다. 이러한 불신과 허무는 관심과 참여 부족으로 나타나 민주적 시민성이 약화되어 가고 있는 실정이다.

아울러 민주주의에 대한 왜곡 또한 심각한 수준이다. 청소년 대부분이 알고 있는 일베 용어인 '민주화'라는 말은 교과서에서 나오는 '민주적으로 되어 가는 변화'를 의미하는 긍정적인 뜻이 아니다. 이 말은 어처구니없게도 '뭔가 억눌러 획일화시키다', '저 사람을 공격해라'라는 부정적인 뜻으로 버젓이 사용되고 있다. 또한 게임에서 시비가 격해지거나 친구들 사이에서 시비가 붙으면 자연스럽게 표출되는 부모(느금마, 엠창)의 욕과 여성 비하의 용어

(강간당했다, 룸망주)들도 습관적으로 사용되고 있다.

삶 속에서 자연스럽게 민주주의와 민주시민으로서 자질에 대한 교육이 이루어지지 못하고 그저 교과서에나 존재하는 지식으로만 접하다 보니 학생들은 민주주의가 실생활에서 어떻게 적용되는지에 대해 잘 모른다. 경험할 기회가 없었기 때문이다. 그 결과 이에 대한 객관적 판단을 제대로 하지 못한 채 학교에서 배운 것과 다른 SNS에서 유통되는 정보를 여과 없이 받아들이고, 자극적인 가십이나 재미의 하나쯤으로 인식하며 이런 용어를 마구잡이로 사용하고 있다는 것이 안타까울 뿐이다. 한편으로는 이 용어 속에 숨겨진 사회에 대한 비판적이고 냉소적인 목소리에 우리 교사를 비롯한 어른들이 귀를 기울일 필요도 있어 보인다.

[그림 1] 우리가 모르는 교실 속 학생 1 - 정상 체중도 다이어트

[그림 2] 우리가 모르는 교실 속 학생 2 - SNS 외모 품평회

학생의 일상에서 민주적 시민성은 자라고 있는가?

서로에 대한 배려와 협동은 고사하고, 때로는 친구를 밟고 일어서야 할 만큼 치열한 입시 경쟁 속에 내몰린 학생들은 사실상 민주주의의 사각지대에 놓여 있다. 정서적 결핍의 시대를 살아가는 오늘날의 학생들은 친밀하고 돈독한 인간관계 속에서 안정감을 느끼기보다 SNS상의 인스턴트 인간관계에서 오는 소외와 외로움, 피로감에 시달리고 있다. 그리고 독특함보다는 집단주의가 강해지고, 다양한 색깔을 인정하지 않는 폐쇄적인 청소년 그룹 문화, 너무 일반적으로 되어버린 왕따 문화의 불안감에서 벗어나기 힘든 상황이다.

그렇다면 학교를 넘어 사회의 모습은 어떠할까? 차라리 더하면 더했지 나을 것도 없다. 뉴스에서 보는 우리나라 사회는 일자리 감소와 불확실한 미래에 대한 사회적 불안감, 부의 극심한 양극화와 불평등으로 계층·세대·성별·이념 간의 복잡한 갈등과 혐오의 수준이 위험 수위를 넘어선 지 오래다. 선거 때마다 지지층 결집을 위해 상대방에 대한 혐오를 조장하는 정치와 언론, 사회에 만연한 폭력과 성폭력, 사회적 소수자에 대한 혐오는 우리 사회에서 자체 정화할 수 있는 능력이 이미 상실되었다. 이러한 편견과 혐오는 우리 사회가 평화로운 공동체로 기능하는 데 크나큰 걸림돌이 되고 있다.

OECD 국가의 사회갈등지수

순위	2014	
	국가명	지수
1	멕시코	1.507
2	터키	1.354
3	한국	1.200
	OECD 평균	0.904

교육부(2018).

　이런 사회에서 학생들은 자신들만의 문화 뒤에 숨어 헌 사회의 심리적 고통의 시대를 힘들게 버텨나가고 있는 것인지도 모른다. 불확실한 사회 현실과 더불어 공교육과 교실 수업의 위기, 사교육의 만연, 아직도 건재한 전근대적 수업 방식 속에서, 학교 폭력, 왕따, 자살 등 여러 교육 문제들에 대해 교육부는 매뉴얼을 기반으로 학교에 여러 가지 지침들을 내려 보내고 있지만, 아쉽게도 문제 해결에 성공한 것은 찾아보기 어렵다. 오히려 교육부가 뭔가 새로운 정책을 시행할 때마다 학교 현장은 더욱더 엉키고 꼬일 뿐이며, 맥락 없이 일방적으로 떨어지는 업무 속에서 어느 누구도 주체가 되지 못한 채 교사와 학생 모두가 고통 받고 있다.

　학생들의 시민성은 그냥 생기지 않는다. 학교에서 장기간의 꾸준한 학습과 교육을 통해 습득된 교양과 태도를 토대로 다양한 사람들과의 관계 속에서 발현되는 것이 시민성이다. 시민으로서 존중한다는 것이 어떤 태도로 어떻게 소통하는 것인지 경험하고 배우지 않는다면 결코 실제로 적용하기 어렵다. 앞으로 사회 혼란과 문화 갈등, 불확실성이 넘쳐나는 사회에서 살아가게 될 우리 학생들은 인간 존재에 대해 친구들과 더불어 생각하고 성찰하며 실천하는 경험을 쌓아가며 성숙한 존재로서 성장해야 한다. 이를 위해서는 다른 사람에 대한 공감 능력, 자신에 대한 성찰과 겸손함을 배우고, 서로 평등한 관계에서 함께 얘기하고 지혜롭게 문제를 해결하는 시민성을 학습하면서 이를 일상적인 생활 속에서 자연스럽게 실천할 수 있어야 한다. 그것이 가능할 때 비로소 민주주의는 삶의 방식이 된다.

하지만 아직까지 우리나라 교실은 지식 전달 위주의 수업이 대세로, 사회적 실천과 행위로서의 시민성 신장이 매우 더딘 상태이다. 사실 나날이 험악해지고 증가하고 있는 학교 폭력도 개인의 폭력성의 증가보다는 배려와 존중, 공동체 의식에 대한 시민성이 결여되어 나타나는 결과로 보는 것이 타당하다. 한 연구(이쌍철 외, 2018)에 따르면, 학교에서 학생이 어떤 경험을 하느냐에 따라 민주시민교육의 성패가 좌우될 수 있다고 한다. 그렇기 때문에 교사들은 어떻게 하면 학생들이 존중, 자율, 참여와 책임, 갈등 조정, 인권, 다양성과 같은 민주적 삶의 방식을 학교에서 경험할 수 있을지 치열하게 고민해야 한다.

이제 학교가 학생의 시민성 함양에 발 벗고 나서야 한다

세월호 참사 이후 〈인성교육법〉은 국회에서 만장일치로 통과하였으나 학생인권조례가 통과되기까지는 많은 시련과 우여곡절이 있었다. 지금도 전국 16개 시·도 가운데 4개 지역에서만 조례로 공포된 상태이다. 단지 학생이라는 이유로 인권조차 제대로 인정받지 못하는 것이 아쉽지만 지금의 현실이다. 많은 노력에도 불구하고 학생에 대한 비인권적 통제와 인권 침해가 여전한 비정상적이고 모순된 현실 속에서 학교는 학생들에게 미래를 위해 현재의 권리와 행복을 희생하고 참으라며 강요하고 있다.

이러한 길들이기 교육의 결과, 불의를 보아도 침묵하는 시민성이 학습되고 있다. 아울러 현재의 행복과 꿈을 저당 잡힌 학생들의 냉소와 분노는 하루가 다르게 켜켜이 쌓이고 있다. 단적인 예로 학생들이 많이 쓰는 SNS에 '자해'라는 단어를 입력하면 몸에 상처를 낸 게시물들이 쏟아져 나온다. 관련된 게시물만 해도 수만 건에 이를 정도다. 전문가들은 초등학교 4학년 무렵부터 자해를 시작하는 아이들이 있고, 중학생이 가장 많다고 추정한다. 필자의 학교에도 자해를 시도하는 학생들이 점점 늘고 있으며, 해마다 점점 더 연령이 낮아지는 추세이다. 일찍부터 시작되는 사교육으로 인한 부담, 교우관계 등에서 받은 스트레스를 자해와 같은 자학적 방식으로 푸는 데 빠져들면 점점 더 강력한 자극을 찾게 되고, 이는 자칫 극단적 선택으로까지 이어질 수도 있다.

자해를 하는 애들은 대부분 마음에 상처를 안고 있는 것이라고 생각을 해요. 그것으로 인해 어쩔 줄 모르겠고…. 감정들이 터져 나오는 걸 자해로 푸는 것 같아요(자해 경험 학생 인터뷰).[3]

자해하는 청소년 각자의 이유는 저마다 다르다. 다만 아이들이 심리적 고통에 대한 진통제 혹은 안정제로 자해를 이용하고 있다는 것은 분명하다. 아이들은 이미 행동으로 신호를 보냈다. 이 사회가 너무 힘들다고. 이제 어른들이 답할 차례다. 사회를 어떻게 바꿀 건지.[4]

이렇듯 우리 사회에는 마음이 병들고 아픈 아이들이 너무나 많다. 이들은 낮은 자존감과 낮은 자율성으로 무기력하며 우울함에 빠져 있다. 자해 놀이를 통해 스스로 상처를 내어야 간신히 살고 싶어진다는 아이들, 심리적 고통을 신체적 상처로 해소하는 아이들의 문화는 무엇을 의미할까? 일방적인 강요 속에서 현재의 행복을 희생당하고 있는 것이 미래의 시민이라 불리는 우리 학생들의 안타까운 현주소다.

이것이 학생들의 탓은 아니다. 오히려 학생들은 늘 주체이자 시민으로 있었다. 역사적으로도 나라가 위기에 빠질 때마다 어린 학

---

3. 〈SNS 타고 유행처럼 번지는 '#자해'…위로 필요한 청소년〉, SBS 2018. 12. 14.
4. 〈팔로어 수천 명… '자해계' 운영하는 '자해러'아시나요?〉, 《한겨레》, 2018. 12. 14.

생들은 빛나는 시민의식과 무궁무진한 잠재력을 보여주었다. 다만 우리 교사와 성인들의 시선이 그렇지 않았을 뿐이다. 성인들의 눈앞의 이익과 시장의 지배 때문에 교육의 목표가 상급학교 진학이라는 상품으로 뒤틀어졌다. 그 모든 피해는 지금 학생들에게 돌아가고 있다.

이제 학교는 먼 미래의 시민을 위한 교육이 아니라 지금 오늘의 시민으로서, 당당하게 자신들의 삶에 대해 말할 수 있도록 학생들을 이끌고 함께 가야 한다. 치열한 경쟁 속에서 입시 준비 기관으로 전락한 학교의 모습이 아니라 교육의 본질, 인간의 시유에 바탕을 두고 긍정적 관계 속에서 자율, 존중, 연대의 본질적 가치로 돌아가 학생의 삶 속에서 일상적인 시민성을 기를 수 있도록 지금 현재 움직여야 한다. 미래를 위한 결핍 상태에서 삶의 중요한 가치를 나누며 현재의 행복이 넘치도록 오늘의 시민으로 존중되어야 한다.

02

학교가 민주시민을
길러내지 못하는 이유

'민주시민교육'이란 용어는 참 많은 의미를 가지고 있다. 현재 사람마다 제각각 다른 의미로 사용하고 있으며, 민주시민교육이란 의미가 서로 합의된 바가 없어 혼란스럽다. 정치, 사회, 교육계에서 다양한 의미로 받아들여지고 있으며, 학교 안에서도 교과, 교육과정, 체험활동 등에서 서로 다른 개념으로 사용되고 있다.

민주시민교육은 교육기본법에 제시되고 있는 학교교육의 목표이자, 2015개정 교육과정 총론에 제시되고 있는 현행 초·중등 교육의 목표이다. 하지만 교육부에서 제시한 〈민주시민교육 활성화를 위한 종합계획〉에 따르면, 민주시민교육이란, "비판적 사고력을 가진 주체적인 시민이 민주주의 가치를 존중하고 서로 상생할 수 있도록 민주시민으로서의 역량을 향상시키는 교육"이라고 규정하고 있다. 민주시민교육을 통해 민주주의의 기본 원리와 핵심 가치에 대한 지식과 이해, 타인의 권리와 존엄성을 존중하고 다원성을 인정하는 시민적 관용, 공공생활에 적극적으로 참여하고 실천하는 시민적 효능감, 사회·정치적 문제를 객관적으로 파악하는 비판적 사고력, 대화와 토론으로 문제를 해결할 수 있는 능력과 기술, 약자를 보호하고 정의와 상생의 원칙에 따른 협력과 연대의 가치를 가진, 시민으로 길러내고자 하고 있다. 시민교육에서 민주시민을 길러내는 교육으로 한정되어 있는 느낌이며 총괄교육과정 목표와도 상당히 의미가 다르다.

정치적인 용어로 사용되는 민주시민교육도 있다. 문재인 정부는 국정과제 속에 민주시민교육 활성화를 제시하였다. 여기서 민주시민교육은 주권자 교육으로서, 기존 통치 집단의 이데올로기에 기댄 신민교육에서 벗어나고자 하는 의미를 담고 있으며 정치적으로, 의식적으로 깨어있는 시민을 육성하고자 하는 의미이다. 이에 비해 단위 학교 교육과정 편성에서 자주 사용되는 민주시민교육이라는 용어는 창의적 체험활동에서 시행하는 범교과 속 민주시민교육으로, 교과와 통합되어 재구성되거나, 창의적 체험활동 시간을 통해 운영된다. 또한 학교자치, 학교 민주주의와 관련하여 자주 언급되는 민주시민교육은 학생자치를 통한 학교의 민주적 운영을 위한 학생 참여 교육을 의미한다.

이렇게 위에 제시된 민주시민교육의 개념과 범주가 모두 다르다. 사람마다 생각하는 민주시민교육의 정의가 다르며 머릿속에 그리는 민주시민교육의 상이 사회적으로 합의되지 않아 혼란스럽다. 하지만 교육부, 교육청 여기저기 민주시민교육에 관련된 공문, 연수, 토론, 매뉴얼은 쏟아져 내려오고 있다. 이 모든 과정에 가르쳐야 하는 교사도, 성숙한 시민으로 성장해야 하는 학생도 빠져있다. 민주시민교육 개념이 혼재된 채로 늘 그렇듯이 민주시민교육마저 관료주의적으로 상부 기관에서 말단 기관인 학교로 내려오고 있는 실정이다.

이러한 혼란 속에 학교에서 학생의 일상 속에서 시민성을 고취시키고자 하는 적극적인 노력은 찾아보기 어렵다. 학교교육에서 시민교육은 어디에나 있으나 어디에도 없는 아이러니한 내용이다. 시민성은 강의로 교육되는 것이 아니라 삶에서 실천을 통해 학습되고 체득되어야 할 개념임에도 불구하고 그동안 민주시민교육은 단지 인지적 영역에 치우쳐 입시 중심의 치열한 경쟁이 난무하는 교육 현실에서 실천적 역량 강화를 위한 노력은 턱없이 부족했다.

물론 교육부와 시도교육청 차원에서 민주시민을 기르기 위한 학생 자치의 활성화, 교육 활동의 학생 참여를 위한 제도적 틀을 갖추려는 노력이 이루어지고 있다. 이를 반영하듯 학생 자치회 주관 대토론회, 학생 정책 결정 참여제, 학교장과의 간담회 등 정책 결정과 교육 활동에 대한 학생의 주체성과 시민성을 기르기 위한 제도가 공문과 매뉴얼 상에는 분명히 존재한다. 하지만 관료적이고 비민주적인 학교문화와 소극적인 학교 풍토 때문에 정작 학생들은 실질적인 주체로서 인정받지 못하고 있는 형편이다.

학생회장이나 학급 반장을 뽑는 절차적 대의 민주주의는 있으나 형식적인 절차일 뿐, 선거로 당선된 학생 대표에게 실제적인 권한 행사 같은 건 거의 기대하기 어렵다. 그저 교사의 지도하에 건의 정도만 가능할 뿐이다. '학생의 목소리에 대한 체계적인 침묵' 과정이 근대교육에서 지속되는 동안 관성적으로 존재해 왔으며, 학생 또한 학창 시절 내내 이러한 문화에 적응하게 되고 자신이 학교의 주체라는 사실을 까맣게 잊은 채 생활한다. 주체로서 대우받지 못한 존재는 결코 주체가 되어 행동할 수 없다. 결과적으로 학교는 성숙한 시민이 아닌 수동적이고 무기력한 학생을 사회로 배출하고 있는 셈이다. 학생이 학교에서 오늘의 시민으로 자리매김하지 못하는 이유를 현장의 구체적인 목소리를 통해 더 구체적으로 살펴보자.

현장 목소리1. 학생은 미성숙한 존재라는 인식

초등학교 1~2학년은 교사가 우유 먹는 방법도 천천히 반복해서 가르쳐야 해요. 이런 학생들을 시민으로 인정하고 교육해야 하는 건가요? 학생들은 아직 합리적인 의사결정보다는 자기중심적이고 놀이 중심, 편리성을 중요시해요. 시민으로 인식하기에는 아직 너무 어려요(초등학교 교사).[5]

---

5. 서지연. 학교자치 연구를 위한 FGI 인터뷰. 경기도교육청. 2018. 4. 16.

동서양을 막론하고 학생을 삶의 주체로 인정하기까지 오랜 시간이 걸렸다. 하지만 아직도 학교에서는 대부분 학생을 보호받아야 하는 존재로만 인식한다. 예컨대 학생들은 자기 몸이 아파서 보건실에 갈 때도 교사의 허락이 있어야 하며, 수업 시간에 급작스레 찾아온 생리적 현상 때문에 화장실에 가야 할 때조차 쉬는 시간에 뭐했냐는 따가운 눈총을 감수하며, "저, 죄송한데요. 화장실 좀 갔다 오면 안 될까요?"라는 정중한 허가를 청해야 한다.

대부분의 교사들이 학생을 한 사람의 시민으로 인정하지 않고, 여전히 지도만 필요한 수동적 존재로 인식함에 따라 학생들은 이끌어줘야 하는 존재로 자연스럽게 상정된다. 즉 학생은 통제의 대상, 순치의 대상인 것이다. 하얀 백지라서 성인들이 쉽게 교육을 통해 그림을 그려낼 수 있는 존재로 여겨지는 것이 바로 우리 학생들이다.

학생생활규정에서 많이 볼 수 있는 '불손', '불량', '선동'이라는 용어, 심지어 자주 쓰이는 생활지도와 수업 혁신의 용어조차 교사 중심 언어일 뿐, 학생은 그저 대상화되어 있을 뿐이다. 물론 학생들은 아직 성장 과정에 있다. 그러나 동시에 교사들과 성인들 역시 민주시민으로서 성장 과정에 있다. 이러한 과정을 인식하지 못하기 때문에 학교는 교사의 손길을 감시와 통제 수단으로 삼을 뿐이다. 그저 시키면 시키는 대로 잘 따르는 사람, 품행이 방정하고 성실하며 근면한 사람으로만 성장하도록 요구하고 있는 것이다.

역사적으로도 3·1운동에서부터 이어지는 4·19혁명, 민주화 운동사를 굳이 들춰보지 않아도 학생의 미성숙론을 반박할 만한 근거는 수없이 많다. 그럼에도 어리다는 이유로 무조건 미성숙하게 보는 나이주의 관점에서 학생을 바라보는 시선이 변하지 않는다면, 앞으로도 학교는 세월호 참사에서 보았듯 '가만히 있으라'라는 목소리를 따르는, 교과서를 앵무새처럼 외워야 하는 모범적이고 순종적인 학생, 침묵과 냉소에 길들여지는 학생을 길러낼 수밖에 없다. 현재의 학교에서는 실천행으로서의 시민적 삶을 경험해보지 못한 채 사회로 나가야 하는 상황이다. 과연 우리나라 학교에서는 시민으로서 교사와 학생의 수평적 만남은 불가능한 걸까?

현장 목소리2. 학생에게는 입시가 가장 중요하다는 인식

공부에는 다 때가 있어요. 인간으로서 권리나 시민은 대학 가서 얼마든지 찾을 수 있잖아요. 학업에 집중할 나이에 '시민'이다, '청소년 선거권'이다 같은 말로 제발 바람 좀 넣지 말았으면 좋겠어요. 시민이 되었다고 해서 입시가 바뀌는 게 아니잖아요(고등학교 교사).[6]

학생들은 학교운영에 무관심해요. 학교에 대한 불만은 많지만 잘

---

6. 서지연. 학교자치 연구를 위한 FGI 인터뷰. 경기도교육청. 2018. 4. 16.

참여하지 않죠. 학교 끝나기 바쁘게 학원에 가야 하니까요. 시민성을 신장하는 학생회 리더십 캠프나 학급 단합대회를 하려고 해도 학원 가야 하니까 빠진다고 해요. 부모님께도 전화가 오죠. 늦어도 몇 시까지는 꼭 보내달라고 하면서요. 전교 300명을 움직이게 하는 행사를 기획하고 있다고 설득해도 잘 안 돼요. 당장 경쟁에서 이겨야 하는 입시가 중요하니까요(고등학교 교사).[7]

아직도 학생의 사명은 오직 공부라고 생각하는 교사들이 많다. 학교교육에서는 입시 위주의 학교 교육과정 운영 때문에 제대로 된 시민교육의 운영은 늘 뒷전이다. 게다가 특히 민주시민성 함양을 목표로 하는 사회과, 도덕과에서 참여와 실천, 태도 영역보다는 지식과 기능 영역에 더 주안점을 두고 가르치고 있는 실정이다. 이러한 현실은 모두 입시 위주의 교육 환경에서 비롯되고 있다. 이러한 환경이라면 학생의 인격체를 성적과 성취의 결과물로 만들어 버릴 수 있으며, 학업성취가 뛰어난 소수의 학생들을 제외한 나머지는 들러리나 부속품으로 전락시켜 자존감을 추락시킨다. 결과적으로 학생들을 주체가 아닌 무기력과 우울의 상태로 이끄는 것이다.

---

7. ○○중학교 전문적학습공동체 학교자치 토론회(2019. 11. 30.) 발언 재구성

현장 목소리3. 교사의 정치적 중립 의무라는 미명

왠지 시민은 진보 용어 같은 느낌이 나요. 시민 혁명 때문인가? 그냥 국민이 더 편하죠. 나라 사랑 같은 느낌이니깐. 가끔 사회문제를 토론할 때, 혹시 현실 정치 비판 이야기가 토론에서 나올까 봐 왠지 위축도 되고 ⋯ 민감한 주제 토론할 때면 혹시 학급 복도에 누가 지나가는지 먼저 슬쩍 확인하게 돼요. 아이들도 이미 눈치를 채서 그런지, "괜찮아요. 안 지나갔어요."라고 말해주죠(중학교 교사).[8]

우리나라는 OECD 국가 중 유일하게 만 18세 선거권을 인정하지 않는 나라이며, 선진국 중 유일하게 교사 · 공무원의 정치 참여를 전면 봉쇄하는 나라이기도 하다. 현안에 관한 교사의 개인적 의견 표명조차 할 수 없다. 학교는 정치가 없는 순수한 공간으로 남아 있어야 한다는 왜곡된 이데올로기가 교육 현실을 지배한다.

아직도 학교 곳곳에는 과거의 유산인 이데올로기가 복잡하게 얽혀 있다. 이런 상황에서 "민주시민으로서 필요한 자질을 갖추게 한다"는 교육기본법은 아무 소용이 없다. 보수와 진보의 정치적 극한 대립으로 인한 문제의 소지가 없도록 중립적 내용만 가르치다 보니 학생들의 삶과 동떨어지거나 현재의 생생한 사회문제

---

8. 민주시민교육 활성화 TF. FGI 재구성. 2018. 12.

를 제대로 다루기 어렵다. 많은 교사들이 민주시민교육을 마치 특정 성향의 정당을 지지하는 교사의 계기교육처럼 비치지는 않을까 조심스러워하며 몸을 사리는 경향이 있다. 우리나라에서 교사는 정치적 중립의 의무가 있으므로 시민교육이라는 이름으로 여러 활동을 하기에는 다소 부담스러운 게 사실이다.

하지만 교육 선진국들의 사례는 다르다. 예컨대 독일은 시민교육의 주제로 현재 일어나는 일들을 중요하게 여긴다. 현재 독일의 가장 뜨거운 주제는 난민이다. 이렇게 내 지역의 일과 민감한 주제를 학교에서 거침없이 다루고 치열하게 토론한다. 하지만 우리나라는 반대이다. 민감한 주제일수록 교육에서 잘 다루지 않는다. 어른들이 논의하여 결정한 후 이를 정리해서 교과서에 전달할 뿐이다. 결국 우리나라 학교는 학생들을 현실 정치의 문맹자로 만들어 사회로 내보내는 셈이다.

대체 왜 그럴까? 그 이유는 학생이 아직 미숙해서 현실의 복잡한 정치에 대해 이해하기 힘들고, 혹시 어설프게 정치에 대해 알게 되면 어린 마음에 감정에 휩싸여 즉흥적이고 도발적인 행동을 할 수 있다는 우려 때문이다. 우리나라에 태어난 죄로 우리 학생들은 정치와 경제를 표현하는 복잡한 그래프와 수식은 달달 외워 규칙대로 해석할 수 있을지는 몰라도, 우리의 삶에 직접적으로 영향을 끼치는 현실 정치와 권력의 메커니즘에 거의 무지하고, 다양한 갈등 상황에 대한 유연한 대처나 창의적 문제 해결 능력 또한 부족한 편이다. 다소 극단적으로 비유하자면 우리나라에서 교사는 정치적 금치산자가 되고, 학생은 정치적 문맹자로 졸업한다. 이러한 교육 시스템 안에서라면 우리 사회 민주시민의 자질은 계속 떨어질 수밖에 없다.

현장 목소리4. 무엇을 어떻게 가르쳐야 하는가의 문제

민주시민교육은 창의적 체험활동 시간에 해야 하는 범교과 과목 10개 중 하나죠. 그런데 법석으로 꼭 해야 하는 의무 교육 시간이 있어요. 예컨대 안전교육, 성교육, 인성교육 등이죠. 이런 교육을 넣고 학교행사를 넣으면 민주시민교육이 들어갈 자리가 없어요. 교과와 연계해서 했다고 치고 그냥 넘어가기 일쑤죠. 만약 한다 해도 강사 불러서 방송실에서 전체 영상 강의하고 땡이죠. 애들은 멍하게 영상만 보고 있거나 떠들고 있어요. 하지만 어쩔 수 없죠. 솔직히 민주시민교육이 무엇을 어떻게 가르쳐야 하는지 아무도 모르는 건 사실이잖아요(초등학교 교육과정 부장).[9]

아직까지 국가 수준의 교육과정에 우리나라의 민주시민교육은 없다. 민주시민에 대한 상 자체가 제대로 형성되어 있지 않다 보니 교사들이 제각기 다른 의미로 받아들이는 것이다. 그리고 핵심

---

9. ○○중학교 전문적학습공동체 학교자치 토론회(2018. 11. 30.) 발언 재구성

주제나 하위 내용에 대한 체계조차 없다. 민주시민교육이 인권, 참여, 다양성, 연대, 공존, 평화 교육과 같은 하위 주제를 하나로 엮어 커다란 우산과 같은 지향점을 제시해야 함에도 불구하고, 현재는 범교과에서 인권교육, 평화교육 등의 하위 주제 중 하나로만 존재하고 있다.

교사가 민주시민교육의 하위 주제인 인권교육 프로그램을 실시하면서도 자신이 시민교육을 하고 있는지 인식하지 못하는 상황이 발생하기도 한다. 민주시민교육에 대한 체계성과 기준의 부재로 현재는 개별적 하위 주제별로 교육을 하면서도 이게 민주시민교육인지, 아니면 또 다른 민주시민교육을 해야 하는 것인지 몰라 학교 현장 교사들은 혼란스러워하고 있다. 이런 상황에서 가르치는 당사자인 교사는 모호한 시민교육에 대해 우왕좌왕할 수밖에 없는 것이다.

2015 개정 교육과정에서는 민주시민교육을 범교과 학습 주제 중 하나로 선정하고, 이를 교과 및 창의적 체험활동 등 교육 활동 전반에서 실시하도록 하고 있다. 하지만 학교 현장에서 이것이 제대로 이루어지지 않는 이유는, 민주시민교육에 대한 모호함도 문제지만, 무엇보다 민주시민교육을 하고 싶어도 실제로 할 시간이 없다는 것이다. 다른 범교과 학습 주제 및 법정 의무교육 시수 때문에 민주시민교육 시수를 확보하기 어렵다. 법령에 따라 현행 교육과정에서 의무적으로 편성 및 운영해야 하는 시수는 초등학교 272시간, 중학교 170시간, 고등학교 170시간이다. 여기에 입학, 졸업, 축제와 같은 각종 행사 및 봉사 활동, 동아리 활동 등을 편성하고 나

면, 남는 시간이 거의 없기 때문에 민주시민교육을 학교에서 교육하는 데는 한계가 있다. 범교과에서도 민주시민교육은 법정 의무교육 시수가 아니다 보니 교사들 사이에서 해도 그만 안 해도 그만인 과목으로 인식되는 경향이 있다. 경기도에서 개발한 '더불어 사는 민주시민', '세계 시민', '통일시민' 교과서의 완성도가 아무리 높다 해도 일선 학교에서 활용률이 떨어지는 이유가 여기에 있다. 또한 민주시민교육에 대한 교사의 개인적 열정에 따라서도 교육 수준의 편차가 매우 크게 나타난다. 예컨대 인권, 참여, 연대와 같은 민주적 가치 교육에 대한 의지가 있는 교사가 있는 학교와 그렇지 않은 학교 사이에는 학생의 교육적 경험 차이가 클 수밖에 없다.

현장 목소리5. 민주시민교육에 관한 교사들의 역량 부족

> 한 달에 한 번 시간표에 있는 학급 자치 시간이 저는 너무 싫어요. 회의를 하라고 하도 아이들은 떠들기만 하고 제대로 참여하지 않고요. 의견을 내도 장난스러운 의견이 많고, 말도 안 되는 요구만 하죠. 진지하게 진행하라고 여러 번 주의를 주면 그냥 입을 닫아버려요. 학급 생활목표, 건의 사항을 말해도 한 5분이면 끝날 걸요. 나머지 시간은 주로 자습을 하게 되죠(중학교 교사).[10]

---

10. ○○중학교 전문적학습공동체 학교자치 토론회(2018. 11. 30.) 발언 재구성

지금까지 교사들은 민주시민교육을 한 번도 제대로 배운 적이 없다. 대학교에 입학해서 교원 양성기관에서도 제대로 경험하지 못했으며, 극한 경쟁에서 살아남아야 하는 임용제도 때문에 민주시민교육에 대해 고민할 시간도 부족했다. 어찌 보면 교사들이 민주시민교육 분야를 가르칠 능력이 없는 것이 당연하다.

촛불 혁명 시대의 요구로 학교에서 민주시민교육을 해야 한다는 것을 인식하고는 있지만, '시민교육' 자체를 받아본 경험이 없는 교사들은 정확한 가이드라인이 없는 상태에서 우왕좌왕 눈치만 볼 뿐 힘들어하고 있다. 일부 시도교육청에서 민주시민교육과 관련된 교원 연수를 진행하고 있지만 왜 해야 하는지에 대한 교사들 간의 합의와 공감이 절대적으로 부족한 상태이다.

2015 개정 교육과정 총론에 존재하는 민주시민교육이 명분상의 목표로만 존재할 뿐, 교과 수업에서 수업목표로 자리할 수 없는 상황인 것이다. 또한 교육부나 시도교육청의 민주시민교육정책을 보면 학생회 중심의 자치, 학교 운영의 학생 참여 등에 집중되어 있다. 학생들의 인권교육이나 학생을 주체로서 존중하는 수업 및 학급 자치는 교사에게 낯설기만 할 뿐이다.

관행적으로 학교는 학생을 교육적 관리 대상으로만 인식하며, 학교 공동체의 이름으로 모든 학생을 표준화하려 한다. 대화와 토론을 통한 민주주의 과정에서 배워야 하는 수업과 자치 시간은 그저 문서상에만 존재하는 형식적 절차로 존재할 뿐이다. 게다가 학급 자치회 매뉴얼은 10년 전의 그것과 별반 다르지 않으며, 교사의 인식 또한 여전히 그 수준에 머물고 있는 실정이다.

의제에도 학생들의 삶에서 발생하는 생생한 문제들을 적극 반영하기보다는 비정치적이고 도덕적인 수준에서 정해지며, 몇 개의 안건을 받고 의사결정을 위한 토론 과정 없이 다수결로 마무리하는 수준에 그치고 있다. 학생들은 이런 의미 없는 시간에 냉소를 보이며 "토론하기 귀찮아요", "대강 빨리 결정해요"라고 심드렁한 반응을 보이기 일쑤다.

이에 학교 안의 수업과 생활 전 영역에서 민주적 시민성을 기를 수 있도록 의제를 실제화해야 한다. 학급에서 관계 증진 및 소통의 문화 기르기, 놀이 중심의 끈끈한 관계 조성, 모둠별 학급 운영, 자유로운 의견이 나올 수 있는 모둠별 원탁회의와 같은 학생이 진정 필요로 하고 관심을 갖고 있는 수업과 학급 자치 방안을 시급히 공유해야 한다.

현장 목소리6. 관료적 학교문화와 허가 문제

3학년 선생님들과 일제강점기의 위안부 문제에 대한 수업을 계획하고, 교육과정 재구성을 통해 역사과는 일제강점기의 역할극, 사회과는 정치 참여의 방법, 미술과는 피켓 만들기 수업을 총 8차시로 진행하고 창의적 체험학습을 통해 '수요 집회에 참여하기' 프로젝트를 하고자 계획을 세웠어요. 하지만 예산 결정 과정에서 학교

장의 결재가 나지 않았죠. 거부된 이유조차 듣지 못했습니다(중학
교 교사).[11]

반 학생이 학급 뒷문에 SNS에서 유명한 패러디 그림을 출력해서
붙였어요. 촌철살인과 웃음 코드를 담은 정치 풍자 그림이었죠.
모두 그냥 웃으며 함께 유희를 즐기고자 한 의도임을 알기에 심각
하게 생각하지 않았어요. 그런데 순회하시던 교감 선생님이 보시
더니 수업 중에 들어오셔서 큰소리를 내시며 당장 떼라고 했습니
다. 저는 학급 회의를 통해 상의하고 결정하겠다고 했지만, 아이
들은 금세 위축되더라고요. 자신의 삶에서는 늘 볼 수 있는 사진
을 학교에서는 정치적이라고 금지하는 것에 대해 학생들이 어떻
게 생각할지 … (중학교 교사)[12]

누누이 강조하지만, 시민성은 지식으로 학습되는 것이 아니라
경험되는 것이다. 하지만 시민교육을 실천하려는 학생과 교사의
움직임에 대한 학교장의 인식이 부족한 상태라면 교사의 시도에
대한 제재가 자주 일어나기도 한다. 아무리 시민교육에 열정을 가
진 교사라고 해도 학교의 관료적 시스템하에서 옆 반과 다르게 교
육과정을 재구성해서 자유롭게 가르치기 힘든 부분이 존재하는

---

11. 서지연. 학교자치 연구를 위한 FGI 인터뷰. 경기도교육청. 2018. 4. 16.
12. ○○중학교 전문적학습공동체 토론회 재구성. 2018. 10. 10.

데, 여기에 학부모 민원을 두려워하는 권위주의적인 관리자의 제제나 방해까지 더해지면 교사의 강력한 의지가 무색하게 시행하기 힘들 수 있다.

아직 우리나라 대다수의 학교는 수직적이고 권위주의적 잔재, 관료주의적 문화가 지배하고 있는 것이 현실이다. 학생들의 삶의 공간인 학교 운영은 학교 3주체인 학생, 학부모, 교사가 아니라 관리자와 일부 부장에 의해 비민주적으로 이루어지고 있다. 이에 따라 학교에서 학생들이 시민성을 제대로 함양할 기회와 경험은 절대적으로 부족한 실정이다. 게다가 학생에 대한 관리자의 시혜적인 태도 또한 학생에게 성숙한 시민성을 익히지 못할 우려가 있다. 학교 관리자의 민주시민 소양이 학교 운영에서나 학생의 시민교육에 매우 큰 영향을 미치고 있음을 알 수 있다.

현장 목소리7. 입시 외에는 무관심한 보수적인 학부모들

세계 자원 분쟁에 대한 주제로 모둠별로 탐구하고 발표하는 과정에서 친구들과 함께 석유를 둘러싼 권력에 대한 냉철하고 비판적인 분석을 통해 자신의 생각을 논리적으로 제시하였으며.[13]

---

13. 서지연. 학교자치 연구를 위한 FGI 인터뷰. 경기도교육청. 2018. 4. 16.

이상은 모둠별 주제 탐구 수업 후 기록한 어느 학생의 학생생활기록부에서 과목 세부특기 사항을 적은 내용 일부이다. 모둠별 주제 탐구를 통해 해당 학생이 어떻게 역량을 발휘했는지 적은 것이다. 특히 2015 개정 교육과정의 사회과 역량에서 중요시되는 비판적 사고력에 대한 내용을 기술하였다.

얼핏 보기에는 큰 문제가 없어 보인다. 그런데 이 학생의 학부모는 학생생활기록부의 기록에 대해 불만을 가지고 학교에 문의하였다. 이야기를 들어보니 내용 중 '비판적'이라는 단어를 삭제해 달라는 요구였다. 교사가 '비판적 분석'은 사회과 역량에 가장 중요한 부분이며 OECD 미래 역량에도 포함되어 있다고 아무리 학부모를 설득해도 요구는 한결같았다.

이 사례는 아직까지 우리 한국 사회에서는 '비판적'이란 단어에 대한 시민적 동의가 마련되어 있지 않다는 점을 여실히 보여준다. 민주시민교육과 관련한 가치에 대해 교사, 학교 관리자뿐만 아니라 학부모의 인식도 좋지 않다. 한국형 민주시민교육, 민주시민의 상, 민주시민의 가치가 사회적으로 합의되지 않았다는 뜻이다. 학교교육이 교육 서비스로 전락해버린 현장에서 학부모의 이러한 요구를 쉽게 무시할 수 없는 실정이다. 앞으로 이러한 분위기가 바뀌지 않는다면 학교에서 민주시민교육이 설 자리는 없다. 민주시민교육의 주체인 교사도 그저 수업하는 기계, 학부모의 비위에 맞춰 학교생활기록부를 쓰는 노예가 되어 살아갈 뿐이다.

선생님께 딸아이가 진하게 화장하는 것 좀 막아달라고 부탁드렸
어요. 제가 집에서 말해봐야 잔소리로만 받아들이거든요. 그래도
선생님께서 한번 꾸중해주시면 좀 달라질까 해서요. 예전처럼 학
교에서 애들을 좀 엄격하게 잡아주시면 좋을 텐데 … 학교에서 애
들이 학생답지 못한 행동을 하는데 인권이다 뭐다 하며 통 지도를
안 해요. 애들이 딴생각 안 하고 공부할 수 있게 선생님들께서 좀
잡아주셔야죠. 그냥 방치하는 것은 직무유기라고 생각해요(중학
교 학부모).**14**

이상의 인터뷰에서도 잘 드러나듯 학생의 인권은 이미 헌법이
나 인권선언, 학생인권조례로 보장된 권리이지만, 학부모들은 과
거 자신들이 학교에서 교육받았던 기억만 가지고 학생들을 철저
한 관리와 통제에 두길 원하는 경우가 생각보다 많다. 심지어 학
교가 아니라 국가에서 미니스커트 길이까지 단속했던 어처구니
없는 1970년대 공포의 시기를 경험하였음에도 불구하고 온갖 규
칙에 옭아맨 채 오로지 공부만 하는 학생들로 키웠던 근대 학교처
럼 교육하기를 바라는 학부모들도 상당히 많다. 이러한 학부모들
은 입시에 유리하기 위해서, 또는 어른이 만든 학생다움이라는 틀
에 넣기 위해, 학생이라는 이유만으로 인간의 기본권인 개성과 자
유를 침해해도 된다고 요구하고 있는 실정이다. 하지만 이는 학생

---

14. 서지연. 학교자치 연구를 위한 FGI 인터뷰. 경기도교육청. 2018. 4. 16.

들에게 힘 있는 사람이 힘 없는 사람의 인권은 얼마든지 짓밟아도 된다고 가르치고 세뇌하는 것이나 마찬가지 아닐까?

현장 목소리8. 특정 교과에서나 담당해야 할 것이라는 오해

이제 수학이나 과학 교과에서도 수업 시간에 민주시민교육을 하라고 합니다. 관점을 바꾸라는데 뭘 어떻게 가르치라는 건지 잘 모르겠어요. 사회과나 도덕과에는 교과 내용에 민주주의와 관련한 부분이 많이 있잖아요. 그러니까 사회과나 도덕과에서 해야 하는 거 아닌가요?(고등학교 교사)[15]

이상의 교사 인터뷰에서도 알 수 있지만, 우리나라에서 시행되고 있는 민주시민교육은 특정 교과의 주제 및 내용에 맞춰져 있는 모양새다. 2015 개정 교육과정 총론의 교육 목적으로 민주시민 양성을 추구하고 있음에도 불구하고 실제 학교에서 시민교육은 여전히 사회와 도덕 교과 내 개인 차원의 윤리나 도덕적 가치 수준에 머물러 있는 것이다.

학교 교육과정 속에서 학생들이 일상적으로 경험하도록 학교공동체가 함께 민주주의 가치, 공공선 추구를 지향해야 함에도 불

---

15. 서지연. 민주시민교육 활성화 TF. FGI 재구성. 2018. 12.

구하고 일부 교과의 개인의 인성 차원에서 머무르는 교육으로 인식되고 있는 것이 현실이다. 일부 교과에서 벗어나 모든 교과와 학교 공동체 전체의 구조에서 민주시민교육이 잘 이루어지고 있다는 학교조차 자세히 들여다보면 배려나 소통 정도에 머물러 있는 경우가 많으며 함께 더불어 살아가기 위해 문제를 해결하고 갈등을 풀어가며 교육 공동체와 함께 실천하고자 하는 움직임이 아직은 미약하다. 해방 이후 학교가 한 번도 경험하지 못한 민주시민교육을 적용하기 위해 학교별로 의미 있고 다양한 실험적 시도 및 실천이 나타나는 추세이지만, 시민 교육과정 부재, 구체적인 목표와 체계 부족으로 의미 없이 사장되고 있는 것이 우리나라 민주시민교육의 현주소이다.

현장 목소리9. 자발성과 주체성이 결여된 주입식 참여 강요

> 학생들의 인성 교육을 위해 학생 자치회 학생들이 다양한 캠페인을 하고 있어요. 학생 자치회 임원들이 아침 등교 시간에 피켓을 들고 친구 사랑, 나라 사랑, 학교 폭력 등을 주제로 캠페인을 담당하죠. 이게 민주시민교육 아닌가요?(중학교 교사)[16]

---

16. 서지연. 학교자치 연구를 위한 FGI 인터뷰. 경기도교육청. 2018. 4. 16.

〈초중등교육법〉에 의해 학생 자치회가 학교마다 존재하고 학생은 학생 자치활동을 보장받는다. 이를 통해 대의 민주주의와 선거에 대해 이해하고 체험할 순 있을지 몰라도, 학생 자치회가 있다고 해서 모든 학생이 시민으로서 존중받는 것은 아니다. 왜냐하면 학생 자치회가 존재해도 대부분의 활동이 학교가 정해준 틀 안에서 이루어지며 교사가 주도하는 일회성 행사가 대부분이기 때문이다. 더욱이 학생 대부분의 권익을 증진하고 학교 주체로서 자리를 찾아야 할 학생 자치회가 입시의 도구로 전락한 채 학교생활기록부를 빛내줄 일종의 스펙처럼 사용되는 형편이다. 이러한 인식이 교사와 학생들을 지배하고 있으며, 학생회에서 부당한 학생 인권 침해에 대한 대응 노력이라도 할라 치면 "대학 가는 데 그런 건 도움이 안 돼!"라는 말로 타이르기 십상이다.

학생들이 관심을 두지 않는 공원 쓰레기 줍기 캠페인, 금연 피켓 홍보 등에 학생 자치회 임원들이 억지로 동원되고 있으며, 교사들이 주도하는 형식적인 학교 폭력 줄이기 캠페인에서도 마찬가지다. 대부분 학생들은 자신들의 자발적 의사와 무관한 교사들의 주도로 이루어지는, 이러한 말뿐인 민주시민교육에 열광은커녕 전혀 반응하지 않는다. 학생 문화와 동떨어진 고리타분한 주제에 교사들이 프린트해 준 피켓을 들고 있는 학생 자치회 임원들조차 교사들의 눈치를 보며 옆 친구들과 몰래 수다나 떠는 것이 현실이다.

늘 강제로 동원하여 교육을 진행하다 보니 역설적이게도 민주시민교육의 본질과는 모순되게 "절대 빠지면 안 돼!"식의 강압적 성격을 띠게 될 수밖에 없다. 때로는 울며 겨자 먹기식으로 학생들에게 봉사활동 시간을 주며 참여를 유인하기도 한다.

그러면서 교사들은 요즘 아이들의 인성을 지적한다. 하지만 학생들의 주체성이 결여되고 자신의 삶과 유리된 주입식 민주시민교육이야말로 학생들의 입장에서는 강제적인 폭력이며 시간 낭비에 불과하다. 학생들에 대한 이해와 존중이 없는 민주시민교육은 아무런 효과가 없다는 것은 캠페인을 준비한 교사도 경험상 알고 있을 것이다. 그럼에도 불구하고 교사로 하여금 보여주기 쇼와 같은 교육을 지속하게 만드는 것은 과연 누구의 욕망인 걸까?

해외의
학교 시민교육 제도를 만나다

우리나라 학생들이 받은 시민으로서의 성적표는 참담하다. OECD 국가 중 주관적 행복지수 최하위, 사회적 상호작용 역량 최하위, 관계 지향성 최하위, 더불어 사는 능력 최하위이다. 이는 교과서에서 배우는 내용과 학생이 경험하는 삶이 불일치하며, 학생들이 학교 안의 삶에서 누적적으로 비민주성을 경험하기 때문이다. 그렇다면 다른 나라의 학생들은 학교에서 어떤 경험을 하고 있을까?

프랑스의 학교 시민교육 제도

대부분의 교육 선진국들은 교육개혁의 중심으로 학생의 선택권을 중요시하는 방향으로 변화하고 있다. 또한 인공지능 시대에도 인간의 생존과 번영에 필수적인 시민교육을 강화하고 있다.

시민교육의 목적은 학생들에게 지식을 전수하는 것이 아니라, 그
들이 무엇을 원하게끔 하는 데 있다.[17]

프랑스는 교과가 담기 힘든 학교 폭력, 정치적 무관심, 선거 참
여율 하락 등에 적극적으로 대응하고자 시민교육의 필요성을 느
끼고 1985년 이후 시민교육을 정규 교육과정으로 제도화하여 발
전시켰다. 프랑스 학생은 예비 시민이 아니라 이미 시민이 되어가
는 존재로 인식된다. 학교는 미래의 민주시민을 준비하는 장소가

프랑스 학년별 시민교육 내용

단계	연령	시민교육 내용
Ecole Marterelle 유치원	2~6세	• 인성교육, 의사교환 • 타인과 바람직한 관계 경험
Ecole Primaire 초등학교	6~11세 (초1~초5)	• 진실함 및 엄격함 추구 • 자신과 타인에 대한 존경 • 연대감 및 협동심 • 타문화 세계의 이해 • 자유 평등 박애 정신 추구 등
College 중학교	12~15세 (중1~중4)	• 시민교육 관련 각 교과의 역할 제시 • 중학교 이수자격시험에 시민교육 성적 반영 • 공화국과 시민, 민주주의 • 자유와 평화, 방어 • 공화국의 가치로서의 평등, 자유 • 법과 사법부, 안전, 주민 등
Lycee 고등학교	16~18세 (고1~고3)	• 공통과목으로 시민-법-사회교육 과목 이수 • 교과목간 시민교육 연계성 • 대입자격 국가고시에 시민의식 문제 출제

---

17. 지식채널e 〈그 나라의 교과서〉 중 레옹 베라르 전 교육부 장관의 연설 내용. EBS. 2012. 9. 11.

아니며 학생들이 시민교육을 통해 자유롭고 책임감을 가지며 사회 전반에 참여하는 시민이 되기 위해 작은 일부터 실천하여 습관화될 수 있는 경험을 가지도록 교육과정을 설계하고 있다.

학교의 가장 본질적인 기능은 시민으로서 갖춰야 할 책임과 연대 의식을 경험하게 하고, 복잡·다양한 사회생활에 주체적으로 참여하는 능력을 높이는 것이다. 자유와 평등을 중심 가치로 세우고 타인에게도 자신이 누리는 자유와 권리를 동등하게 보장하는 관용(Tolerance)의 가치를 추구하고 있다. 이를 통해 상대적 가치를 인식하고 서로 다름에 대해 이해하려는 생각이 기저에 깔려있다. 현재 우리나라에서는 보수와 진보의 대립 때문에 중·고등학교 교육과정에서 논쟁의 여지가 없는 중립적인 내용만을 다룬다. 그래서 교사들은 현실과 동떨어진 내용이 많아 학생들의 시민 자질 육성에 많은 어려움을 느끼고 있다. 프랑스에서는 현재 발생하는 사회문제에 대한 인식을 공유한다. 현재 사회문제가 과거에는 어떻게 해결되었는가 구체적인 사실을 인지하고 실제 사회문제나 쟁점 등에 대해 토론한다. 그리고 주장을 펼칠 수 있는 지식을 습득하게 함과 동시에 시민의 대표자를 올바르게 선출할 수 있는 시민의식을 함양하는 것이 핵심이다.

프랑스에서는 교육부가 시민교육의 핵심으로 역할하고 있다. 교육부는 공교육 내에 학교 정규 교육과정을 통해 유치원에서 고등학교까지 시민교육을 실시하고 있다. 학교에서의 시민교육은 교과목 간의 위계와 연계성을 강조하며 다른 교과의 역할을 제시한다. 또한 학교 시민교육뿐만 아니라 시민단체에 의해 평생교육 체제가 확립되어 있어 시민교육이 지속적이고 체계적으로 이루어 지고 있다.

프랑스 Cycle 4 교과서 목차 예시 – 도덕, 시민교육 과목 재구성

주제: 함께 살기	주제: 미디어
(감수성) 나는 상황에 반응합니다. 학교에서 타인에 대한 존중 왕따의 피해 학생 교육을 위한 Malala의 전투	**(감수성) 나는 상황에 반응합니다.** 표현의 자유에 대한 침해 젊은 사람들의 일상생활에서의 인터넷 여론에 미치는 미디어의 권력
(권리와 규칙) 나는 규칙을 이해합니다. 중학생의 권리와 의무 왕따에 대응하기 아동권리협약	**(권리와 규칙) 나는 규칙을 이해합니다.** 법에 의해 보장된 자유 인터넷 사용 규칙 미디어와 민주주의
(판단) 나는 우리 반과 함께 생각합니다. 왜 라이시떼 헌장이 필요할까?	**(판단) 나는 우리 반과 함께 생각합니다.** 왜 미디어는 캐리커처를 사용할까?
(토론) 나는 토론합니다. 학교 폭력을 어떻게 저지할 수 있을까? 세상에서 여자아이들이 남자아이들과 같은 권리를 가지고 있을까?	**(토론) 나는 토론합니다.** 중학생의 생활에서 새로운 미디어들이 어떤 위치를 차지할까? 여론조사는 여론에 영향을 미칠까?
(참여) 나는 행동에 착수합니다. 나는 몰상식한 행동을 고발하는 역할을 맡습니다. 나는 아동인권에 대한 포스터를 제작하 고 게시합니다	**(참여) 나는 행동에 착수합니다.** 나는 학급 신문을 만듭니다. 나는 소셜미디어를 소개하는 외부인을 초청해 수업을 계획합니다.
★ 나는 주제에 대해 되돌아 봅니다.	★ 나는 주제에 대해 되돌아 봅니다.

김원태(2018).

독일의 학교 시민교육 제도

  '정치교육'이 시행되는 유럽의 유일한 국가이다. 독일은 시민교육이 정치교육으로 제도화됨으로써 성숙한 정치문화를 정착시킨 대표적인 국가로 인정받고 있다. 연방정부와 시민사회가 함께 민주주의 구축, 민주적 정치문화를 공고히 하기 위해 노력하고 있으며, 정치교육은 학교 교과목이면서 여러 교과를 포괄하는 수업의 원리로 적용되고 있다. 독일 연방정부가 교육을 주도하여 시민교육이 국가 차원의 제도교육으로 인정받아 정규 과목이 되었다. 현재 정치 체제의 완결보다는 삶의 상황 속에서 힘의 불균형, 공적 사안에 대한 시민들의 논쟁과 실천에 바탕을 두고 있다. 독일은 이를 통해 전체주의 국가에서 세계 일류의 민주주의 통일 국가로 성장하였다. 독일은 현재 우리나라와 비슷한 극한 이념 갈등 상황을 슬기롭게 이겨내고 이념 대립의 함정을 빠져나갔던 경험을 가지고 있다. 사회적으로 논쟁적인 주제를 교실에서도 논쟁적으로 가르치라는 논쟁 재현의 원칙이 포함된 보이텔스바흐(Beutelsbaher) 합의이다.

  2차 세계대전 이후 독일에서도 극심한 대립이 일어났고, 교육에서도 날선 이념 전쟁이 있었으며 이 피해는 고스란히 학생들에게 돌아갔다. 이러한 상황에서 가장 영향력 있는 정치교육학자들이 다음의 세 가지 원칙에 합의하였다. '강압 및 교화 금지 원칙', '논쟁 재현의 원칙', '학생들의 이해관계 인지의 원칙'. 바로 이것이 보이텔스바흐 합의이다. 독일연방공화국은 이러한 원칙에 따라 교육 현장에서의 심각한 이념 대립을 극복하고 체계적인 정치교육, 시민교육 시스템을 만들어내는 데 성공하였다.

1976년 구서독(독일연방공화국)의 보수와 진보를 대표하는 시민교육 전문가들이 보이텔스바흐에서 시민교육의 원칙을 합의한 이후 학교와 학교 밖에서 활발히 시민교육이 실시되고 있다. 이때 합의한 보이텔스바흐의 3대 원칙은 아래 모식도와 같다.

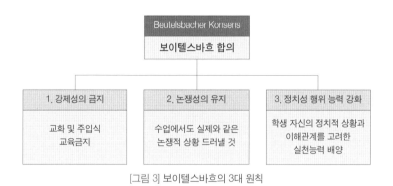

[그림 3] 보이텔스바흐의 3대 원칙

첫 번째 원칙은 강압적인 교화와 주입식 교육을 금지하는 것이다. 학생의 자율적이고 자주적인 판단을 내리는 것을 방해할 수 없다는 내용이다. 두 번째 원칙은 수업에서도 실제와 같은 논쟁적 상황을 드러내야 한다는 원칙이다. 세 번째 원칙은 학생 자신의 정치적 상황과 이해관계를 고려한 실천 능력을 함양하는 것이다. 여기서 '강압 및 교화 금지 원칙', '논쟁 재현의 원칙', '학생들의 이해관계 인지의 원칙'은 도식에서 보이는 것처럼 서로 긴밀히 연결되어 있으며 통일되어 있다.

학교에서 정치 현안을 다루게 함으로써 정치적 의견의 다양성에 대한 이해를 높이고, 다른 사람의 의견을 잘 청취하고, 자신의 의견을 조리 있게 제시하는 역량에 초점을 맞춘 정치교육이 실시된다. 이것은 독일에서 성숙한 정치문화 형성에 기여하였다. 정치교육의 과제와 시수는 주별로 다르기는 하지만 일반적으로 1~2시간의 과목 시수가 배당되어 있으며 정치교육 담당 교사는 대학에서 5~6년 동안 보이텔스바흐 3원칙을 수업에서 실현하는 교수법을 세밀하게 학습한 후 초등학교와 중등학교에서 가르치는 일을 맡게 된다. 학생은 초등과 중등의 과정에서 정치교육을 의무적으로 수강해야 한다.

다음 표로 제시되는 독일 교과서 사례에서도 볼 수 있듯이 교사는 시민교육의 내용을 전달하기보다는 학생들에 대한 개입을 최소화한다. 학생들이 관심 있는 주제와 분야를 정해 스스로 토론을 진행하여 그 과정에서 합의점을 도출함으로써 민주시민으로서 자질을 터득하는 수업을 추구한다. 우리나라도 공동체의 삶을 결정하는 정치의 수준을 높이기 위해서, 나아가 성숙한 정치문화를 형성하기 위해서는 학교에서 시민교육을 체계적으로 실시해야 할 필요가 있다.

독일 교과서 목차

예시 – 실제정치2 TatSache Politik 재구성

주제: 학교생활	주제: 우리가 살고 있는 지역
우리 학교-경험 나누기 우리들이 꿈꾸는 학교-희망제작소 우리가 꿈꾸는 이상적 학교 모델 사회경험-관계 맺기 어려운 결정-갈등 해결하는 법 함께 해나가기- 민주적 조직 이용 다양한 문화 가진 사람들과 함께하기	우리 지역사회 조사 지방자치단체-대체 어떤 일을 하고 있을까? 지역 조례-누가 결정하는가? 시장님 일과를 조사한다 우리지역에 사는 외국인-참정권을 얼마나 행사하나?
주제: 중독? 나하곤 상관없이!	주제: 선거는 함께 결정하는 것이 아니야?
일을 하고 난 이후 중독될 수 있다. 기분이 나쁘다고? 이유는 항상 있는법 넌 외톨이야! 너희들은 나를 어떻게 생각하니? 환각제: 평화, 즐거움, 위험과 부작용 알코올: 흥분, 걱정을 없애고 병들게 함 마약을 무력화-문제는 어떻게?	우리가 꿈꾸는 정당을 만든다. 왜 선거를 할까? 선거전-필요악? 유권자-힘 있는 존재? 힘없는 존재? 스스로 해보기-선거전 프로젝트 선거는 어떻게 이루어질끼?

임재일 외(2019).

영국의 학교 시민교육 제도

영국에서 시민교육은 독일과 프랑스에 비해 다소 늦게 제도화되었다. 1990년부터 다원화된 사회의 일원으로서 개인의 책임 의식 강화가 중요하다는 인식하에 본격적으로 논의되었던 것이다. 이민자 증가에 따라 사회 갈등이 심화되고 여러 가지 사회적 비용

문제가 발생하면서 개인의 시민의식, 책임과 의무의 제고를 목표로 하는 민주시민교육의 필요성이 강조되었다. 1997년, 당시 노동당 집권 이후부터 현재까지 영국의 시민교육정책 형성의 기초가 된 크릭 보고서(Crick's Report, 1998)가 채택되었다. 주요 교육개혁 과제에 시민교육을 활성화하였으며, 2002년 국가 공통교육과정에 필수 과목으로 시민교육이 포함되었다. 2011년 보수당 집권 이후 인성교육의 요소를 강조하는 측면이 나타나고 있으나, 영국의 시민교육은 여전히 '사회적·도덕적 책임감', '정치적 판단 능력', '지역사회 관여'라는 세 가지 능력 신장에 초점을 맞추고 있다. 2008년에 정체성 및 다양성이 시민교육의 네 번째 덕목으로 추가되면서 좋은 시민(good citizenship)뿐 아니라 적극적인 시민(active citizenship)의 중요성을 강조하고 있다.

영국의 크릭 보고서

- (추진 배경) 영국 젊은이들의 정치적 무관심과 반사회적 혐오행위에 대한 대응책 마련을 위해 교육고용부에서 학교 시민교육과 민주주의 교육 강화를 천명하고, 이에 대한 자문을 위해 크릭(Bernard Crick) 교수를 위원장으로 하여 진보와 보수를 아우르는 시민교육자문위원회를 구성함.
- (주요 내용) 시민교육 의무화 및 모든 교육과정에서 시민교육 강화, 참여 민주주의에 대한 교육 강화, 국가 교육과정 전반에 걸친 개편안 등에 대한 권고

교육부(2018).

보수당 집권 이후 시민교육의 성과에 대한 연구에서, 영국의 잉글랜드와 웨일스에서는, 2007년~2012년 학교 시민교육이 안착하

는 시기에 청소년 범죄가 84% 감소하였으며, 2007년 11만 명이 초범으로 유죄 선고 또는 경찰의 주의를 받았으나, 2013년에는 그 수가 2만 8천명으로 감소했다는 결과가 나왔다. 이러한 연구 결과를 통해 시민교육의 유효성이 입증되었다 할 수 있다.

핀란드의 학교 시민교육 제도

우리나라에는 아직도 핀란드 교육 열풍이 식지 않고 있다. 학생의 배움을 중심으로 하는 협력적인 학교문화를 연구하고, 핀란드 교육정책의 기저인 민주적인 소통과 신뢰, 자율을 기반으로 한 민주적 자치 문화를 조성하려는 교육 혁신 노력을 벤치마킹하고 있다. 다음은 핀란드의 국가 수준 교육과정(2014)상의 지침과 목표이다.

교육과정 목표

안전한 학습 환경을 조성하여 학습자의 학습을 고무한다.
- 학교 밖 환경을 더 많이 이용한다.
- 학교나 일상생활에서 점점 더 중요한 횡단적 역량을 키워준다.
- 학생들이 직접 자신의 학습 환경 개선에 참여할 수 있도록 한다.
- 학생들이 일터학습과 연계한 다른 기술을 배울 수 있도록 도와준다.

핀란드에서는 특정한 시민교육 교과목을 운영하지 않으나 민주주의 헌법에서 규정하는 가치를 바탕으로 실용적, 통합적 관점에서 풀어나가고 있다. 핀란드 학교는 사회 과목을 중심으로 다양한 교과목의 내용과 교육과정에서 현 민주주의적 법치국가와 보편적 복지국가의 기본 가치와 이념을 바탕으로 통합적, 실용적 관점의 민주시민교육을 제공하고 있다. 여기에 미래 사회에 대처할 융합형 인재를 양성하기 위한, 2012년 국가 교육과정 개편을 통해 '교과로서 가르치기'를 바꿔 '주제로서 가르치기'를 전격 도입하였다. 교과를 포기하는 것이 아니라 여러 개의 교과를 한 주제를 통해 융합적으로 구현하겠다는 의미의 개편이다(윤은주, 2015).

이미 1980년대 초에 학교 감사가 폐지되고, 1990년 이후 교과서에 대한 국가의 검정을 받을 필요가 없어졌다. 이후 핀란드는 교육과정을 통해 학습 공동체로서 학교 발전, 학습의 즐거움, 협동적인 분위기, 학습과 학교생활에서 학생의 자율성 증진을 강조하는 정책을 펼쳐오고 있다.

여기서 중요한 점은 교사를 개혁의 대상이 아니라 주체로 보았다는 점이다. 교육 주체들 간의 신뢰 관계를 중심으로 전통적 시스템이 강제하는 책무성이 아니라 교사와 학생의 역량과 자율성을 존중하면서, 국가 수준의 평가나 고부담 평가는 시행하지 않는다. 모든 학생들이 학습을 통해 삶의 의미를 찾도록, 지속가능한 미래 발전을 위해 학교의 교육과 학습 환경을 개선하는 데 노력을 기울이고 있다. 학생들이 학습하고자 하는 동기 유발과 학교의 관행을 개선하는 데 초점을 맞추어 학교 안과 밖을 연계할 수 있는 학습 환경을 개발하고 있다. 핀란드에서는 대부분의 학교에 폐쇄적 담장이 없다. 실제로 학생들은 학교 안팎을 넘나들며 다양한 공간과 채널을 활용해 공동체에 참여하면서 성숙한 시민적 주체로 성장하고 있다.

핀란드의 모든 학생들은 주체적으로 학생회에 소속되며, 학생들은 학급당 2명의 대표를 선출한다. 선출된 대표들은 임원이 되며 그중에서 다시 두 명을 선출한다. 이렇게 선발된 학생들은 지방자치단체들이 운영하는 어린이 의회, 청소년 의회의 구성원이 되며 정기적으로 시의회에서 의견을 제안하고 국회의원에게 전달한다. 또한 13세 이상 청소년은 다양한 정당들의 청소년 조직에 참여할 수 있으며, 만 15세가 되면 자신이 사는 지역의 시민 발의에 참여할 수 있는 권리를 갖는다. 핀란드 아이들은 이렇게 학교 안과 밖에서 씨줄 날줄로 엮인 다양한 경험을 통해 성숙한 시민으로 자라고 있다.

04

광장에는 있고 학교에는 없는,
응답하라, 민주시민!

학교에서 시민으로 성장하려면 무엇을 경험해야 할까?

　아이는 학교에서 다양한 경험과 활동을 통해 시민으로 형성된다. 시민성은 학교에서 시험으로 외워서 인식하는 명제적 지식이 아닌 방법적 지식이므로 학습보다는 학교에서의 경험으로 습득되어 형성된다. 그렇다면 한 아이가 성숙한 시민으로 성장하기 위해서 학교에서는 아이들에게 어떤 경험의 기회를 주어야 할까? 청소년 기후 소송단처럼 우리의 권리를 알고 이를 지켜내기 위해 참여하고 연대하는 학생 시민, 하루에 10시간 동안 갇혀 사교육에 시달리는 우리나라 교육 행태를 UN에 고발하는 적극적인 학생 시민, 즉 미래의 삶이 아니라 현재의 삶을 바꾸려는 주체적인 시민이 되기 위해서 어떤 경험을 제공해야 할까?

　학생이 학교의 주인이었던 적은 없다. 교사도 마찬가지다. 아이들에게 향하고 싶어도 관료적이고 위계적인 구조 속에서 맥락 없이 떨어지는 공문과 잡무 속에 관리자들의 눈치를 보며 하루하루를 힘겹게 버티고 있다. 이런 우리나라의 학교 구조와 문화 속에서 아이들이 학교에서 느끼고 경험해서 형성되는 시민성은 '가만히 있으라'에 순종하는 시민성일 것이다. 사회적 불평등과 부조리에 눈을 감으며, 사회적 약자에 대한 혐오, '어차피 우리는 해도 안 돼!'라는 냉소 가득한 시선으로 지레 포기하는 마음을 가진 시민으로 성장할 가능성이 높다. 하지만 다행히 촛불 혁명으로 등장한 문재인 정부는 민주시민교육의 활성화를 국정 과제로 삼았다. 이어 교육부도 민주시민과를 신설하면서 다양한 제도를 시행하기 위해 노력하고 있다. 이러한 상황에서 한 아이가 학교에서 성숙한 시민으로 성장하려면 어떤 경험을 구성해야 할까?

우선 '어린놈이 뭘 알아!'라는, 지배적인 학교 구조에서 시민으로 출발할 때, 눈치 보며 억눌려왔던 학생들의 인권부터 바로 세우는 것이 시급하다. 타인에 대한 공감이나 위로, 사랑의 경험에 앞서 치열한 경쟁과 쉴 없이 돌아가는 사교육으로 밀어 넣는 사회 속에서, 이미 삶의 무게를 체감해버린 학생들에게도 존엄한 권리가 있다는 것부터 이야기해야 한다. 내가 모르고 있는 나의 권리에 대해 배움으로써 인권에 대한 감수성과 권리에 대한 민감성이 자리 잡게 되면, 자연스럽게 내 주변에서 벌어지고 있는 인권 침해나 부당한 권리 억압에 대한 자신의 생각을 이야기할 수 있다. 그리고 수업과 다양한 활동을 통해 친구들과의 관계 속에서 권리에 대한 갈등과 이를 둘러싼 대화와 타협, 존중과 다양성에 대한 경험을 하게 된다. 배움과 더불어 학생의 삶 속에서 자신의 권리가 부당하게 침해되거나 불편한 상황에 대해 자유롭게 토론하고 피드백 받는 문화를 경험하며 학교의 주체로 성장하게 된다.

> 아이들의 요구는 초반에는 교복을 자유롭게 입게 해달라는 선에서 이루어지는 등 기본적으로 생활규정에 관련된 문제가 나와요. 그 다음에 복지 문제가 나왔습니다. 학교의 시설에 대한 부분도 결국 사용하는 사람이 학생들이기 때문에 불편함과 부족함을 느낀다면 얼마든지 의견이 개진되어야 하죠. 이후 시간이 지날수록 아이들은 학교의 교육과정에 대한 의견이 있어요. 아직 많지는 않지만 학생들에게 제한되고 있는 부분인 수업, 창의적 체험활동과 관련된 주제까지도 의견을 내기도 해요(교사. 이쌍철, 2018).

학생만이 학교의 주체는 아니다. 다수의 교사와 학부모의 권리와 상충될 수도 있으며 심각한 갈등도 나타날 수 있다. 교권과 학생 인권의 갈등이 바로 그런 형태이다. 기존의 근대적인 학교문화와의 충돌, 수직적 위계 구조에 대한 혼란으로 다양한 권리를 둘러싸고 갈등이 심화될 수 있다. 하지만 이러한 갈등을 해결하는 토론과 대화의 과정 속에서 숙의 민주주의 및 문제 해결 역량이 신장될 수 있으며, 오히려 학교자치의 관점에서 다른 주체에 대한 존중과 배려의 태도, 학교 공동체의 책임과 의무를 통한 주체성이 발전될 수 있다.

현재 학생의 권리만 거대하게 커진 느낌이에요. 중학교는 자유학기를 통해 학생의 선택권이 신장되어 학생의 주도성이 중요해졌어요. 하지만 아이들은 이러한 자유를 누리려고만 해요. 권리에 대한 책임을 잘 모르고요. 제멋대로에요. 학생들이 제멋대로이니 그들의 이야기만 들은 학부모도 제멋대로죠. 어떤 학부모는 새벽 5시에도 전화하고요. 교사도 사람인데 인권 자체가 무시되고 있습니다. [○○중학교 교사. 교육정책디자인연구소 주최 학교자치 토론회(2018. 10. 10.) 재구성]

학생의 인권과 교권 사이의 첨예한 갈등에서 해결의 열쇠는 대화밖에 없어요. 학부모의 신고로 학교에 경찰이 드나든 사건이 있었어요. 이 사건으로 교사들은 상처를 많이 받았습니다. 긴급히 대토론회를 요청했어요. 학생 대표와 학부모 대표, 교사들이 참여하여 모둠별로 3~4명이 섞여서 토론을 했어요. 저는 교사로서 상처 입은 마음을 이야기하고, 학생은 당시 지도교사의 학생 지도 방법에서의 비인권적인 부분에 대해 대화하였습니다. 학생들은 사건의 원인, 교사는 사건의 결과에 대해 속상해하고 있었던 거죠. 대토론회 이후 학생 입장을 좀 이해하게 되었습니다. 이런 시간이 더 많았으면 좋겠어요(○○○중학교 교사).[18]

---

18. 서지연. 학교자치 연구를 위한 FGI 인터뷰. 경기도교육청. 2018. 4. 16.

힘들지만 두 번째 단계를 넘어서면 학교의 주체로서 학생회, 교사회, 학부모회를 통해 정례적으로 함께 학교 비전과 운영 방법, 예산을 고민할 수 있다. 또한 주변 학교들과 좋은 활동은 함께 공유하고 네트워크를 조성한다. 주변 학교들과 연대하여 같이 잘사는 사회를 꿈꾸고, 학생들의 삶과 연계되는 지역의 문제점이나 이슈에 대해 지역 네트워크나 거버넌스를 통해 함께 고민하는 장을 마련한다. 누적된 결과물을 통해 지역의 교육과정을 함께 고민하고 배우며, 마을의 자원과 시민단체와 연계하여 사회적 협동과 정의에 대해 고민하고 실천하는 경험을 갖게 된다.

이와 같은 시민교육이 학교에서 성공하기 위한 전제 조건이 있다. 학교에서 학생들이 하는 경험이 민주주의를 통한 교육이어야 한다는 점이다. 인지적인 측면에서 경험하는 민주시민에 대한 교육, 목적론적 측면에서 민주시민을 위한 교육도 중요하지만 모든 과정이 민주적으로 이루어져야 한다는 것이 민주시민교육의 전제이다. 학교에서 세 번째 성숙 단계로 나아가기 위해 지역 전문가를 초빙하여 수업과 연계하여 강의를 연다고 할 때, 그것이 아무리 좋다고 해도 학생들에게 교육의 방향과 의도에 대해 공감을 얻지 못한다면, 또는 학생들이 원하는 주제가 아니라면, 민주적 시민성을 기르기 힘들 것이다. 교사가 아무리 교육청과 시민단체와 연계하여 우수한 수업을 준비하였더라도 학생의 의지에 반하거나 현장의 욕구 반영 없이 억지로 참여시키는 수업이라면 민주주의를 통한 교육이라고 할 수 없다.

하지만 현재 우리나라 학교에서 이와 같이 아이들에게 배움의 경험을 제공하는 학교가 몇이나 될까? 실제 현장에서 경험해보면 계단식으로 단계가 올라가지도 않는다. 성장 단계에서만 계속 머무르기도 하고 발전 단계까지 갔다가 다시 회귀하기도 한다. 성숙한 시민의 경험을 이끄는 일부 교사와 학생들의 엄청난 노력에도 불구하고 제자리걸음인 경우도 허다하다. 학생들의 변화를 기다리는 데 많은 시간과 노력이 들어 포기하고 싶을 수도 있다. 하지만 교육은 늘 희망을 이야기해야 한다고 하지 않았는가? 학생 주체화를 통한 성숙한 민주시민이 자라나는 과정은 시행착오를 통해 성장하는 과정이다. 의견 조정과 협의의 과정에서 갈등은 불가피하고 그 과정에서 상처도 입을 수 있지만 이는 성숙한 시민성이 신장되는 과정에서 경험할 수 있는 자연스러운 현상이다.

민주시민교육은 우리가 대학에서 들어보지도 못하고 경험하지도 못한 영역이며, 완전히 새로운 방법들을 동료들과 함께 적용하며 배우고 개발해야 하는 힘든 영역이다. 일상적 학교의 삶에서 민주적 시민성의 가치를 경험하고 공유하며, 기존의 학교 운영 관점을 버리고 학생들에게 길을 묻는 새로운 관점으로 접근하는 시도들이 계속되어야 한다. 우리 아이들이 공정하고 평화로운 세상에서 인간의 질감을 갖춘 존엄한 존재로 인정받고 민주적 시민으로 함께 살기 위해 교사는 정원사로서 학교 정원을 가꿔야 한다.

김상곤 전 교육부 장관은 "광장에는 있고 학교에는 없는 민주주의에 대해 우리의 학교와 교육이 답할 때"라고 했다. 올바른 민주시민교육은 그동안 학교에서 무엇이 문제였는가를 있는 그대로 드러내야만 사람들을 설득하고 시작할 수 있다. 학생을 보는 어른들의 시선과 학생 인권에 대한 무지, 학생의 의견에 대해 조직적으로 침묵하고 있는 교육과정, 학교를 둘러싼 비민주적 문화, 무한 경쟁을 강요하는 입시제도, 갑질 사회, 불평등이 당연시되는 관료주의적 위계 사회야말로 교육 현장을 왜곡하는 주범이다.

거창한 계획보다 중요한 것은 지난날에 대한 통렬한 반성

교육부는 지난 2018년 12월에 민주시민교육 활성화를 위한 종합계획을 발표하였다. 학교 민주시민교육을 강화하기 위해 〈크릭보고서〉를 인용하며 민주시민교육 교과 개발, 교육내용의 변화뿐만 아니라 교수·학습 방법, 학교문화의 변화 등 전반적인 교육 혁신을 제시한 것이다.

하지만 교육 현장의 문제와 왜곡 상황에 대한 통렬한 반성을 기반으로 한 개혁이라기보다는 교육과정의 변화, 교원 연수, 콘텐츠 등 제도적 기반 마련에 그치는 수준에 머물러 있으며, 현 체제를 유지하면서 사회적 갈등 없이 쉽게 할 수 있는 일에 대한 나열로밖에 보이지 않는다. 이는 오히려 문제인 정부가 공약한 교육자치와 학교자치가 후퇴하고 있는 모양새이며, 시도교육청에서 이미 하고 있는 일에 교육부가 뒤늦게 숟가락만 얹는 느낌이다.

교육부의 거창한 활성화 계획보다 중요한 것은 현재 학교에서 왜곡되고 있는 민주시민교육의 모습에 대한 철저한 반성이다. 바로 거기서부터 시작해야 한다. 시민교육과 가장 관련성이 높다고 여겨지는 사회과와 도덕과조차도 입시에 매몰된 채 지식 위주의 강의식 수업에 머물러 있으며, 민주시민성에 대한 가치와 태도, 참여의 측면에서 실제 시민교육이라는 이름을 붙이기조차 낯 뜨거운 형편이다. 이러한 방식은 사회현상에 대한 수치와 그래프의 분석은 탁월할지 몰라도, 진정한 시민성을 키워주기에는 턱없이 부족하다. 이제라도 학생들의 삶과 동떨어진 수동적 지식 수업에서 형성되는 냉소적 시민성이 얼마나 만연해 있는지에 대한 통렬한 반성이 필요하다.

창의적 체험활동에서 이루어지는 민주시민교육은 더욱 심각하다. 이에 창체라는 이름으로 파행 운영되고 있는 민주시민교육에 대한 반성도 함께 이루어져야 할 것이다. 민주시민교육과 관련된 법과 제도, 하위 영역 및 위계가 정해지지 않아서 누더기인 채로 범교과 주제가 만들어졌다. 2015 개정 교육과정에서 주제를 통폐합하여 10개로 축소했다고는 하나, 여전히 많은 의무 시수 때문에 민주시민교육은 학교 현장에서 파행 운영되고 있는 것이 현실이다.

무슨 사건만 있으면 후다닥 급조된 법을 통해 학교의 자율적인 교육과정 편성을 규제하며 방해하고 있는 현실, 법령에 따라 의무적으로 이행해야 하는 교육 시수 때문에 관련 법이 없는 민주시민교육은 굳이 안 해도 누구 하나 뭐라고 하지 않는 과목으로 전락한,

기막힌 현실에 대한 반성부터 이루어져야 한다. 대부분의 학교에서 창의적 체험활동의 이름으로 멍하니 영상만 보고 있으니, 우스갯말로 '창체'가 '시체'로 둔갑한 채 아까운 시간만 허비하고 있다. 또한 6차 교육과정에도 있었던 주 1회 학급회의가 창의적 체험활동의 이름으로 사라지고 있어 학생들이 자율적 주체성과 시민성을 경험할 시간이 점차 줄어들고 있다는 것에 대한 반성과 논의도 이루어져야 한다. 매번 교육에 사건 사고가 터져야 비로소 부랴부랴 법을 만들고 창의적 체험활동 속에 껴서 넣어버린 후, 모든 의무를 다한 것처럼 행동하는 교육계에 철저한 반성이 필요하다.

체계성을 갖춘 교육 자료와 실천의 장이 마련되어야 한다

아직까지 우리나라에는 학교에서 이루어지는 민주시민교육을 위한 국가 수준의 교육과정이 없다. 하위 주제, 위계, 체계성도 딱히 없다. 그러다 보니 교사에 따라 교육내용과 방식이 제각각이다. 민주시민교육을 하려면 어느 학년을 어떤 주제로 몇 차시 해야 한다는 예시 자료조차 찾기 힘들다. 교육부나 일부 시민단체에서 산발적으로 민주시민교육 관련 교재를 만들어 배포하고 있으나, 자료들은 한 군데로 모이지 않고 곧 흩어지고 만다.

이러한 민주시민교육에 대한 반성의 일환으로 경기도에서 《더불어 사는 민주시민》 교과서를 제작하여 활용하고 있다. 지식 중심의 시민교육이 아니라 친구들과 토론하고 실천하는 학생 참여형 교과서로 민주시민교육의 하위 주제와 체계성을 갖추고 있다. 촛불 혁명으로 발현된 시민의식의 요구에 따라 민주시민교육을 하긴 해야 하는데 도무지 어떻게 해야 할지 모르는 교사에게 구체적인 방향을 제시할 수 있어 다른 시도의 많은 학교에서도 해당 교과서를 활용하려는 노력이 나타나고 있다. 하지만 잘 만들어진 교과서만 구입한다고 해서 과연 학생들이 성숙한 민주시민으로 성장할까? 물론 그건 아니다.

경기도 소재의 많은 학교들이 창의적 체험활동 시간을 활용하여 교과서《더불어 사는 민주시민》을 통한 민주시민교육을 실시하고 있다. 필자가 속한 학교에서도 중학교 2학년 학생들을 대상으로 민주시민, 세계시민 교과서를 활용하고 있다. 하지만 민주시민교육은 창의적 체험활동이므로 자율적 성격이 강한 수업이다. 담당 교사의 역량과 의지에 따라 교육내용과 방식에서 큰 차이가 날 수밖에 없다는 뜻이다. 주 1회 실시되는 이 시간을 대부분 관련된 영상 시청이나 자습으로 시간을 보내는 교사가 있는가 하면, 내가 사는 지역의 시민단체를 조사하고 인터뷰하거나 홈페이지에 댓글을 다는 활동을 경험하게 하는 교사도 있다. 이렇게 볼 때, 학생의 시민성은 선택할 수 없는 복불복이 되는 셈이다.

게다가 현재 학교에는 학생들이 민주시민 역량을 키울 수 있는 실제적인 실천의 장이 절대적으로 부족하다. 학교 밖 환경과의 연계를 통해 학교 밖의 삶과 교육과정의 괴리를 줄이기 위한 노력이 필요하나 현재 진행되는 민주시민교육은 단편적이고 일회성 행사 위주로 진행되는 것이 대부분이다. 학생을 위한 시민성 신장이라는 목표보다는 교사나 학교의 편의를 위해 시간 때우기용으로 강의의 질에 대한 최소한의 검증도 없이 외부 기관의 강사를 마구잡이로 불러 쓰고 있는 것이 현실이다. 이는 마치 교육 백화점 속의 소비자로 전락해버린 학교 민주시민교육의 현실을 적나라하게 보여준다. 이러한 민주시민교육을 받은 학생은 자칫 민주적 시민성에 대한 오해를 가질 수 있으며, 자기 생각을 가진 학습 주체로서의 성숙한 시민성과는 멀어지게 될 것이다.

올바른 민주시민교육의 출발점

현재로서는 민주시민교육이 제대로 이루어지기 어려운 상황이므로 2015 개정 교육과정의 이상과 현실과의 괴리를 좁히기 위해서라도 창의적 체험활동과 교과 부문에서 전면 개혁을 추진해야 한다. 한편으론 이런 상황에서 학생 참여를 위해 별도의 시간을 내는 것이 학교 측으로서는 무리라고 볼 수도 있다. 하지만 민주시민교육이 잘되지 않는 문제를 무조건 움직이지 않는 교사의 탓, 학교장의 탓으로만 돌리며, 가장 손쉬운 해결 방안으로 교사 연수, 교장 연수를 대단위로 기획하고 있다는 점은 아쉬울 뿐이다.

교육부에서는 한 해 1000명 내외의 관리자 연수를 통해 민주적 리더십을 신장시킨다는 계획을 밝히고 있다. 전국의 교장, 교감은 올해 4월 1일 기준으로 약 2만 8천 854명인데, 연수는 1천 명 안팎이다. 충분할까? 또 민주적 리더십이라는 것이 과연 단기간 연수로 갖출 수 있는 것일까?

더욱 안타까운 점은 교육을 둘러싼 어른들의 각종 이해관계 다툼 속에서 정작 중요한 학생의 목소리는 도통 찾아볼 수 없다는 점이다. 학생들은 단지 교육받아야 하는 존재로 대상화된 채 어른들이 만들어 놓은 학생다움을 강요당할 뿐이다. 그 어떤 질문도 허락되지 않은 채 맹목적인 주입식 교육을 받고 있는 것이 우리 학생들이다. 이러한 학교에서 형성되는 것은 민주시민성과는 거리가 멀다. 학생들은 수동성, 무기력, 우울, 체념을 경험하고 냉소적인 시민성을 습득하게 될 뿐이다.

현재 우리나라 학교에서 왜곡되고 있는 민주시민교육은 결코 학생이 미성숙한 탓이 아니다. 오히려 학생이 학교에서 해결의 주체가 되지 못하고 반인권적인 환경에서 제대로 존중받지 못해서 생긴 문제들이라고 봐야 한다. 학생과의 관계 방식과 학교문화의 변화 없이 시민교육만 강조한다면 민주시민교육 또한 그저 그런 주입식 과목 중 하나로 전락하고 말 것이다. 학생들을 시민으로 인정하는 것. 바로 거기에서 시작해야 한다. 현재 학교에서 민주시민교육의 문제점을 파악하여 그동안 철저히 배제되기 일쑤였던 학생을 학교 문제 해결의 주체적 위치에 서게 할 때, 비로소 일상에서 살아 숨 쉬는 민주시민과 마주하게 될 것이다.

참고문헌

교육부(2018). 민주시민교육 활성화를 위한 종합계획. 세종 : 교육부.

김성천, 서지연 외(2018). 학교 자치. 서울 : 즐거운학교.

김원태(2012). 프랑스 시민교육의 내용과 교과서의 특징. 서울 : 한국교과서연구재단.

임재일 외(2019). 청소년 시민교육을 위한 시민교육과정 개발. 서울 : 노무현재단.

윤은주(2015). 2012 핀란드 국가핵심교육과정 개편: 학습의 기쁨을 향한 끝없는 여정. 진천 : 한국교육개발원.

이쌍철(2018). 민주시민교육을 위한 학교운영 방안 연구. 진천 : 한국교육개발원.

정책기획위원회(2019). 민주시민교육 활성화 방안. 서울: 정책기획위원회 포용사회분과

〈인천 중학생 추락사〉, 《경기일보》, 2018. 12. 12.

〈고삐 풀린 청소년 사이버 일탈〉, 《세계일보》, 2018. 1. 24.

〈SNS 타고 유행처럼 번지는 '#자해'…위로 필요한 청소년〉, SBS 2018. 12. 14.

〈팔로어 수천 명…'자해계'운영하는 '자해러'아시나요?〉, 《한겨레》, 2018. 12. 14.

민주시민교육,
교육과정과 만나다!

'민주시민교육이 학교에서 어떻게 작동할 수 있을까?'라는 질문에 답을 찾고 싶었다. 동시에 작은 희망
의 불씨가 타오르던 작은 학교의 민주시민교육이 삽시간에 얼음장으로 변해 버린 차가운 교육의 모습
에 대한 원인도 밝히고 싶었다. 이 장에서는 민주시민교육이 학교에서 자리 잡기 위한 조건으로 교사
의 관점과 교육과정 플랫폼이 필요함을 역설한다. 이를 이해하기 위해 민주주의의 개념을 살펴보고, 민
주주의와 민주주의 교육 사이에서의 긴장과 떨림을 풀어내어 민주주의 속성이 어떻게 학교 교육과정에
안착할 수 있는지에 대한 혜안을 제시해 보고자 하였다. 이는 학교에서의 민주시민교육이 어떻게 학교
교육과정에서 구현될 수 있는지를 조명해 주며, 학교에서 민주시민교육이 구현되는 모습을 통해 우리
가 그동안 놓쳤던 민주시민교육의 미시적 갈등을 해결해 줄 수 있을 것이다.

01

··

민주시민교육을
좌지우지하는 것

배움의 중심에 학생을 세웠던 P교사

P교사는 마을과 연계하는 민주시민교육 모습을 구상하고 학생들과 오랜 시간 소통하면서 마을에서의 시민의식을 고취하는 데 노력하였다. 처음에는 낯설고 무엇을 하는지 학생들이 의아해하기도 하였으나, 점점 자신의 삶 속에서 의미 있는 것을 깨달아가면서 학생들은 시민성을 점차 함양해 나가는 것 같았다. P교사가 구현한 민주시민교육을 간단히 소개하면 다음과 같다.

우선 학교 동아리를 중심으로 학생들에게 지역사회를 바라보도록 시선을 이동시켰다. 우리가 살고 있는 이 마을의 문제점이 무엇인지, 해결 방법은 무엇이며, 어떤 실천을 할 수 있는지 등 학생의 입장에서 자신이 살고 있는 삶의 관점으로 초대한 것이다. 학생들은 제법 진지했다. 독거노인의 안타까운 고독사 문제에 관심을 가지게 되었고, 유기견에 대한 학생들의 열렬한 토의·토론이 이루어지기도 하였으며, 소외 계층을 돕는 훈훈한 이야기나, 외지거나 낙후된 시설에 대한 개선도 서슴지 않고 의견을 냈다. 한 아이는 학교에서 배운 내용을 직접 실천해 볼 수 있다면서 우리가 하고자 하는 교육 활동에 의미를 부여하기도 하였다.

P교사는 학생들에게 시민다운 시민이 무엇인지를 가르쳐 주고 싶어 했다. 즉, 자신과 무관한 사회의 일에도 얼마든지 참여가 가능하며, 자신들이 배운 지식과 역량을 토대로 사회문제 해결에 적극적으로 동참할 수 있다는 도전과 용기를 불어 넣고 싶었던 것이다. 무엇보다 학생 스스로 자발성에 의해 마을의 문제를 해결하고자 동료와 함께 의논하면서 자료를 수집하고 분석하고 대안을 탐구하며 문제 해결을 위한 기획을 하는, 학생 주도 프로젝트를 실천하도록 독려했다.

이처럼 P교사의 학교는 학생을 중심으로 지역사회 문제를 해결하고자 하는, 사회참여 민주시민의식과 스스로 깨달음을 통해 학교교육 활동을 기획하고 운영할 수 있는 학생자치에 초점을 두면서 교육 활동을 진행하고 있었다. 이러한 교육 활동은 인구에 회자되어 인근 학교에 좋은 모범 사례가 되기도 하였으며, 시도교육청 우수 사례 및 방송과 신문에 수차례 소개되기도 하였다. 해가 거듭될수록 학생들은 자신이 하고 있는 민주시민교육 활동에 점차 확신을 가지게 되었고, 어느덧 수년의 경력을 가진 고학년 학생들은 후배들을 이끌며 보다 나은 확장된 민주시민교육 동아리를 솔선수범하여 이끌기도 하였다. 학부모, 교직원, 지역사회 인사들도 교육공동체가 되어 이들의 활동을 지원하고 행보를 주목하였으니, 가히 배움의 중심에 우뚝 선 모습을 P교사는 체감하게 되었다. 그렇게 P교사의 학교는 학생을 중심으로 세상을 널리 이롭게 하고자 하는 홍익인간의 이념을 여건과 환경에 맞게 우보로 천리를 가듯 일구어 내고 있었다.

　　P교사와 학생들은 어떻게 이러한 교육 활동을 실현할 수 있었을까? P교사가 추진하고자 했던 민주시민교육의 동력은 무엇이었으며, 학생들이 자발적으로 교육 활동에 주체가 될 수 있었던 추동은 어디서 나오는 것이었을까? 어떻게 이런 교육이 가능했는지에 대한 물음은 교육을 하는 교육자에게 커다란 시사점을 제공할 것이다.

한 명의 교사에 의해 좌지우지되는 민주시민교육

　　5년 후, P교사는 그 학교를 떠나게 되었다. 한 학교에서 최대한 근무할 수 있는 연한을 다 채우고 떠나게 된 것이다. 그 이후 이 학교는 이전과 달리 학생들이 역동적으로 사회참여를 하는 모습이 눈에 띄게 줄어들었다. 자율적인 동아리 운영은 물론이고, 지역사회와 연결되었던 것들이 점차 실선에서 점선으로 바뀌는 모양새였다. 교육 주체들이 함께 민주시민교육의 모습을 구현했던 유대감, 공동체, 교육생태계가 끊겨 버린 것이다. 결국, 학생들의 민주시민의식은 멈춰 버리게 되었고, 그들의 행복한 깨달음도 더 이상 성장하지 못한 채 화석처럼 굳어져 버렸다. 이 학교에서 생명수였던 민주시민교육이 고인 물처럼 탁해져 버린 것이다. 6개월이 지난 지금, 민주시민교육 활동은 자취를 감추었고, 이를 떠받치고 있던 동력과 구심점은 실종되고 말았다. 정해진 학교 시간표대로 TV 편성 프로그램처럼 따박따박 교과 내용을 배우고 평가를 받는 수동적인 모습으로 전환되어 버린 것이다.

이런 이야기는 우리에게 두 가지 교육적 시사점을 던져 준다. 첫째, 교사가 바라보는 학생관이 어떤지에 따라 학생들은 매우 상이하게 성장한다. 학생을 수동적인 존재로 바라보는지, 아니면 능동적인 존재로 바라보는지에 따라 그 결과는 천지 차이가 난다. 둘째, 그 교사가 없어도 지속가능하게 할 수 있는 민주시민교육 플랫폼이 부재하다는 것이다. 다른 교사가 대체되었을 때도 동력을 잃지 않고 아름다운 민주시민교육을 이어갈 수 있도록 하는 교육 활동의 플랫폼, 즉 '교육과정'이 부재하면 지속가능한 교육이 될 수 없다는 것을 우리는 깨달을 수 있다.

이 장에서는 민주시민교육을 탄탄하게 추동할 수 있는 교사의 관점과 이를 구현하는 교육과정에 대한 이야기를 꺼내 보고자 한다. 교육과정을 운영하는 교사는 어떻게 학생들에게 민주시민교육을 하고 있는가? 어떻게 민주시민교육을 바라보고 있으며, 어떻게 학생을 바라보면서 교육과정을 실현하는지에 대한 반추가 필요하다. 우리는 그동안 어떻게 학생들을 가르쳐왔는가 그 성찰을 통해 우리의 민낯을 이제는 마주하고 극복할 때다. 또한 우리가 미흡하고 부족했던 자화상에 대한 반성은 앞으로의 교육 방향과 비전을 제시해 줄 수 있는 건강한 지침이 될 수 있을 것이다. 그럼, 지금부터 민주시민교육에 대한 우리의 불편한 진실을 마주해 보자.

02

민주시민교육과
민주주의

민주시민교육이 무엇인지 모른다?

전구의 불은 필라멘트에서 발산한다. 그 빛이 얼마나 강렬한지, 얼마 동안 지속되는지 우리는 눈으로 확인할 수 있다. 하지만 그 빛이 나오기까지 보이지 않는 곳에서 전력을 공급하는 원천은 눈에 보이지 않는다. 가시적인 필라멘트의 불빛 이전에 이를 가능하게 하는 동력은 비가시적인 형태다. 즉, 전경에 나타난 필라멘트의 불빛보다 배경을 떠받치고 있는 불빛을 지원하는 에너지가 어찌 보면 더 중요할지 모른다.

교육도 이와 다르지 않다. 필라멘트의 불빛처럼 구현되는 학생과의 교육 활동은 그 이전에 교사의 교육철학과 교육 활동 준비가 탄탄해야 건강하고 눈부신 불빛을 발산할 수 있는 것이다. 민주시민교육은 다양한 교육 중에 이러한 교사의 교육철학과 교육 마인

드가 매우 중요하게 여겨지는 분야이다. 어떤 관점과 자세를 취하느냐에 따라 민주시민교육의 향방이 결정되고, 그 성과의 승패가 좌우되기 때문이다.

최근 연구에 따르면, 현장의 교사들은 시민교육을 구현하는 여건과 자질이 녹록치 않음을 보여주고 있다. 임재일 외(2019)의 〈청소년 시민 교육과정 연구 보고서〉를 살펴보면, 학교에서의 민주시민교육의 문제는 교사의 시민성 부재에 있다는 성찰의 목소리를 확인할 수 있다. 교사들이 민주시민의 역량을 키워줘야 하는 교수자임에도 불구하고, 그러한 역량을 가지지 못한 채 수업을 구현하는 사례가 대부분이라는 것을 비판하고 있었다. 이는 교사 자체가 시민의 자질을 이해하지 않은 상태에서 학생을 지도함으로써 민주시민교육에 대한 역할 및 구체적 교육 활동을 제시하지 못하는 한계를 의미하고 있다. 즉, 내용학을 중심으로 지식 습득에 치중되어 왔던 강의식 민주시민교육 수업은 실질적인 실천 행으로써의 민주시민교육을 가져오지 못했던 점이 지적될 수 있다. 말로 배운 시민교육은 결국 지식과 글에 그치는 피상적 교육이었음을 이 보고서에 참여한 중등 교사들은 토로하고 있었다.

또한 교육과정 총론에서 기르고자 하는 인간상이 민주시민교육의 필요성을 명확히 제시하고 있지만, 교과의 각론으로 이어지는 수업에서 민주시민교육과 관련된 교육 활동을 실행하는 요소는 찾기 어렵다는 교사들의 비판도 있었다. 즉, 대의적 측면에만 교육과정에 나타날 뿐 구체적인 안내와 제시가 없기에 교사들의 민주시민교육 실행 의지는 약해질 수밖에 없다는 것으로 풀이된다. 또한 경쟁을 통해 선발된 임용고사를 치룬 교사들은 민주시민교육을 받아본 적 없고 삶 속에서 고민하지 않는 채 교실 현장에 투입되고 있다는 불편한 진실을 언급한 사례도 확인되었다. 결국 교사의 역량이 부족한 민주시민교육에 대한 문제점을 고발하고 있다. 교사가 관심을 가지고 있다 하더라도 개인기로 풀어가는 실정이고, 이 또한 소수 교사들에 의해 실시되고 있지만, 민주시민교육을 지도할 시수 확보 및 재구성의 기회도 현장에서는 녹록치 않은 것이 현실이라고 개탄하는 초등학교 교사들도 있었다. 즉, 이는 민주주의 국가에 살고 있지만 민주시민으로서의 자질을 충분히 배우고 삶 속에서 실천하는 교사로는 아직 미흡하다는 현장의 목소리가 있는 것이다. 왜 그들은 민주시민교육이 무엇인지 모르는가? 이 글을 읽고 있는 독자들은 혹시 민주시민교육에 대해서 설명할 수 있는가? 만약 이 글을 읽고 있는 독자가 선생님이라면 '나는 어떻게 민주시민교육을 가르치고 있는가?'에 대해 자문하면 좋겠다. 우리 삶에서 매우 가깝게 느껴지는 민주시민교육이, 막상 설명하고 무엇인지 따져 보려고 하면 만만치 않은 부담감으로 밀려온다. 도대체 민주시민교육은 무엇일까?

　민주시민교육은 시민교육에 민주적 특성, 즉 민주성이 반영된 것이라고 말할 수 있다. 어떤 학자는 시민교육이 이미 민주성이 반영된 것이기 때문에 시민교육이라고 명명해도 무방하다고 주장하기도 한다(장은주, 2017; 정원규, 2018). 민주시민교육이든, 시민

교육이든 결국 이러한 교육은 학생들이 직접 참여하여 생활 속에
서 느끼고 깨닫는 것이지 지식으로 학습하는 것으로는 충분하지
않음을 알 수 있다. 즉, 민주시민교육은 지식과 정보의 활자가 아
니라 실천과 행동의 운동으로 나타나야 한다. 그러한 교육 활동은
교육의 범위가 확장되어 '공간적' 형태로 나타나게 되고, 그러한
교육의 확장은 입체적인 모습으로 '교육의 무늬'나 '교육의 질감'으
로 표현될 수 있다. 정말 이것이 가능한 것이라면, 민주시민교육
은 공감각적 심상을 수반하는 입체적인 교육이 확실하다.

그렇다면, 민주주의는 무엇인가?

  그렇다면, 민주주의는 정말 무엇인가? 민주주의가 무엇인지 모
르는 상황에서 민주시민을 양성할 수 없을 것이다. 정용주 외(2017)
에 따르면, 본래 민주주의는 아르케(arche, 원리)를 갖지 않는다고 한
다. 민주주의는 인민에 의한 지배라는 원리 이외에는 그 속이 비어
있음을 의미하는 것이다. 따라서 자유나 평등, 관용과 같은 가치를
교육을 통해 배워야 한다고 주장한다. 결국 그는 민주주의와 민주
주의 교육 사이에 긴장이 발생하게 되고, 그 긴장 관계를 계속 유지
하는 것이 중요하다고 피력하면서 민주주의를 실현하는 것은 민주
주의를 넘어서는 것과의 '끝없는 떨림'이라고 설명하였다.
  고병권(2011)은 민주주의가 무엇인지 글자대로 풀어 분석하면

서 내포하고 있는 사전적 의미와 함축적 의미를 잘 설명해 주고 있다. 그는 우선 데모크라시(democracy)라는 것은 '데모스(민중, demos)의 힘'이며, 민주주의가 정체라면 그것은 데모스가 힘을 갖는 정체라고 말하였다. '데모스'가 '힘을 갖는다'는 것은 무슨 의미이며, 데모스가 지배한다면 그 원리(아르케, arche)가 무엇인지 연이어 궁금증을 가지지 않을 수 없다. 이에 그는 민주주의는 그 자체로 하나의 정체이면서 동시에 '여러 정체들의 잡화점'이라고 말한다. 즉, 모든 정체들은 민주주의와 관계가 되고, 민주주의는 하나의 정체임과 동시에 모든 정체들과 관계하는 그런 선제 집합체라는 것이다. 또 플라톤에 따르면 민주주의를 규정하는 '아르케'는 '아나르코스', 즉 '아르케 없음'이다(고병권, 2011). '아르케'는 '지배(지배자)'혹은 '근거(원리)'를 뜻하는데, 민주주의의 지배는 '지배 없음'이고 그 근거가 '근거 없음'이니 모순 같이 느껴져 모호함만 더해 가는 것 같다.

앞서 정용주가 말한 '긴장'과 '떨림'이 무엇인지 이 대목과 연결하면 조금 더 이해가 되는 것 같지만, 아직 명확한 개념은 아니다. 그래서 그럴까? 우리는 민주주의 제도권에 살고 있지만, 민주주의가 무엇인지 잘 설명하지 못한다. 민주주의를 반대하거나 싫어하는 사람은 많지 않을 것이다. 하지만 민주주의가 어떤 것인지 잘 모르는 상황에서 민주주의적 삶을 사는 것도, 민주시민의 교육을 가르치는 것도 어찌 보면 불가능할 수밖에 없는 것이다. 그 모호함이 주는 긴장과 떨림의 나날에 민주주의는 결국 제도권에서 행해지는 정치적 이념과 이데올로기, 선거로 대표되는 방식과 유권자의 생각으로 어느 정도 그려질 뿐이다. 이쯤 되면 선생님이 민주주의를 가르치거나 민주시민교육을 가르친다는 것은 정말 난해하고 무척 어려운 그 무엇인가일 수밖에 없는 것이다.

그럼, 다시 돌아와 민주주의가 무엇인지 탐색해 보자. 폴 우드러프(2012)는 민주주의가 무엇이고, 민주주의 교육이 어떠해야 하는지에 대한 이해를 도모하는 데 큰 힌트를 준다. 민주주의 교육에서 사회가 해야 할 역할 중 하나는 좋은 공론의 장을 보여주는 것인데, 함께 모여 공동의 문제에 대해 토론하고 합리적인 결론을 내리는 과정을 보여주는 것이야말로 살아 있는 민주주의 교육이라고 그는 주장하였다. 결국 민주주의에서 '아르케 없음'은 단순한 '지배 없음'이 아니라 '기준 없음', '척도 없음', '근거 없음'을 의미한다고 해석해야 할 것이다. 그리고 민주주의의 '데모스'는, 고병권(2011)에 따르면, 하나의 체제로서 자기 권리 주장과 더불어 혁명의 순간을 만들어 내는 집합적인 힘으로써, 지배자의 수를 늘리거나, 다수결을 따지거나, 특정한 지배 체제를 의미하는 것이 아닌 '대중의 힘'을 말하고 그 대중의 힘은 '다스려지지 않는다'는 것을 의미한다.

이해를 돕기 위해 플라톤이 말하는 태양에 비추어지는 존재를 생각해 보자. 플라톤에 따르면, 모든 것들을 또렷하게 구별해서 보여줄 수 있는 것은 오직 태양이다. '아르케'는 모든 실존들에 앞서 그것들을 근거 지우는 개념인데, 민주주의에서 '아르케'가 '근거 없음'이라고 하는 것은 더 이상의 앞선 뭔가를 가정할 수 없는

'근본'이라고 할 수 있다. 하지만 우리 모두가 그런 태양 아래 설 수 있는 것이 아니다. 예를 들어 만약 우리 모두가 그런 밝은 태양 빛 속에서 '존재'할 수 있다면 다양한 의견을 갖지 못하고 정해진 진리에 대한 의견만 가지게 될 것이다. 하지만 우리에게 다양한 의견이 있다는 것은 우리 모두가 그 존재를 그대로 볼 수 있을 만큼 충분히 밝은 곳에 있지 않다는 증거이기도 하다. 이는 우리의 대부분은 '존재'의 '완전 밝음'과 '비존재'의 '완전한 어둠' 사이에 있는 것이다. 물론 어두운 곳에서 더 밝은 곳으로 계속 나아가야 하지만, 사람마다 존재의 정도와 밝음의 정도가 다양하듯이 의견과 생각이 다양한 것은 당연하다. 따라서 이 글에서는 의견이 다양한 사람들 사이에서 '함께 가능한(com-possible)' 지혜를 맞대어 공동의 영역으로 나아가는 대중의 힘을 '데모스'로 해석하고 있다.

결국, 민주주의에서 '아르케'가 없다는 말은 정답이 없기에 둥글게 모여 앉아 서로의 지혜를 모아 보자는 것을 의미한다. 일상적인 삶에서 모든 구성원의 지혜를 모아 공적으로 우리의 문제를 해결하는 것이야말로 행복한 삶을 영위하는 원천이자 교육의 본질이 아닐까. 자신의 삶에서 주인이 되어 스스로 그려 나갈 수 있는 그 힘을 교육이 맡아 주어야 하는 것은 아닐까. 이것이 민주주의를 추구하는 학교의 사명이 아닐까. 민주주의가 '아르케'가 없다는 것은 '정해지지 않은 원리'를 채워야 하고, 함께하는 구성원들이 지혜를 모아야 한다는 특성을 가지고 있다. 그리고 그것은 교육을 통해 채움이 가능한 형태로 나가야 한다. 이처럼 학교에서 민주시민교육이 가능해지려면, 학교를 운영하는 구성원의 삶이 공유되어야 한다. 학교 안에서는 수업이 공유되어야 하고, 학생과 교사는 그 수업에서 지혜를 모으거나, 교사들은 동료 교사와 함께 지혜를 모아내는 토론의 장인, 교육적 소통이 우선 필요하다. 민주적인 지혜를 모아내야 하는 당위 속에 우리 교사들에게 주어진 민주시민교육의 올바른 구현 방법은, 학교 운영 체제를 공유하고 소통하는 민주적 교육과정 운영에 있다. 따라서 민주시민교육은 교육과정 운영의 지혜를 모아 소통하고 공유하는 것에서 시작되어야 한다.

이러한 맥락에서 민주주의는 그 자체가 하나의 체계이며, 동시에 속이 비어 있는 '아르케 없음'이라는, 앞선 의견들이 이제야 좀 납득이 된다. 비어 있는 민주주의 체제를 민주적인 특성으로 채우기 위해서는 민중의 힘(지혜)이 모여야 하고, 이를 위해서는 민주주의 교육이 필수적일 수밖에 없다. 따라서 민주주의와 민주주의 교육은 계속 긴장과 떨림의 상태로 모호함을 던져줌과 동시에 하나의 체계를 만들어가기 위한 상호보완적인 관계로 상정된다. 또한 민주주의 교육은 성숙된 지혜를 탐구하고 또 탐구한다는 '교육의 본질적 속성'이 수반되어야 하는 시사점도 내포하고 있다. 결국, 정해진 이념, 이론, 이상으로 교육받을 '대상'을 학습시키는 것이 아니라, 근거와 지배가 없는 상태에서 구성원들이 교육의 지혜를 소통하는 방식으로 채워 나가는 체계가 민주주의이며, 그러한 방식과 결을 같이하는 교육이 민주주의 교육인 것이다.

이를 학교 현장과 연결하여 생각해 보자면, 민주시민교육은 정해진 지식과 기능 및 태도를 가르치는 근거와 지배의 사유물이 아니라, 함께하는 구성원들의 힘과 지혜를 모아내는 방법적 형태로 학교 현장에 구현되어야 한다. 이는 한 차시 수업, 한 개의 교과, 하나의 프로그램으로 학습되는 것이 아니라, 학교생활 및 학교문화 그 자체를 통해서 이루어져야 한다. 우리는 이것을 진지하게 생각하고 접근할 필요가 있다. 결국 민주주의 체제를 담아낼 수 있는 학교는 우선 민주주의가 무엇인지를 이해하는 '교사의 인식 체계의 변화'가 있는 곳이며, 그것을 담아낼 수 있는 구성원들의 지혜를 모아 함께 구현 가능한 곳일 때 가능하다는 결론에 이르게 된다.

민주주의가 단순히 교육의 대상이나 목적이 아니라 학교의 의사결정 시스템 및 운영의 민주성을 포함하여 학교에서 이루어지는 모든 교육과정과 생활에 녹아 들어가야 한다. 결국, 학교 구성원들의 일상적인 삶과 의식에 영향을 미치게 되는 형태로 민주주의 교육이 수행되어야 한다. 민주시민교육은 이러한 과정과 함께 공식적 교육과정뿐만 아니라 '잠재적 교육과정'과도 병행되어 구현될 수 있다.

공식적 교육과정은 국가 교육과정 기준을 담은 문서, 시·도 교육청의 교육과정 지침, 지역 교육청의 장학 자료, 교과서를 비롯한 수업용 교재, 학교 교육과정 운영 계획, 교사의 수업 계획, 실시된 수업, 특별활동 및 기타 창의적 체험활동 등과 같이 교육적 목적과 목표에 따라 분명하게 가시적 혹은 표면적으로 드러나는 계획된 교육과정을 의미한다. 빙산(氷山)에 비유하면 물 위로 나온 부분이다. 공식적 교육과정은 의도되고 계획된 실천으로 학습자들이 뚜렷이 경험하는 교육과정이다. 이때, 공식적 교육과정은 학생들에게 경험됨으로써 그 소임을 다하나 필연적으로 부산물을 낳기도 한다. 즉, 공식적 교육과정의 그림자라고 할 수 있는 잠재적 교육과정과 가르쳐지지 않고 소홀히 취급되고 금기시되는 영 교육과정이 그것이다(홍후조, 2011). 잠재적 교육과정은 의도하거나 계획하지 않았지만 수업이나 학교교육 활동 중에서 은연중에 배우는 가치, 태도, 행동양식과 같은 교육 결과로서 경험된 교육과정이다(Jackson, 1968).

지금껏 논의된 민주적 학교운영에 대한 구조와 과정을 교육과정에 견주어 보면, 이것은 잠재적 교육과정에 해당된다. 구성원들은 잠재적 교육과정으로부터 정의, 권력, 존엄성 및 자존감과 같은 중요한 교훈을 학습하게 되는데, 민주적 구조와 과정을 통해 체득되는 것들이라 할 수 있다. 하지만 진정한 민주적 학교 운영은 잠재적 교육과정을 넘어서서 공식적·명시적 교육과정에서도 민주주의를 실현해야 한다. 민주적 교육과정에는 폭넓은 수준에서 정보 접근권과 참여의 권한이 보장되어야 하고, 모두의 목소리가 반영될 수 있는 참여적 구조를 공식적인 절차에서 반영해야 하는 것이다.

학교문화를 만들고 함께 향유하며 혁신할 수 있는 방법은 학교 내 규칙이나 관행, 협약으로 이루어진 '수단'으로 학생·학부모·교사를 대상화하는 것이 아니다. 비록 그들이 태양의 빛을 모두 상이하게 받고 있을지라도 그들이 모두 참여하여 다양한 의견을 수반하고 '지배 없음과 근거 없음'의 토대 위에 공동체의 지혜를 반영하는 것이다. 결국 보수적이고 관료적인 학교문화에 대한 혁신을 위해서는 민주주의를 갈망하고 민주시민의 속성을 구현하는 민주적 학교 운영 체제로 전환되어야 한다. 즉, 민주주의에 대한 인식 체계의 전환이 요구된다.

03

학교 교육과정에서의
민주시민교육

국가 교육과정 이상과 학교 교육과정 일상의 괴리감

공교육에서 그나마 실시되고 있는 민주시민교육은 주제 및 내용 선정 차원에서 단순히 윤리적·도덕적 가치 수준에 머물고 있다. 공교육의 민주시민교육은 여전히 개인이 지녀야 하는 시민성 정도의 담론이나 도덕과의 인성 및 가치 덕목 준수 수준에 머물고 있다는 것이다(임재일 외, 2019).

교육부 고시 제2015-80호 국가 교육과정에 따르면, '추구하는 인간상'은 '자주적인 사람', '창의적인 사람', '교양 있는 사람', '더불어 사는 사람'으로 제시되고 있다. 이러한 네 가지 인간상은 궁극적으로 다음과 같은 교육이념과 교육 목적을 바탕으로 설정된 것이다.

우리나라의 교육은 홍익인간의 이념 아래 모든 국민으로 하여금
인격을 도야하고, 자주적 생활 능력과 민주 시민으로서 필요한 자
질을 갖추게 함으로써 인간다운 삶을 영위하게 하고, 민주 국가의
발전과 인류 공영의 이상을 실현하는 데에 이바지하게 함을 목적
으로 하고 있다(교육부, 2015).

여기에서 중요한 대목은 '자주적 생활 능력과 민주 시민으로서
필요한 자질을 갖추게 함으로써'라는 부분인데, 민주 시민으로서
의 필요한 사질을 갖추게 하는 것이 홍익인간 이념 아래 모든 국
민이 반드시 습득해야 할 인간다운 삶의 필수 조건임을 교육이념
에서는 강조하고 있음을 알 수 있다.

또한, 네 번째 인간상인 '더불어 사는 사람'은 '공동체 의식을 가
지고 세계와 소통하는 민주시민으로서 배려와 나눔을 실천하는
더불어 사는 사람'이라고 제시하면서 민주시민교육이 지향하는
인간상 하나를 확인할 수 있다.

이러한 교육이념과 목적 및 인간상을 통해 국가 교육과정은 핵
심 역량 6가지와 학교 급별 교육목표를 설정하여 민주시민으로서
의 자질과 역량을 습득하는 것을 강조하고 있다. 이뿐만이 아니
라 10개 범교과 학습 주제 중 하나로 민주시민교육을 설정해 교과
와 창의적 체험활동 등과 함께 학교 교육과정에서 통합적으로 실
시하기를 주문하고 있다(교육부, 2015). 그리고 학교 교육과정 편
성 · 운영 기본사항 지침 '다'를 살펴보면, '학교 교육과정은 모든

교원이 전문성을 발휘하여 참여하는 민주적인 절차와 과정을 거쳐 편성한다'와 학교 급별 교육과정 편성·운영의 기준 기본사항 지침 '아'는 '범교과 학습 주제는 교과와 창의적 체험활동 등 교육활동 전반에 걸쳐 통합적으로 다루도록 하고, 지역사회 및 가정과 연계하여 지도한다'라고 명시하면서 민주시민교육 편성·운영 및 구현 원리를 제시하고 있다. 전반적으로 국가 교육과정은 민주시민교육을 통해 민주시민의 자질을 함양하는 학생들을 육성하고자 하는 의지가 분명히 드러나 있는 것을 알 수 있다.

국가 교육과정은 그 나라의 인재를 육성하는 데 나아갈 방향과 기준을 결정하는 하나의 지표이자 지향점이 된다. 그런 의미에서 민주시민교육에 대한 방향과 기준을 교육이념에서부터 인간상, 핵심 역량, 교육목표 및 교육과정 편성·운영과 범교과 학습 주제까지 중대한 사안으로 다루고 있음을 부인할 수 없다. 하지만 여기까지다. 더 이상 민주시민교육에 대한 사항은 찾아 볼 수 없다. 국가 교육과정이 제시한 대로 교사와 학교가 이를 잘 수행한다면 민주시민교육이 잘 이루어질 것으로 가정하고 있는 건 아닌지 다소 의구심이 든다. 이러한 의구심은 다음 사례를 보면 학교 교육과정에서 민주시민교육이 어떻게 이루어지는지 쉽게 이해할 수 있다.

학교 교육과정을 추진하기 위해 민주시민교육 담당자는 부장회의에 들어와 민주시민교육의 날(day)을 잡는다. 또는 교육청 권장사항이라면 민주시민교육 주간(week)을 설정하기도 한다. 이렇게 반영된 학교 교육과정 연간 계획에 민주시민교육 행사가 학년 교육과정 및 학급 교육과정으로 전달된다. 이 경우 공식적으로는 민주시민교육을 수행한 학교로 인정되며, 이러한 구체적인 날짜와 횟수, 참여 학생 수 및 프로그램 제목 등이 교육청에 집계 보고되어 자료화된다. 그러면 학생들은 민주시민의 자질이 더 함양되었을까? 학교마다 그 교육성취의 정도가 다르겠지만 다음 시나리오를 세밀히 들여다보면, 어떤 흐름으로 민주시민교육이 추진되는지 판단할 수 있다.

학교 교육과정으로 민주시민교육 행사가 잡힌 날 오전 "오늘은 민주시민교육이 있는 날입니다. 각 학급에서는 공유해드린 영상자료와 민주시민 교과서를 통해 민주시민교육을 실시해 주십시오"라는 공식적인 요청이 학교 방송 넘어 흘러나오거나 학교 내 메신저 망으로 첨부 자료와 함께 메시지가 전달된다. 이는 모두가 하나의 정해진 자료를 가지고 민주시민교육을 수행해야 하는 여건이며, 아마도 같은 성취가 나올 것이라고 기대되는 업무 방식일 것이다. 민주시민교육은 정말 input이 되면 output이 나오는 성질의 것인지에 대한 의문을 차치하고도, 정해진 지식이 아닌 방법적인 지식이나 절차적인 지식을 가르칠 수 있는 교사들의 역량이 준비가 되어 있는지에 대한 비판도 숨길 수 없다. 이렇게 한 차시 혹은 한 주간 민주시민교육을 공식적인 행사로 하게 된다는 것은 형식적인 행사로 민주시민교육을 취급하는 꼴이 된다. 아니면, 특정 교과에서 교사 개인 역량으로 풀어내는 수준으로 학년마다 학급

마다 천차만별로 질적 수준이 담보되지 못한 채 민주시민교육이 지도되고 만다. 어찌 되었거나 결론적으로 교육청에 집계 보고는 질적 성장이 아닌 양적 수치로 보고되니 '한 것은 한 것'이다. 안 한 것이 아니니 민주시민교육을 한 학교로 분류되고, 더 이상 이와 관련해 문제 삼지 않는다.

이러한 설명과 같이 학교 교육과정에 안착된 민주시민교육 추진에 자유로운 교사는 많지 않다. 학교에서 정해진 행사 같은 민주시민교육이 창체나 사회 및 도덕 교과에서 시수를 확보하면, 공식 교육과정으로서 민주시민교육의 힘은 실로 막강할 것이다. 그러나 교사가 함부로 사전에 정해진 학교 교육과정을 바꾸기란 쉽지 않으며, 따르지 않거나 저항하기라도 하면 행여 불손한 교사로 찍히거나 협조하지 않는 저항 교사로 낙인 받기 쉽다. 그러다 보니 양질의 민주시민교육을 구현하는 교사는 실제 많지 않다.

결국, 민주시민교육의 중요성에 대한 구호만이 국가 교육과정에 있을 뿐이다. 실효성 있는 민주시민교육의 지원과 안내가 부재하기 때문에 학교 교육과정에서 민주시민교육이 부실하고 미흡하다. 민주시민교육을 구현하는 교사의 역량 교육이 부재하고, 함께 협의하고 고민하는 교사의 민주시민교육 연구가 준비되지 못하니, 민주시민교육은 결국 실패로 끝나고 만다. 실패하지만 진급하는 학생들의 모습에서 교사의 성찰이나 반성하는 모습은 찾기 힘들다. 그저 이 정도만 해도 되는 교육이며, 입시에 방해된다는 한국 특유의 부차적 분야로 치부하기 일쑤다. 민주시민교육이 중요하지만 홀대 받는 현실, 잘하고 싶지만 역량이 부족한 교사, 용두사미로 그치고 마는, 교육과정상의 민주시민교육의 위상 등은 우리가 바라는 양질의 민주시민교육을 구현하는 데 걸림돌이 된다.

이강수(2017)에 따르면, 현장의 교사들은 수업의 변화에 두려움이 있고 민주시민으로서 살아본 경험이 많지 않아 학생들과 함께 생활 속에서 실천하는 것이 어렵다고 말한다. 즉, 변하고 싶지 않은 교사들이 대부분이며, 학생들을 어떻게 민주시민으로 키울 것인가에 대한 교사들 간의 공감이나 협력도 부족한 실정이라고 보고하고 있다. 따라서 민주시민교육의 교육적 가치에 대한 동의가 없는 환경에서는 학교행사 차원으로 개별적으로 시행되는 모습일 수밖에 없다. 따라서 이러한 비판은 교사 개인의 역량 신장, 동료 교사와의 공감대 형성, 수직적 관계로 경직된 학교문화의 전환 등을 통해 교사의 자존감을 키워주고 지지해 주는 환경이 중요하다는 시사점을 안겨 준다.

> 알트 스쿨의 강점은 보이는 하드웨어가 아닌 소프트웨어, 즉 교사와 커리큘럼에 있다. 아이들은 유치원 때부터 자신들의 관심과 흥미에 맞추어 '연구'를 할 수 있다. (중략) 알트 스쿨에 많은 실리콘밸리의 벤처 사업가들이 관심을 가진 이유는 혁신적인 커리큘럼을 가진 '개별화된 교육'을 대중화하였다는 것이고, 알트 스쿨은 교육 수요자의 요구와 필요를 반영하는데 노력을 하였다는 점이다(김선, 2018).

학교 교육과정에서 민주주의 구현하기

마이클 애플과 제임스 빈(2015)은 학교는 민주적 생활 방식을 교육과정과 학교문화에 녹임으로써 이 기회를 제공할 도덕적인 의무를 가지고 있다고 믿는다. 학생들과 교사들은 그러한 삶의 체험을 통해 민주적인 것이 무엇인지를 배울 수 있다는 것이다. 민주시민교육과 관련된 모든 것들(지식)을 배우고 난 다음에 체험을 하는 것이 아니라, 그러한 삶 속에서 체험하면서 모든 것을 배우고 그 과정 자체가 체험의 산물로 얻어지는 것이라고 말한다. 즉 맥신 그린(Maxine Greene, 1985)이 언급한 것처럼, '민주시민교육은 교육 구성원들이 공적 사회의 일원이 되고 함께 참여하며 공적인 공간에서 확실한 역할을 수행할 수 있도록 힘을 실어 주는 것이 학교와 같은 교육기관이 담당해야 하는 역할이다'라는 것을 의미하고 있다.

이처럼 학교는 민주적인 공간을 담당하는 역할을 보여 주어야 하고, 민주적인 생활 방식의 가치를 소중히 생각하며 교육 구성원들을 서로 믿고 신뢰하는 행동이 실천되는 교육 현장이 되어야 한다. 이러한 민주적인 학교가 되기 위해서는 민주적인 구조와 과정들을 학교 안에서 만들어 내는 일이 중요하며, 학생들에게 민주적인 경험을 제공할 수 있는 교육과정을 만들어 내는 일이 진정 핵심 중에 핵심이 되어야 한다(마이클 애플·제임스 빈, 2015).

우선, 민주적 학교를 만들기 위해서 교육과정은 민주적인 구조를 과정에서 보여주어야 한다. 민주주의는 '민중의 힘'인 데모스(demos)에 의해 운영되는 것이므로, 글자 그대로 학생들을 포함한 학교와 직접적으로 관련된 모든 이들이 '의사결정 과정'에 참여할 권리를 가진다. 이러한 맥락에서 민주적인 학교는 학교의 운영과 정책 수립에서 교육공동체(stakeholders)가 참여하는 것을 돕는다. 여기서 민주적 구조 만들기는 시작된다. 학생들, 학부모들, 지역사회 및 교직원 모두가 다양한 관점에서 서로의 의견과 생각을 반영하는 토론의 장이 우선 마련되는 것이 민주적인 학교를 운영하는 첫걸음이 된다. 모두가 공감하는 문제들, 반드시 해결해야 하는 공동의 이슈들, 함께 나아가고 방향을 모색하는 비전 등에 대해 참여적인 의사결정을 숙의를 통해 도출하고 이를 학교 운영의 실질적 구조인 '교육과정'에 반영해야 한다. 이렇게 학교 관련자들이 학교 운영 플랫폼인 교육과정 의사결정에 참여하여 자신들의 삶에 영향을 미치게끔 권리를 진정으로 존중해 주는 시도는 민주적인 구조를 형성해 나가는 데 매우 결정적인 역할을 한다.

이 구조 속에서 참여하는 사람들은 자신들을 '배움의 공동체의 일원'으로 여기고, 이 공동체가 보여주는 다양성이 골칫거리가 아니라 차이를 보여주고 서로 존중해주는 풍부한 관점을 제공해 주는 곳이라는 점에서 그 의미를 곱씹어 볼 수 있다.

민주주의는 다양성을 존중하는 원리를 가지고 있듯이, 학교 구성원의 다양성은 풍성한 학교 사회를 만드는 데 필수적인 요소이다. 민주주의 구조가 탄탄한 공간에서는 사람들의 다양한 관계 속에서 경쟁보다는 '협력'과 '협업'을 강조하면서 공동체의 삶의 질을 향상시킬 수 있어야 한다. 그러한 다양성이 주는 긴장과 갈등 속에서 민주주의 사회는 성숙되어 간다. 학생을 포함한 교육 공동체 모두는, 이처럼 민주적인 구조와 과정에서 체험하는 민주적 '제반 여건'을 통해 학교에서 제공하는 교육 활동에 대한 접근권을 가질 뿐만 아니라 학교가 가치 있게 여기는 결과물에 대해서도 향유할 수 있는 권리를 가진다(마이클 애플, 제임스 빈, 2015). 이러한 접근권과 결과에 대한 향유는 궁극적으로 사회적 불평등의 굴레를 극복하는 '구조적인 평등'을 강조하는 기저가 강하게 자리 잡고 있어, 모두가 함께 평등한 구조 속에서 교육 활동이 이루어지고 있음을 가정하고 있는 것이다.

결국, 모든 관련자들이 다양한 의견 소통을 중심으로 사회적 불평등 없이 누구나 동등하게 구성원으로서 의사결정에 참여하고, 지혜를 모아 학교 문제 해결에 도움을 주는 협력을 하면, 학교교육은 공공성을 갖게 된다. 그러한 민주적인 경험은 끊임없는 긴장과 떨림 사이에서 경주하는 노력으로 공공선을 추구하는 궁극적인 민주주의의 목적을 달성할 수 있다. 따라서 민주적 학교 교육과정 운영의 첫 단추는 구성원들의 민주적 경험을 가능케 하는 참여적 구조와 지속가능한 노력이 담긴 구성원들의 지혜를 모으는 것이다. 결국, 국가 교육과정에서 제시한 경직되고 획일적인 지침으로 민주시민교육을 학교 교육과정에 이식하는 것이 아니라 교사의 전문적 역량을 억압하는 '중앙집중화'에서 벗어나 '분권화'로 담아낼 수 있도록 교육과정이 설계되어야 함을 시사한다. 그래서 자치가 중요하고, 학교 교육과정은 민주시민의 핵심인 자치로 판가름 난다.

앞서 P교사가 떠난 이후 민주시민교육이 그 학교에서 지속적으로 이루어지지 않는 이유도 여기에 있다. P교사는 학생들이 표준화 시험을 잘 보는 데 필요한 개념, 사실, 기능들의 열거가 담긴 교육과정을 운영한 것이 아니라 지역사회 및 실제의 삶과 긴밀하게 연결되어 있는 주제 중심의 교육과정을 운영하였다. 그러한 지식을 배우는 학생들은 자신은 물론 다른 사람들의 삶의 변화를 가져오게 한다. 이러한 것은 단순히 학생들을 기쁘게 해주는 유희성 효과만이 아니라 타인과 함께 고민하면서 실생활의 문제를 해결하고 공동의 참여로 공공선을 발휘하는 결실을 체험하게 해주는 교육과정의 관점을 보어준다(Beane, J.A, 2005). 즉, 학생을 학교 교육과정에 초대하여 학생들이 삶의 문제를 함께 참여하는 배움터로 운영하는 것이다. 따라서 P교사가 떠난 이후 이러한 관점으로 구현되는 교육과정 플랫폼은 없는 상태에서 기존의 교육과정, 전통적 교육과정, 교사 중심의 지식 교육과정이 그 자리를 대체하게 되어, 학생들은 다시 표준화된 틀에 갇혀 버리게 된 것이다.

민주시민교육 구현을 위한 교육과정 탐색

브루너는 지식의 구조(Structure of knowledge)를 말한 적이 있다 (Bruner, 1960). '교육에서 다루어야 하는 것은 학문(지식)에 대한 것이 아니라 학문(지식) 그 자체에 있다.'라고 그는 역설하였다. 그리고 그는 이에 학자들이 하는 일을 학생들이 경험해야 하며, 이를 통해 학자들이 학습된 학문이나 지식을 통해 현상을 바라보는 안목을 길러 주어야 하는 것이라고 주창하였다. 앞서 민주주의가 무엇인지 살펴본 것과 맥을 같이하고 있음을 알 수 있다.

그는 또한 인류의 지식 체계와 신념 체계에 대한 안목을 넓혀 감으로써 세상을 보는 틀을 체계화하고 확대하는 것이 교육의 내재적인 목적이라고 말하였다. 인간을 인간답게, 자아실현을 최대한 발휘하도록 하는 안목의 형성, 즉 이것은 지식을 꿰뚫는 지식의 구조를 경험하는 것으로 시작되며 이러한 경험을 할 수 있도록 인지구조에 적합하게 제시하는 일이 중요하다고 말한다. 결국, 어떤 교과 내용도 인지구조에 적합하게 제시하면 어떤 발달단계 아동도 효과적으로 가르칠 수 있다고 말한다.

브루너가 말하는 지식의 구조를 민주시민교육과 관련지어 보자면, 그동안 제한적으로 바라보았던 민주시민교육을 학문, 즉 지식에 대한 것만이 아니라 민주시민이라는 그 지식 자체를 하나의 체계로 바라보아야 할 필요가 있다. 그리고 이것을 꿰뚫어 볼 수 있는 민주시민교육의 구조를 경험하는 것으로 시작해야 어떤 발달

단계의 아동에게도 효과적으로 가르칠 수 있음을 시사한다. 따라서 민주시민교육의 구조를 형성하기 위해 앞서 말한 '민주시민교육 탄생하기'와 같이 모든 교육 구성원의 참여가 이루어져야 한다. 그러한 소통의 결과인 교육과정 속에 민주시민교육의 체계를 꽃피울 수 있다.

만약 교사가 민주시민교육에 대한 지식의 구조를 좀 더 이해하고자 노력하고 연찬한다면, 민주시민교육을 받는 학생들은 좀 더 내용을 쉽게 이해하게 되고, 교육내용은 다른 상황에 전이가 되며, 학생들의 발달단계가 다름에도 불구하고 성인이 배우는 민주시민교육과 다르지 않게 지적 활동을 근본적으로 동일하게 배울 수 있을 것이다. 이는 초등학생이나 고등학생이나 교과의 기본 내용, 즉 지식의 구조를 학년 수준에 관계없이 동일하게 가르치게 되는 것을 상정할 수 있다. 또한 학년을 더해갈수록 동일한 교과나 지식 체계가 점점 깊어지고 심화되도록 조직된 교육과정을 제시해주면 충분히 발현될 수 있다.

학교 교육과정에서 민주시민교육 발명하기

그렇다면, 학교 교육과정에서 민주시민교육을 어떻게 발명해야 하는지가 궁금해진다. 지식의 구조에 따르면, 교사는 학생들이 흥미를 자극하는 문제, 인지적 불균형을 일으킬 수 있는 문제 등을 제시하여 문제의 해결 방법을 설명하는 것이 아니라 적절한 자료를 제공하여 학생들이 관찰하고 이해하여 해결책을 찾도록 유인하는 '발견학습'이 효과적이라고 말한다. 이때 교사는 학생들이 올바른 해결 방법을 찾을 수 있도록 '안내형 질문'을 던짐으로써 학생들이 발견하도록 안내하는 것과 학생의 문제 해결 과정에 대한 적절한 피드백을 제공하여 학생들이 올바른 방향으로 나아가도록 조력하고 촉진해야 한다. 학생들은 스스로 현상을 관찰, 분석하여 규칙성과 패턴을 찾아 가설을 설정하고, 자신의 추측이 맞는지 확인하는 과정을 거쳐 지식의 구조를 발견하게 된다.

마찬가지로 민주시민교육도 어떤 갈등 상황에 대한 비판적 판단을 통해 스스로 그 현장에 대한 이해와 관찰로 자신의 생각을 판단하게 되고, 그것이 진정 올바른 것이고 바람직한 것인지 동료와 소통하고 토론하는 과정에서 지혜를 함께 만들어가는 현상을 경험하게 된다. 이러한 과정은 분명 성인이 경험하는 민주시민교육의 자질과 학생이 경험하는 민주시민교육의 자질이 근본적으로 동일하다고 말할 수 있는 것이며, 이러한 맥락에서 민주시민교육 과정이 더 심화되고 확장되어가는 형태로 구현되어야 한다.

04

교사가 곧
민주시민 교육과정

민주시민 교육과정 디자인하기

　유치원생과 초등학생은 아직 삶이 미분화된 시기의 발달 연령에 있다고 할 때, 통합적인 교육내용의 제시와 삶과 연계된 유의미한 교육적 경험을 하게 되면, 시민교육에 걸맞는 민주시민 기초역량을 총체적으로 습득할 수 있다. 특히 초등학교는 교과의 경계가 높지 않아 시민교육을 위해 교과 내, 교과 간, 교과 및 비교과(창체), 그리고 교과와 학생의 삶을 융합하여 민주시민의 자질을 기르기 위한 기초 역량을 신장하는 다양한 창의적 교육과정을 구상해 낼 수 있다. 민주시민교육이 방법적 지식, 절차적 지식 속에서 얻어야 하는 과정 속의 교육적 산물이기에, 민주시민교육은 교과통합과 프로젝트 학습 같은 창의융합형 교육과정 설계 속에서 특정한 수업 주제를 가지고 다양한 차원의 논의와 참여를 통해 문제를 해결하고 지혜를 모아내는 것으로 구현될 수 있다. 이러한 교육은 초등학교나 중학교 및 고등학교까지 모두 똑같은 방식으로 수행될 수 있기 때문에, 민주시민 교육과정을 가르치는 중요한 지식의 축이 된다. 그 지식이 정해진 이론, 이념, 역량이 아니라 '방법적·절차적 지식'으로 과정에서 터득되고 참여 속에 배우게 되는 것이다. 따라서 민주시민교육은 공식적인 명시적 교육과정이라고 할 수 있는 학교 교육과정에 민주시민교육에 대한 지식, 기능, 태도를 가시적으로 제시하는 것뿐만 아니라 민주시민교육을 구현하는 과정에서 얻게 되는 '잠재적 교육과정'도 고려해야 한다.

이처럼 민주시민교육에 기초한 민주시민 교육과정을 구현하기 위해서는 공식적 교육과정과 잠재적 교육과정이 병행되어 학교 교육과정으로 운영되어야 하며, 교사의 전문성도 이 양자 위에 혹은 그 사이에서 발휘되어야 한다. 공식적 교육과정은 수업을 위한 이론적 체계, 교과 내용, 가르칠 수 있는 교과와 시간 등을 담아내고, 잠재적 교육과정은 교수·학습 방법을 중심으로 학생과의 상호작용에서 발현되는 심리적 기저와 교육 활동 기제 등을 배우도록 도움을 주어야 한다. 따라서 교사는 학생들에게 민주성에 기반한 교육 활동을 시종일관 구현해야 하고, 마치 정원사처럼 학생을 가꾸고 관심을 주는 과정에서 얻게 되는 다양한 교육적 산물들을 향유할 수 있어야 한다.

결국, 민주시민교육에서는 교과 내용을 통한 콘텐츠 지식 학습만이 아니라 의도하지 않은 잠재적 교육과정인 절차적 지식까지 습득할 수 있도록 바라보는 교사의 관점이 중요하다. 이러한 관점은 민주시민교육에 대한 인식의 체계를 전환함으로써 확보될 수 있기 때문에 이에 대한 연찬이 요구된다. 또한, 교사는 민주적 렌즈를 바탕으로 민주시민교육을 구현하는 교사의 교수 · 학습 방법 및 민주시민 역량 습득에 필요한 전문성을 높이기 위해 절차탁마해야 할 것이다.

교사가 민주시민 교육과정이 되어야 한다.

지금까지의 논지를 정리해 보면, 민주시민교육은 지식이 학생을 가르치는 것이 아니라 사람이 학생을 가르치는 것이다. 따라서 학생을 어떻게 바라보는가에 따른 교사의 관점과 그것을 구현하게 만드는 교육과정을 추구해야 한다. 국가에서 지역, 지역에서 학교로 전해져 내려오는 민주시민 교육정책 경로로는 학생에게 민주시민교육의 자질을 함양하는 것이 거의 불가능한 것 같다. 교사는 학교 교육과정을 방법적 · 절차적 지식으로 승화시켜 공식적 교육과정 및 잠재적 교육과정에서 학생과 생활함으로써 문화 속에서 민주시민교육이 잉태되고 부화되도록 노력해야 한다. 고로, 가르치는 교사가 어떻게 학생을 바라보고 교육과정을 구현하는가가 관건이 된다.

결국, 민주시민교육은 교사에게서 답을 찾아야 한다. 어떤 교사가 어떤 민주시민교육을 구현하는가가 매우 중요할 수밖에 없다. 우리가 이 명제에 동의를 한다면, 교사의 전문성 신장에 대한 다음 제언에 귀 기울여야 한다.

첫째, 예비 교사가 민주시민교육에 대한 올바른 이해와 가르칠 수 있는 역량을 함양할 수 있도록 교원 양성 기관의 커리큘럼에 대한 검토가 필요하다. 이전과 다른 미래 사회에서 요구하고 있는 민주시민교육의 적합한 콘텐츠와 방법론은 무엇인지, 기존 내용학을 중심으로 이루어진 성찰로 '실질적인 예비 교사 역량 강화'가 어떻게 일어날 수 있을지 고민해야 한다. 따라서 민주시민교육 중장기 체험연수 및 프로젝트 교수·학습 설계 연수 등을 졸업요건으로 도입한다거나, 임용고사 2차 시험을 주도하고 있는 17개 시·도에서 이러한 맥락을 반영한 임용고사 문제가 출제되어 바람직한 민주시민교육의 이해와 올바른 수업 구현에 중점을 둔 교사가 등용되어야 한다. 이러한 시작이 현장의 민주시민교육 플랫폼을 형성하는 데 첫 단추가 될 수 있다.

둘째, 현장 교사 연수는 교사의 생애주기별 연수로 필수화되어야 한다. 누구나 향유하고 가르칠 수 있는 당위적인 역량으로서 교사 기초 역량이 지속가능한 비전으로 제시되어야 하기 때문이다. 신규 교사(2정교사), 1정교사, 부장 교사, 고경력 교사 및 관리자 연수를 생애주기별 얼개로 하여 민주시민교육의 필수, 보편, 기초, 의무에 해당되는 기초 역량에 대한 이해를 '민주시민 공통교육과정'으로 편성해야 한다. 이를 통해 교사라면 남녀노소 누구나 모두 받을 수 있는 교사별 수직적·체계적 시스템이 마련되어야 한다.

셋째, 교육의 3주체인 교사, 학생, 학부모를 고려해 보면, 민주시민교육은 학교의 문화와 그 맥을 같이한다고 볼 수 있다. 학교의 의사결정과 교육과정 헤게모니를 3주체가 공유하는 것이 민주시민교육의 제대로 된 출발이라면, 뒤이어 3주체의 성장과 역량 강화를 위한 지원은 빠질 수 없는 필수적인 것이다. 따라서 학부모를 위한 민주시민 평생교육, 학생을 위한 민주시민교육 아카데미, 지역사회 학교교육 관여자에 대한 맞춤형 민주시민교육 연수 등 '주체별' 맞춤형 민주시민교육 플랫폼이 마련되어야 한다. 이는 곧 민주시민교육에 대한 평생교육으로 자연스럽게 귀결되어 교사 뿐만 아니라 다른 교육 주체들도 평생 생애주기별로 시민교육을 받을 수 있다. 민주주의의 데모스를 기억한다면, 학교교육의 3주체가 함께 지혜를 모으는 '힘을 키우는 주체별 연수'는 필수불가결이다.

넷째, 지금까지 공통적, 필수적, 기초적, 보편적인 민주시민교육 과정 연수를 교사별·주체별로 프로그램화하고자 하는 내용을 검토하였다면, 뒤이어 민주시민이 가지고 있는 다양한 세부 콘텐츠와 하위 역량, 관련 학습 교과 및 가치체계를 선별적으로 배울 수 있는 '심화형 민주시민 선택교육과정' 연수 플랫폼도 함께 제시되어야 한다.

초등 교사가 학생 중심·현장 중심을 지향하며 학교 여건에 따라 민주시민교육을 구현하는 형태는 각양각색일 수밖에 없다. 현장과 괴리가 되는 민주시민교육은 이해도가 낮을 뿐만 아니라 참여도 및 실천 의지와 '도덕함'을 미치기에 역부족이다. 이것은 수많은 직간접 경험으로 확인해 왔다. 다문화가 많은 곳에서의 민주시민교육, 소외 계층이 많은 곳에서의 민주시민교육, 접경 지역에서 요구되는 민주시민교육 및 정치, 경제, 문화 등의 자양분이 많이 결핍된 장소에서의 민주시민교육은 분명 공통적이고 기초적인 것을 배울지라도 여건과 실정에 따라 그 접근을 달리할 필요가 있기 때문이다.

한편, 중등 교사의 경우, 중학교와 고등학교가 당면하고 있는 민주시민교육의 차이가 있고, 학교 급별 교육목표가 상이하다는 점에서 선택과 집중이 필요한데, 학교 급에 따라 그 이유와 요구가 다르기 때문에 각각 당위성을 달리할 필요가 있다.[1] 중학교는 Secondary school의 첫 번째로 middle의 성격이 아닌 Junior high school의 위상으로 초등에서 분화되어 프레임 스위치한 단계인, 진입 학교로 보아야 한다. 자유학기제나 자유학년제를 통해 자아정체감을 확립하고 미래의 꿈과 끼를 탐색함으로써 시험의 굴레를 벗어나 친구와 협업하고 더불어 미래를 스케치하는 수평적 가치 덕목에 집중해야 하는 시기이다. 중학교 단계야말로 민주시민

---

1. 교육과정학 관점에서 '선택'을 한다는 것은 의도적으로 '배제'하는 것도 있다는 것을 의미하는 것이기 때문에 주어진 교육적 환경에 따라 선택과 집중을 해야 하는 당위적인 교육과정적 가치를 선별하는 '선택'은 교육과정 구성에서 매우 중요하다.

교육의 역량을 십분 발휘하는, 명실상부 공통 교육과정의 하이라이트이다. 고등학교는 대학과 연계된 고교-대학의 선택 교육과정으로 미래 사회에 필요한 인재를 육성하기 위한 곳이기 때문에, 학생이 자신의 진로에 집중하여 사회에 꼭 필요한 것을 선택적으로 배우는 민주시민교육이 이루어져야 한다. 따라서 이러한 것을 학교 급에 따라 합리적인 차별적 선택과 배제가 적용되어 연수자의 필요, 적성, 소질, 능력, 기호를 바탕으로 하는 연수가 마땅히 고려되어야 한다.

결국 민주시민 공통 교육과정 연수를 시작으로, 뒤이어 선택과 집중을 통해 차별성, 유연성을 함양할 수 있는 민주시민 선택 교육과정 연수 개발까지 이루어져야 한다. 이러한 과정은 교사의 민주시민교육 전문성을 높임으로써 민주시민교육을 학교에서 구현하는 데 큰 도움을 줄 것이다.

참고문헌

고병권(2011). 민주주의란 무엇인가. 서울 : 그린비.

교육부(2015). 초등학교교육과정. 교육부 고시 제2015-80호.

김선(2018). 교육의 차이. 고양 : 혜화동.

마이클 애플, 제임스 빈(2015). 마이클 애플의 민주학교. 강희룡 옮김. 서울 : 살림터.

이강수 외 7인(2017). 민주시민교육을 위한 교사 전문성 제고 방안. 광주광역시교육청 교
    육정책연구소 2017-07.

임재일 외 7인(2019). 청소년 시민교육을 위한 시민교육과정 개발. 서울 : 노무현재단.

장은주(2017). 시민교육이 희망이다. 서울 : 피어나

정용주 외 16인(2017). 가장 민주적인, 가장 교육적인. 서울 : 교육공동체벗

조봉수(2017). 미래의 교육, 올린. 서울 : 스리체어스.

폴 우드러프(2012). 최초의 민주주의. 파주 : 돌베개.

홍후조(2011). 알기 쉬운 교육과정. 서울 : 학지사.

Beane, J. A. (2005). A Reason to teach: Creating Classroom of Dignity and Hope.
    Portsmouth, NH: Heinemann.

Bruner, J. S. (1960). The process of education. Oxford, England: Harvard University
    Press.

Greene, M. (1985). The Role of Education in Democracy. Educational Horizons
    63(Special Issue), pp. 3-9.

Jackson, P. (1968). Life in classrooms. New York. : Holt, Rinehart, & Winson.

Chapter
03

민주시민교육,
학교문화와 만나다!

학교교육을 통하여 학생들이 민주시민으로 성장할 수 있도록 지원하는 방법에 대해서 많은 교사들이
고민하고 있다. 물론, 학생들이 민주시민으로 성장하기 위해서는 기본적으로 갖추어야 하는 지식에 관
한 지도와 학습이 필요하다. 그러나 진정한 민주시민교육은 이론만으로 효과를 낼 수 없으며, 참여의
경험을 통해서 완성할 수 있다. 학교는 학생들이 참여하고 활동하는 시민이 되기까지 이를 준비하고 연
습하는 곳이다. 따라서 학교는 학생들이 민주시민으로 활동할 기회를 제공해주어야 한다. 이를 위해서,
학교의 분위기가 민주적이어야 한다. 학교의 교육 환경은 학교문화에 영향을 받는데, 비민주적인 환경
에서 학생들에게 민주주의를 경험하게 한다는 것은 모순된 이야기가 되기 때문이다. 이에 민주시민교
육의 걸림돌이 될 수 있는 관행들을 학교문화적인 차원에서 진단하고, 민주적인 환경으로 개혁하고 변
화하기 위해 우리가 가보지 않았던 새로운 길을 모색해 보고자 한다.

01

공동체의 문제를
어떻게 풀 것인가?

한 언론[1]에서 보도된 2013년 국내 연구에 따르면, 우리나라의 갈등 수준은 OECD 국가 중 종교 분쟁을 겪는 터키에 이어 두 번째로 심각한 수준이며, 이로 인한 경제적인 손실이 무려 246조 원에 이른다고 발표하였다. 다른 여론 조사에서는 조사 대상자 중 65.7%가 우리나라의 갈등 상황을 '매우 심하다' 또는 '심한 편이다'라고 평가하였다. 우리 사회에는 다양한 갈등들이 존재하고 있으며, 이들을 갈등이 심한 순서대로 이야기해 보면, 계층 갈등, 이념 갈등, 노사 갈등, 지역 갈등, 환경 갈등, 세대 갈등 등으로 나타났다.

다양한 가치들 간에 충돌이 발생하여 사회적 통합이 이루어지기 어려울 것만 같은, 그 때문에 공동체의 붕괴가 나타날 것 같은

---

1. 이윤영. "〈도전!2016〉⑨'갈등비용'연간 246조-이념대결 이제 끝내자.", YTN, 최신기사. (2015. 12. 22). Retrieved from https://www.yna.co.kr/view/AKR20151217197800004?input=1179m

지금 상황에서 이러한 사회적 갈등을 해결하여 국가의 역량을 하나로 모아 '우리'가 되기 위한 노력은 매우 시급한 것이며, 이를 위해서 성숙한 민주시민을 육성하는 것이 교육의 사명으로 대두되고 있다.

민주시민교육이 추구하는 궁극적인 목적은 시민 각자가 민주적인 사회생활 또는 정치생활을 하는 데 방향 감각을 획득하고 자신의 정체성을 유지하는 데에 도움을 주는 것이다(신두철 외, 2007). 이를 교육과정에서 추구하는 인간상이라 하여, 다음과 같은 네 가지로 제시하고 있다(교육부, 2015).

가. 전인적 성장을 바탕으로 자아정체성을 확립하고 자신의 진로와 삶을 개척하는 자주적인 사람

나. 기초 능력의 바탕 위에 다양한 발상과 도전으로 새로운 것을 창출하는 창의적인 사람

다. 문화적 소양과 다원적 가치에 대한 이해를 바탕으로 인류 문화를 향유하고 발전시키는 교양 있는 사람

라. 공동체 의식을 가지고 세계와 소통하는 민주 시민으로서 배려와 나눔을 실천하는 더불어 사는 사람

그런데 민주시민교육은 정규 교육과정과 교과서에 기초한 교과 교육만으로는 그 목적을 달성하기 어렵다. 민주시민교육이 이론적 이해의 차원에서만 이루어지면 안 된다는 사실을 우리는 이미

알고 있다. 민주주의라는 것이 교과서의 내용을 암기하여 얻을 수 있는 것이 아니라 구체적인 행동과 실천으로 구현되어야 하는 것이기 때문이다. 따라서 학교와 교실에서 일상적으로 이루어지는 잠재적 교육과정이 민주시민교육에 있어 매우 중요하다(심성보, 2011). 교육부(2018)에서도 민주시민교육 활성화를 위한 종합 계획을 발표하면서 비민주적인 학교 환경에서 비민주적인 방식으로는 민주시민을 양성할 수 없으므로, 교육내용의 변화만이 아니라 교수·학습 방법과 학교문화의 변화 등 전반적인 교육 혁신이 필수적이라 한 바 있다. 진정한 민주시민교육은 학생들의 삶을 통해서 완성되어야 하며, 이를 위해서라면, 학교는 학생들에게 민주주의를 경험할 수 있는 장(場)을 제공할 수 있어야 한다.

02

학교문화란
무엇인가?

교육 환경의 중요성, 孟母三遷之敎

교육을 위한 환경의 중요성은 이미 아주 오래전부터 알려진 사실이다. 유명한 고사를 살펴보자.

맹자의 어머니는 맹자의 교육을 위해서 집을 세 번 옮겼다고 한다. 이를 맹모삼천지교(孟母三遷之敎)라고 한다. 어려서 아버지를 여의고 어머니와 함께 묘지 근처에 살았던 맹자는 매일 장사지내는 모습을 보고 그 모습을 따라하곤 했다. 이에 맹자의 어머니는 이곳이 아이를 기르기에 적합하지 않다고 생각하여 시장 주변으로 이사를 했다. 그러자 이번에는 맹자가 물건을 사고파는 시장의 모습을 따라하는 것이었다. 다시 맹자의 어머니는 다시 이사를 결심했고, 서당 가까이로 집을 옮기기로 하였다. 그러자 맹자는 예법을 익히며 독서를 하는 사람들의 모습을 따르기 시작하였다.

이 일화를 통하여 자녀 교육을 위해서는 헌신하고 노력하는 부모의 노력도 필요하다는 것을 강조하기도 한다. 그러나 이 책에서 이를 인용한 것은 '좋은 학군을 찾아 노력하는 분들'의 노고를 치하하고자 하는 것이 아니다. 만약 맹자의 어머니가 주변의 다른 또래보다 더 계산을 잘하고, 더 많은 문장들을 외우는 것에만 치중하였다면, 맹자라는 뛰어난 대학자가 역사에 존재하지 않았을 것이다. 기록된 바는 없지만, 처음에는 묘지 근처에서 살고, 이어서 시장을 거쳐서 서당 가까이로 집을 정한 것도 맹자 어머니의 교육적 의도가 담긴 '맹모 교육과정'이었을 수도 있다. 삶의 마지막을 보게 하고, 치열한 삶의 현장을 경험하도록 하는 것이 맹자에게 고찰되어 그의 사상이나 학문의 기반이 되었을 수도 있다. 어찌되었든 이 고사에서 더 중요하게 생각해야 할 것은, 맹자의 어머니가 맹자의 교육을 위해 교육 환경을 중요하게 생각했다는 것이다.

학교가 민주시민교육을 경험하는 삶의 장으로 거듭나기 위해서는, 민주시민교육이 이루어질 수 있는 환경으로 개선되어야 하며, 이를 위해서는 학교의 문화가 중요하다.

학교문화란?

학교문화라는 것을 한마디로 정의하기는 어렵다. 막연하게는 학교 내에서 이루어지는 관계나 그것에 따라 나타나게 되는 현상이나 활동들을 학교문화라 할 수 있겠다. 학교문화를 이해하기 위해서, 문화가 무엇인지 먼저 생각해 보자. 우선 문화라는 것은 인간이 살아가는 가운데 형성되는 것으로 사회구성원들의 생활과 밀접하게 관련을 맺으면서 창조되는 것(김종두, 2008)을 의미한다. 그렇다면 이러한 문화적 현상이 학교에서 일어나는 것을 학교문화라고 할 수 있다. 즉, 학교문화는 학교의 구성원들이 상호작용하면서 창조되는 독특한 가치관이나 생활양식을 의미하게 된다. 학생들에게 제공되는 교육적 환경은 학교의 문화로부터 강하게 영향을 받는다. 그러나 학교문화라는 용어 속에 내재되어 있는 의미는 좀 더 복잡하다. 학교를 구성하는 것이 다양한 만큼 다양한 형태로 표출되기 때문이다. 결국 학교 안에는 두 가지 이상의 문화가 존재하게 된다.

이와 관련하여 조용환·윤여각·이혁규(2006)는 학교문화에 대해서 진행되어온 연구들을 분석하였으며, 그에 따라 주목하는 대상을 기준으로 '교사문화', '학생문화', '교육과정문화', '교실문화' 등으로 구분하여 제시한 바 있는데, 연구 내용에서 주목하는 대상에 따른 문화의 의미나 각각의 특성을 정리해 보면 다음과 같다.

교사문화(또는 교직문화)[2]라는 것은 학교에서 교사들에게 나타

---

2. 조용환 외(2006)는 교사문화와 교직문화를 엄격히 구분하지는 않지만, 교사 집단의 문화를 연구할 때, 특정한 직업을 수행하는 가운데 형성될 수밖에 없는 공통의 문화적 특성, 즉 직업 문화의 일반성에 주목하는 경우는 교직문화라는 용어를 사용하고, 개별 학교 교사 집단의 특수성을 조명하고자 할 때는 교사문화라고 하는 것이 적합하다고 하였다.

나는 현상과 관련되는 것이다. 교사문화의 특성은 인간관계 지향과 경계 유지, 방어와 보수, 무력감 혹은 체념의 네 가지로 개념화가 가능한데, 교사들은 학생들과 정서적 교감을 통해 더 큰 보람을 느끼며, 교사들 서로 개인의 고유한 기준이나 방침을 존중하고 있다. 그러나 학생 지도와 평가에 대해서는 방어적이고 보수적인 특성을 보이며, 오랜 형식주의적이고 관료주의적인 교육행정 관행에 의해 무기력감과 체념을 느끼고 있는 특성이 '교사문화'에 있다.

학생문화라는 것은 학생들에게 나타나는 현상과 관련되는데, 해외에서는 의도된 교육과정[3]에 대한 학생들의 반응이나 학교의 권위와 교사에 대한 거부 및 저항하는 반학교 학생문화에 대한 연구 등이 있어왔다. 그에 반해 우리나라의 경우는 입시와 연관되어 연구가 되어왔다. 학생들은 학교 성적으로 판단되고 서열화 되고 있다. 공부 잘하는 아이들이 기세등등한 생활을 하고, 학교의 요구와 기대에 순응하며 학교의 위계질서와 규칙에 동조하며 자기 자신의 정체성을 조정하는 반면, 중간 성적의 아이들은 경쟁에 바탕을 둔 입시문화의 지배를 받는 학교에서 무력감과 소외감을 느끼고 있다. 즉, 대학입시라는 궁극의 목적이 학생들의 생활을 규율하고, 학생들은 성적으로 자신의 위상을 인식하고, 성적으로 인

---

3. 교육과정의 구분은 다양하게 이루어진다. 보통은 교육과정 개발 수준에 따라 국가 수준, 지역 수준, 학교 수준, 교사 수준으로 구분한다. 그러나 교육과정과 관련된 주체에 따라 의도된 교육과정(intented curriculum), 실행된 교육과정(implemented curriculum), 성취된 교육과정(attained curriculum)으로 구분하기도 한다. 의도된 교육과정은 담당한 정책 입안자의 개발 의도와 관련되며, 실행된 교육과정은 교실에서 교육과정을 실행하는 교사와 관련되고, 성취된 교육과정은 교육과정을 학습한 학생과 관련되는 개념이다.

한 차별을 반복적으로 경험하면서 자아정체성을 형성한다.

교육과정문화와 관련하여 우리나라 교육과정이 가지고 있는 뚜렷한 특징 중의 하나는, 강력하고 중앙집권적인 성격을 가지고 있다는 것이다. 그러다 보니 전국적으로 유사하고 표준화된 내용이 지도되지만, 학교에서 교육과정에 대한 자율성이 제한되어 학교의 특성을 반영하는 것에는 어려움이 있다. 그러나 최근 교육 자치를 강조하며, 국가 수준 교육과정의 학교 통제가 점점 약화될 것으로 예상되고 있다(조용환 외. 2006).

교사문화나 학생문화가 구성원을 중심으로 학교문화를 살펴보는 것이고, 교육과정 문화가 학교교육 내용의 성격을 결정하는 방식을 살펴보는 것이라면, 교실문화는 교사와 학생이 교실이라는 특정한 제도적 공간에서 교과 내용을 두고 주고받는 상호작용 방식을 중심으로 학교문화를 조망하는 것이다.

그 문화가 무엇을 중심으로 이루어졌던간에, 학교문화가 학생에게 미치는 영향은 매우 강력하다. 실제로 학생들의 태도나 마음가짐에 즉각적인 영향을 주기도 한다. 예를 들어보면, 아무 생각 없어 보이는, 유치원 아이들도 초등학교 입학을 앞두면 걱정하기 시작한다. 초등학교 선생님은 유치원 선생님들보다 엄하다거나, 규칙이 엄격해진다와 같이 새로운 환경에 적응할 마음의 준비를 한다. 저자는 초등학교(국민학교) 시절 전학을 경험하였는데, 새로운 학교에서는 아침 등교를 하며 교문에 들어설 때, 국기에 대한 경례를 해야 했다. 전학 첫날, 그것을 잘 몰랐던 나는 교문을 지키던 6학년 선배님(?)들께 꾸중을 들어야 했고, 그날 이후 다른 모든 학생이 하듯이, 나도 자연스럽게 국기에 대한 경례를 하며, 학교에 등교를 하게 되었다. 그것에 대한 의구심은 전혀 없었다. 이러한 문화에 순응 및 적응하기 위한 사전 준비는 다양한 상황에서도 나타난다. 사관학교에 입학하는 학생들과 같이 다소 생소한 문화에 진입하게 되는 학생들도 기존의 자신의 모습을 벗어버리고 새로운 마음가짐을 준비한다. 이와 같이 학교의 문화라는 것은 학생들로 하여금 순응하고 적응하는 방향의 변화를 유도한다.

03

메리토크라시:
능력에 따른 결과는 공정한 것인가?

민주시민교육을 '민주시민 교과'를 통해서만 시도하게 되면, 실질적인 교육이 되지 않을 것이다. 이는 학교에서 학생들의 경험 전반에 나타나야 하는 것이기에 모든 교과에서 민주시민교육이 이루어질 수 있어야 하는 것은 당연하다. 그렇다고, 모든 교과서에서 민주시민의 요소를 내용적으로 지도해야 한다는 것은 아니다.

중요한 것은 교사들이 민주적인 방식으로 수업 시간에 학생들과의 관계를 유지하는 것이다. 뿐만 아니라 교과 수업 시간을 제외한 시간들 중에서도 학생들이 민주시민의식을 체득할 수 있도록 민주적인 방식이 뿌리내려 있어야 한다. 학교에서 민주시민교육을 위해 가장 우선시 되어야 하는 것은 결국 '학교 민주주의'의 정착이다. 그러나 안타깝게도 아직까지 학교문화가 민주적이지 않도록 영향을 주는 부분들이 많이 있다. 학교문화에 전반적인 영향을 주고 있는 내외적인 문제점들을 함께 생각해 보자.

차별을 인정하는 메리토크라시(meritocracy)

메리토크라시(meritocracy)라는 말이 맨 처음 나오게 된 것은 1958
년 마이클 영이 저술한 《메리토크라시의 발흥》(The rise of the
meritocracy)에서 시작되었다. 현재 이 용어는 개인의 능력이나 성
과에 따라서 지위나 보수가 결정되는 사회체제를 의미한다. 하지
만 이 용어는 원래 암울한 미래 예측을 위해 나타난 것인데, 메리
토크라시의 성립으로 인하여 사회는 인간들을 오직 능력에 의해
분류하는 체제로 바뀌기 때문이고, 실제로 이러한 것들을 통하여
영은 메리토크라시를 유토피아가 아닌 디스토피아로 묘사하고 있
다(성열관, 2015).

오늘날 능력주의를 이야기하는 것으로 통용되고 있는 메리토크
라시라는 용어는 개인의 능력이나 성과에 따라서 지위나 보수가
결정되는 사회체제를 의미한다. 이러한 사회체제에서 인간이 평
등하다는 신념은 간과되고, 능력에 따른 차별은 오히려 받아들이
게 되는데, 이는 메리토크라시가 사람들을 설득해 주기 때문이다
(성열관, 2015). 이는 자유와 평등을 바탕으로 하는 민주주의의 이
념과는 반대되는 이야기가 된다. 그러나 가끔은 이것이 교육에 의
한 기회의 평등처럼 이야기될 때가 있다.

학교에서의 메리토크라시는 '성적에 따른 차별의 인정'으로 이
해할 수 있다. 학교에서 인정받을 수 있는 능력이 바로 성적이기

때문이다. 학생들의 성적이 좋은 만큼 인생도 바뀐다는 의미의 급훈들이 교육 현장에서 버젓이 사용되고 있지만, 전혀 심각한 문제로 받아들여지지 않고 있다. 현재 학교에서 성적이 강조되는 이유는 이것이 대학 진학과 밀접한 관련성이 있기 때문인데, 결국 개인의 재능과 성격, 특성은 사라지고 오로지 성적 위주의 교육이 당연하게 된 것이다. 이러한 체제에서 학생들은 무한 경쟁으로 내몰리게 된다. 학습내용을 충분히 성취하였어도, 다른 학생에 상대적으로 뒤처지게 되면 능력을 인정받을 수 없게 되기 때문이다. 결국은 생존을 위협받을 만큼 공부하면서 인간의 존엄성까지도 인정받지 못하게 된다. 이러한 체제에서 주변의 급우들은 동료가 아닌 경쟁자이며, 공동체성은 지속적으로 도전에 직면하게 된다.

학교교육에서 메리토크라시로 인한 불평등

한 학교에서는 학년 말 학력우수상을 선발하는데, 모두들 A학생이 받을 것으로 예상하였다. 그런데 1년 동안의 성적을 종합해 보니, 예상치 못하게도 B학생이 받게 되었다. 아니나 다를까 A학생의 학부모는 학교에 항의 방문을 하였고, 이에 선발 절차를 검토한 결과 학력우수상을 수상하게 된 B학생이 A학생에 비해서 예체능 과목의 성적이 더 높았다고 한다. 그러자 A학생의 학부모는 "받을 만한 학생이 받아야죠."라는 이야기를 교사들 앞에서 했다.

더 안타까운 것은 그 학교가 그러한 항의에 어느 정도 공감을 했고, 다음해부터는 학력우수상을 선발을 위해 활용되는 과목에서 예체능 과목을 제외시켰다고 한다(이지은, 2006).

한 여자중학교에서는 성적이 80점이 넘는 학생만 학급회장 후보가 될 수 있도록 선출 자격을 제한하여, 국가인권위원회로부터 학업 성적으로 학급회장 선출 자격을 제한하는 것이 차별이라는 권고안을 받기도 하였다(이지은, 2006).

최근 공정성의 논란이 되고 있는 학생부종합전형의 경우에도 과정의 불확실성으로 비판받고 있지만, 그 중심에는 서열주의가 자리 잡고 있다. 예를 들면, 한 학교에서 S대학교에 여러 명의 학생들이 지원하였는데 학교 성적이 가장 높은 학생은 떨어지고, 보다 성적이 낮았던 학생이 합격하는 경우도 종종 있다. 이러한 현상에 대해서 일반적인 반응은 '성적이 낮았던 학생이 S대학교가 원하는 인재상에 가깝구나!'라기보다는 '이 전형에는 뭔가 문제가 있어, 선발되어야 하는 학생이 불합격을 하다니!'에 가깝다.

이런 내면에는 학교 성적이 진정한 학생의 능력이 될 수 있는지에 대한 고민보다는, 더 좋은 성과로 이어져야 한다는 생각이 우선된다. 이러한 메리토크라시적 교육의 문제는 단지 학생들에게 능력을 계발하라고 억지로 주입하고 암기시키게 되며, 학생들이 필요로 하는 참된 역량을 개발하는 데에도 전혀 도움이 되지 않는다(장은주, 2017). 더 큰 문제는 학생들이 계속 경쟁에 내몰리게 되어, 결국에는 학생들끼리 서로 어울리며 공동체성을 바탕으로 성장하기보다는 개인주의화가 극대화되는 방향으로 성장하게 된다는 것이다.

학교문화,
무엇이 민주시민교육의 걸림돌인가?

'정치적 중립성'을 '정치적 내용의 배제'로 해석하는 학교문화

우리 헌법 제31조 4항에서는 다음과 같이 규정하고 있다.

교육의 자주성·전문성·정치적 중립성 및 대학의 자율성을 법률
이 정하는 바에 의하여 보장된다(헌법 제31조 4항).

이는 교육에 정치적인 이해관계의 반영을 막기 위함이었을 것
이다. 즉, 교육이 정치권력이나 외부의 영향으로부터 안전하고,
자유를 보장받는 것을 의미한다. 그런데 학교 현장에서 '정치적
중립'은 매우 소극적인 의미로 해석되어, 교육에서는, 그것이 무엇
이든 정치적인 내용은 절대로 다루어서는 안 되는 것처럼 해석되
고 있다. 장은주(2017)는 강한 시민 육성이라는 공교육의 지향이

이미 근본적인 정치적 목적이기 때문에 교육에서의 정치적 중립성의 원칙은 비현실적이며 수 있으며, 오히려 정치적 중립의 의미는 특정한 정파나 진영의 정치적 이해관계나 정략 등으로부터 독립적이고 중립적일 수 있어야 한다는 의미가 되어야 한다고 하였다.

'중립'이라는 단어의 기본 의미는 '어느 쪽에도 치우치지 않고 중간적 입장을 지킴'[4]이라는 의미이다. 따라서 정치적 중립의 의미를 정치적 내용의 배제로 해석하면 안 된다. 이를 좀 더 적극적인 의미로 해석해 보면, 교사는 특정 집단에 유리하게 내용을 다루어 한 쪽으로만 영향력이 기울어지게 하는 것이 아니라, 동일하게 다루어 학생들에게 동일한 영향을 주어야 한다는 것으로 해석이 가능하다. 정치적 중립은 학생들 스스로가 삶의 의미를 설정하여 추구할 수 있도록 도움을 주는 것까지도 포함할 수 있다.

정치적 중립의 의미를 적극적인 의미로 해석하고 있는 나라로 독일을 생각해 볼 수 있다. 독일은 다른 나라들과는 달리 민주시민교육이라는 용어가 아닌 '정치교육'이라는 용어를 사용하고 있다. 그리고 서로 다른 정치적 입장을 정치교육학자들이 합의하여 수업의 지침으로 채택한 것이 보이텔스바흐 합의(Beutelsbacher Konsens)이다. 보이텔스바흐 합의는 '강압 및 교화 금지', '논쟁 재현', '학생들의 이해관계 인지'라는 세 가지 원칙을 핵심으로 하고 있다.

---

4. Daum 한국어 사전 https://dic.daum.net/word/view.do?wordid=kkw000238431&supid=kku000304837

심성보 외(2018)에 따르면, 첫 번째 '강압 및 교화 금지'라는 것은 지식이나 이념의 주입과 같은 강제적 교육을 금지하는 것이다. 민주시민교육은 민주주의 규범과 가치를 일방적으로 주입하거나 제도와 절차에 대한 지식을 전달하는 차원을 넘어야 하며, 학생들의 자립적인 판단 능력을 인정하고 학생들을 주체적 인지와 사유 능력을 갖춘 주체로 보는 것을 뜻한다. 두 번째, '논쟁성 유지'는 학문과 정치에서 논쟁이 되는 것은 수업에서도 논쟁성을 띠어야 한다는 것으로, 논쟁이 된다는 것의 의미는 여러 가지 이견이 있을 수 있다는 것이기에 특정 이념이나 주장에 맹목적으로 빠지는 것을 막기 위해서는 학생들이 주체적으로 판단할 수 있도록 제대로 소개하고 분석적으로 다루어야 한다는 것이다. 마지막으로 학습자의 이익 상관성 원칙은 학습자 중심 원칙이라 불리는데, 학생들은 정치 상황과 자신의 이익 상태를 분석할 능력을 가질 수 있도록 안내되어야 한다는 것이다. 이를 통하여 학생들은 자신의 정치적 안목을 기르면서 정치에 참여하는 역량도 기르게 된다.

현재 우리나라의 교육 현장에서 통용되고 있는 것으로, 정치적 중립성 유지의 의미를 소극적으로 해석하는 것은 학습자의 정치적 안목과 정치에 참여하는 역량을 길러주기 어렵다. 게다가 지금과 같은 방식으로 정치적 중립성의 의무를 지키는 교사들에게 높은 수준의 정치적인 안목을 기대하기도 어렵게 한다. 이것이 더 큰 문제인 것은 정치적 참여 역량이 없는 교사가 정치적 참여 역량을 갖춘 학생을 기를 수 있는지에 대한 의문 때문이다.

교사의 시국선언은 정치적 중립성 유지에 위배?

국가공무원법 65조는 '정치 운동의 금지'를 담고 있는 것으로, 정당이나 그 밖의 정치 단체의 결성에 관여하거나 가입할 수 없고, 선거에서 특정 정당 또는 특정인을 지지하거나 반대하기 위한 행위를 할 수 없다고 규정하고 있다.

2014년 4월 16일은 교육계를 넘어 전 국민을 충격과 슬픔에 휩싸이게 한 사건이 있었던 날이다. 이에 한 교원단체에서는 '세월호 참극의 올바른 해결을 촉구하는 교사선언'을 하였다. 이들은 이 선언을 통하여 정답만을 강요했던 교육에 대한 반성과 함께, 당시 정부 대응의 무능함을 비판하며, 대통령의 책임을 물었다. 그리고 간접적으로 대통령의 퇴진 의견을 밝혔다. 그러나 이에 서울중앙지방법원은 시국선언에 참여한 교사들 중 교원단체의 간부 등 32명에 대해서 벌금형을 선고한 바 있다.

그러나 이러한 것들은 학교 밖에서 발생한 현상임에도 교사들을 정치 운동의 금지와 관련하여 징계하고 있는 바, 오히려 교사들이 인간이자 시민으로서 가지게 되는 사상이나 표현의 자유마저도 빼앗는 행위라 볼 수 있다. 이를 환언하여 정리하면, 교사들은 언제, 어디서든지 정치적인 신념을 갖지 말아야 한다는 모순된 결론에 도달하게 된다.

학생 '참여'를 제한하는 학교문화

존 듀이는 민주주의가 단순히 정치의 형태만이 아니라, 보다 근본적으로는 공동생활의 형식이고 경험을 전달하고 공유하는 방법(듀이, 1996)이라고 규정하며 참여를 강조한 바 있다. 칸트 또한 민주주의 국가는 성숙된 국민이 참여할 때 가능하다고 이야기하였다. 듀이에 따르면, 인간의 성장은 사회적 환경에 능동적으로 참여하는 환경과의 접촉과 반성적 사고의 결과이다. 민주시민교육을 위해서는 주체들의 참여가 보장되고 활성화되는 문화가 전제되어야 한다. 참여의 주체가 될 수 있는 대상은 학교의 구성원 모두이며, 학교의 구성원이라 함은 교사와 학생뿐만 아니라 학부모와 지역사회까지 확장될 수 있다.

각자의 권리를 보호하는 한편 공공의 복지를 증진해 나가기 위한 과정에 참여할 수 있어야 한다. 학교의 구성원들은 자발적으로 문제점을 파악하고, 문제에 관한 다양한 정보를 수집하여 평가할 수 있어야 한다. 그리고 해결 방안을 모색하여 추진 계획을 수립하고, 이러한 계획이 채택되기 위한 행동 계획을 수립할 수 있어야 한다[차우규 외(2001)의 내용을 재구성함].

그러나 학교 구성원 중 학생들에게 학교 현안에 대한 의사결정의 기회는 매우 제한된다. 이는 학교 현장이 학생들을 미성숙한 존재로 보는 경향이 강하기 때문이다. 그렇다고 해서 학생을 완성된 존재로 바라봐야 한다는 것을 이야기하고 싶은 것은 아니다.

그것은 교사 또한 마찬가지이다. 우리가 초점을 맞추어야 하는 부분은, 학생들을 미성숙한 존재로 바라보는 관점이 학생들로 하여금 어떤 문제의 해결을 위한 학교의 의사결정 과정에 참여하는 것마저도 제한하고 있다는 사실이다. 학생들은 배워야 할 때이다. 배움에는 반드시 성공만 따르는 것이 아니며, 실수와 실패를 해도 딛고 일어설 수 있는 기회가 보장되어야 하는 것이다.

물론 학생회 등의 통로를 통하여 의사결정 과정에서 학생들의 간접적인 참여가 나타나는 경우도 있지만, 직접적인 참여가 보장되지 않으면 학생들은 참여과정에서 얻게 되는 배움의 기회를 잃게 될 뿐만 아니라, 점점 더 학교의 문제에 무관심해지게 되고, 결국 학생들은 자신도 모르는 사이에 무기력만을 학습[5]하게 된다. 결국 학교는 적극적이고 능동적인 참여에 관심 없는 무기력한 시민을 기르는 곳이 된다.

선생님이 학생을 무시합니다?!

국민신문고에 '선생님이 학생을 무시합니다.'라는 제목의 글이 올라왔다. 글의 표현을 그대로 따라보자면, '새롭게 선도부장이

---

5. 학습된 무기력이 발생하는 기제에는 다양한 의견들이 있지만, 대표적인 것은 반응-결과의 무관성이다(문은식 · 배정희, 2010). 즉, 다가올 부정적인 결과에 대해서 자신의 반응이나 행동이 결과에 전혀 영향을 주지 못하게 될 때, 이러한 무기력을 학생들이 학습하게 된다.

되신 선생님이 기존의 규칙을 완전히 바꾸고 학생들을 강압적으로 지도하고 있으며, 학생들과 소통도 하지 않을 뿐만 아니라, 화를 내시며 학생들의 의견을 귀 기울여 들어주지 않는다.'라는 내용의 글이었다.

그에 대한 답변은 '학교 방문 장학 활동을 통하여 친절히 소통할 수 있도록 이야기를 전달할 예정이지만, 규칙이 바뀐 것은 선도부장 개인의 의견이 아니라 학교운영위원회의 심의를 통하여 정상적으로 개정된 사항이다.'라는 내용이었다.

이 학생의 경우 자신의 이익과 연계하여 나서게 된 활동인지는 글만을 통하여 알기 어렵지만, 스스로 부조리하다고 생각하는 부분에 대해서 적극적으로 나서는 모습은 바람직하다고 생각한다. 그러나 학교에서 규칙을 개정한 절차가 학교운영위원회의 심의에 의한다는 것에 대해서는 이해하지 못했던 것 같다. 학교 운영 절차들에 학생들의 참여를 개방해 나간다면, 학생들도 그러한 절차에 대한 이해를 높이고, 학교 운영에 참여하게 되는 기회도 넓힐 수 있을 것이다.

하지만 안타깝게도 학교운영위원회에 학생들이 참여하는 것에는 법적인 문제가 있다. 초·중등 교육법 제31조(학교운영위원회의 설치)는 학교운영위원회의 구성에 대해 다음과 같이 밝히고 있다.

제31조(학교운영위원회의 설치)

① 학교운영의 자율성을 높이고 지역의 실정과 특성에 맞는 다

양하고도 창의적인 교육을 할 수 있도록 초등학교·중학교·
고등학교 및 특수학교에 학교운영위원회를 구성·운영하여
야 한다.

② 국립·공립학교에 두는 학교운영위원회는 그 학교의 교원 대
표, 학부모 대표 및 지역사회 인사로 구성한다.

③ 학교운영위원회의 위원 수는 5명 이상 15명 이하의 범위에
서 학교의 규모 등을 고려하여 대통령령으로 정한다.

최근 지역에 따라서는 지역위원의 정치적 소신을 보장할 수 있
도록 조례 개정이 이루어지기도 하였지만, 학생들의 참여에 대해
서는 아직까지 언급된 바가 없다. 물론 학부모위원을 학교운영위
원회의 위원으로 구성토록 한다는 점에서 학교 운영의 주체를 교
사와 지역뿐만 아니라 학부모도 함께 고려하고 있음을 알 수 있지
만, 학생들의 직접 참여는 없다는 점에서 학생의 참여를 제한하고
있다고 볼 수 있다.[6]

---

6. 학교자치, 학교 민주주의의 실현을 위해서 학교 운영에 학생이 참여하는 것은 매우 바람직한
방향이다. 그러나 참여의 보장이 자칫 학생들의 학습권 침해로 연결되지 않도록 세심한 접근
이 필요하다. 왜냐하면 학교에는 많게는 20여 개의 위원회가 존재하기 때문이다. 이들은 각
자 학교의 학교 운영, 학생 복지, 성적, 교육과정, 봉사활동, 장학, 교과, 학교폭력, 학교체육
등의 다양한 분야에서 학교 운영을 위한 협의를 진행한다.

학교와 교사 중심으로 수업이 운영되는 학교문화

학생의 참여는 학교의 문제를 해결하는 것에서뿐만 아니라 수업에서도 중요하다. 학생들은 주체적으로 자신의 삶의 가치를 정하고 만들어가기 위한 권리가 있기 때문이다. 이를 수업의 선택적인 측면과 학생들의 수업 참여 측면으로 나누어서 생각해 보자.

최근 중학교에서는 자유학년제, 고등학교에서는 고교학점제의 도입으로 학생들의 수업 선택권이 더욱더 확대될 것으로 기대되고 있다. 하지만, 학교는 아직까지 학생들을 중심으로 움직이기 어려운 현실적인 제한들이 있다.

그러한 이유에는 여러 가지가 있을 수 있지만, 크게 3가지 정도로 생각해 볼 수 있다. 그러나 이 3가지를 개별화하여서 보기는 어렵다. 이러한 이유들이 서로 복잡하게 얽혀 있기 때문이다.

첫째는 학생 교과 선택 중심의 교육과정 운영의 어려움이다. 물론 여기서 이야기하는 학생의 교과 선택은 학생들 스스로가 요구하는 배움을 의미한다. 즉, 선택 과목의 개설을 학교에서 우선 학생들에게 제시하고, 그중에서 학생들이 선택하는 방식을 이야기하는 것이 아니라, 거꾸로 학생들이 수강 희망 과목을 제시하면, 그것을 기반으로 학교에서 학생들의 요구에 맞추기 위해 선택 과목을 개설하는 것을 의미한다. 그러나 의외로 학교 현장에서 학생들의 교과에 대한 요구는 많지 않다. 이러한 요구에서 학생들의 적극성이 떨어지기도 하는데, 학생들이 무엇을 배울 수 있는지에 대한 정보가 충분하게 제공되지 못하고 있기도 하다.

둘째는 교사들이 수업을 개설할 때의 어려움이다. 지금까지 학교 교원의 배치 기준은 학급의 수를 기준[7]으로 하고 있다. 결국, 학교 현장에서 많은 수업을 요구하더라도 실제 배치된 교원의 수는 학급의 수를 기준으로 결정되기 때문에 수요와 공급의 불일치는 당연한 결과일 수도 있다. 왜냐하면, 학교에서 일방적으로 수업을 제시하는 경우는 학급의 수에 따라서 수업의 시수가 결정되게 되지만, 학생들의 수업 요구에 따라 수업을 개설하기 위해서는 학급의 수가 아니라 수업의 시수로 결정되기 때문이다.

셋째는 국가 주도의 평가가 학생들의 실제 선택을 제한하고 있다는 것이다. 대학수학능력시험은 대학에 진학하기 위해서 학생들이 반드시 치러야 하는 시험이라고 볼 수 있다. 최근 학교생활기록부 등을 중심으로 하는 수시 모집의 비중이 확대되면서, 2020학년도 기준으로 볼 때 수시 모집 77.3%, 정시 모집 22.7%를 차지할 정도로 수시의 중요성이 커진 상태이다. 그러나 수시 모집에서 일부 대학들이 최저학력 기준으로 대학수학능력시험의 일정 등급 이상을 요구하는데, 이를 포함하면 대학수학능력시험의 영향력은 전체 모집 인원의 60% 이상이 된다. 이렇게 학생들에게 큰 영향을 주는 대학수학능력시험은 출제 과목이 정해져 있어, 학생이나 학교에서는 자신의 여건이나 교육철학에 의하여 과목을 선택하고

---

7. 학교 급별 교원의 배치 기준은 2013년 초·중등교육법 시행령에서 삭제되었으며, 현재는 교육감에 의해서 이루어지고 있어 지역마다 기준의 차이가 있을 수 있다.

판단하기보다는 우선 대학수학능력시험에 포함되는 과목들로 개설된 수업을 학습하게 된다.

또한, 여전히 학교교육하면 떠오르는 장면은 똑같은 교실에 가지런히 책상이 줄을 맞추고, 앞에 있는 교사에게 학생들이 집중하고 있는 모습이다. 이러한 교사의 일방적 강의는 학생이 참여하는 모습으로 보기 어렵다. 학교에서 토의나 토론 수업이 활성화되지 못하고 있는데, 물론 그 이유가 있다. 이를 세 가지 정도로 정리할 수 있는데, 이는 다음과 같다.

첫째, 학교 현장에서는 그동안 지식 전달 중심의 일방적인 강의를 주 교수법으로 사용하여 왔기 때문이다. 최근 교육에는 미래 사회와 관련하여 '학생 중심', '역량 중심', '과정 중심' 등 많은 변화의 요구가 있어 왔다. 그러나 학교 현장에서는 이것에 대한 논의에 비해 빠르게 발맞추고 있지는 못한 실정이다. 그동안 학교교육은 학생들을 개별화하여 각자의 성장을 도모하기보다는 산업화에 적합한 인력 양성을 위하여 교육의 효율성을 극대화하는 방향으로 지식 전달 중심의 일방적인 강의를 주 교수법으로 사용해 왔다. 이에 헌신했던 세대의 교사들과 새로운 요구의 압력을 강하게 받고 있는 교사들이 아직까지는 조화롭게 변화해 가지는 못하고 있다.

둘째, 학교교육이 개인의 성장이 아닌 입시 성과를 중요하게 생각해 왔기 때문이다. 불과 몇 년 전만 하더라도 2월이 되면, 각 학교는 대학입시 결과를 플래카드로 걸어두며, 그것으로 학교의 성과를 판단하였다. 학교장들은 대외적인 학교의 이미지를 위해서 상위 대학에 입학하는 학생들을 적극적으로 양성하기 위해 노력했고, 수업도 학생들의 다양한 의견을 듣거나 발표할 기회를 제공하기보다는 신자유주의의 경쟁을 기반으로 평가에서 좋은 점수를 받을 수 있는 기술적인 방법들만을 중심으로 이루어져 왔다. 이러한 과정에서 교육은 학생과 그의 개인적인 성장에 주목할 수 있는 기회를 잃어갔다.

셋째, 전통적인 유교 문화의 영향으로 교실에서 교사와 학생 간의 활발한 토론이나 논쟁이 이루어지기 어려운 측면이 있었다(송창석, 2001). 민주주의의 중요한 가치는 개인의 자유와 평등을 보장한 인간 존엄성의 실현이며, 이를 위해서 서로 다름을 인정하는 다양성에 대한 존중이 있어야 한다. 우리나라는 최근 예멘 난민 문제에서 갈등을 겪었다. 화해와 협력, 갈등과 긴장의 상황이 반복되고 있다. 동시에 통일에 대한 기대감이 있어, 우리 사회의 다양성에 대한 지속적인 도전이 예상된다. 그러기에 교육 현장에서조차 토론과 토의가 활성화되지 못하고 있는 것은 미래의 시민들이 갖추어야 하는 민주적인 삶의 양식을 훈련하고 습성화하는 기회가 제대로 제공되지 않고 있다는 것을 의미한다.

수업 시간에는 좀 조용히 해 주세요!

한 선생님의 공개수업을 참관하게 되었다. 수업을 설계한 선생님은 학생들을 여러 모둠으로 만들며, 토론 수업을 준비하였다. 학습목표와 학습내용과 관련된 짧은 글을 읽고, 선생님의 간단한 설명이 끝났다. 이어서 선생님은 학생들에게 해결해야 하는 과제를 하나 칠판에 적었다.

"모든 마을에서 유치하고 싶어 하는 기념비의 위치로 가장 적절한 곳을 지도에 표시해 봅시다."

이 과제에 대해서 학생들이 토론을 시작했다. 학생들의 의견이 다양하게 나올 수 있는 과제였다. 그런데 유난히 한 조의 학생들은 '엉뚱한' 의견들을 계속해서 제시하였다. 수업을 진행 중이던 선생님의 표정은 점점 달라졌다. 결국 선생님은 그 조의 학생들에게 한마디를 하였다. 나는 이 말을 도저히 잊을 수 없다.

"야! 너희들은 수업 시간에 토론하면서 왜 이렇게 시끄럽니?"

학생들이 제시한 의견들 중에는 '기념비를 공중에 매달아서 설치하는 방법', '모두 원하므로 실제 기념비는 여러 마을의 거리상 중간에 위치하는 곳에 두되, 홀로그램 기술을 이용하여, 각 마을에도 설치하는 방법' 등을 이야기하였다. 혼난 학생들이 애처로워 학생들에게 그런 의견을 제시한 이유를 물어봤더니, 학생들은 선생님이 토론 시간에 무엇이든 발표해도 된다고 해서 '창의적'인 답변을 위해서 다른 조에서는 미처 생각하지 못한 방법을 이야기하고 싶었다고 하였다. 일단 교사가 의도한 수업이 이루어지기 위해서는 '자유로운 토론'이 필요했지만 이에 대한 교사의 협소한 의미 부여가 결국 수업의 의도까지 왜곡시킨 결과라 할 수 있다. 일방적인 강의에서는 나타나지 않았을 교사와 학생의 갈등 상황이지만, 토의·토론 수업을 위한 교사와 학생들의 정확한 인식[8]이나 역량도 아직까지는 다소 부족해 보인다.

'현실에 순응'하는 것이 편안한 학교문화

최근 사회의 변화는 학교의 변화를 요구한다. 물론 수업이나 교사들의 가치관은 끊임없이 변화하고 있다. 그러나 미래와 관련된 담론에서 요구하는 교육의 변화를 학교가 받아들이고 있는지 점검해 봐야 한다. 조용환 외(2014)는 지식정보화사회의 도래로 교육에 대한 사람들의 생각이 변화하였고 사회가 요구하는 능력도 달라졌지만 산업화시대의 패러다임에 맞게 조형된 기존 학교는 이런 시대 변화에 빠르게 대응하지 못하였다고 하며, 그 결과 학교가 사회 변화에 따라가지 못하는 '문화지체 현상'[9]이 나타나게 되었다고 하였다.

---

8. 토의는 일반적으로 참가자들이 협력적인 사고를 통한 문제해결의 과정으로 볼 수 있는 반면에, 토론은 서로 의견이 다른 문제에 대해서 바람직한 결론에 도달하는 과정이라 할 수 있다. 이에 토의는 협동적인 의사결정 과정이지만, 토론은 의견이 다른 사람을 설득하기 위한 경쟁적인 의사결정의 과정이라고 할 수 있다(송창석, 2001).

그러나 학교의 변화가 지체되는 원인에 대해서는, 학교 외부로부터의 압력으로도 생각해 볼 수 있다. 한국교육연구네트워크(2014)는 학교 안에 있는 현실 순응적인 분위기에 대해서 다음과 같이 그 이유를 설명하고 있다.

> 교사들은 기존의 수업이나 생활지도 그리고 학교운영 방식에 문제를 느낀다고 하더라도 문제 해결을 위해 선뜻 나서지 못하는 경향이 있다. 그 이유는 문제 해결의 시도가 성공할 것이라는 확신이 부족하고, 그 과정에서 발생할 수 있는 여러 가지 문제 상황들을 회피하고 싶기 때문이다. 문제 해결을 시도하는 과정에서 관리자와 갈등이 발생할 수 있고, 시행착오로 인해 학생이나 학부모들로부터 항의가 있을 수도 있으며, 상황에 따라서는 문책과 같은 불이익이 뒤따를 수도 있다. 그리고 기존의 관행을 존중하지 않고 튀려는 행위에 대해서 동료 교사들의 견제가 작동되기도 한다. 그냥 현재의 관행을 수용하고 유지하면, 큰 문제없이 교직생활을 해나갈 수 있는데, 굳이 불확실성과 위험을 감수하면서 문제 해결을 위해 애쓸 이유가 없다(한국교육연구네트워크, 2012).

---

9. 문화지체란 문화 요소 사이에 문화 변동 속도의 차이, 특히 물질문화와 비물질 문화의 변화 속도의 차이로 인해 사회 구성원들이 사회생활에 적응하지 못하거나 가치관의 혼란 등의 부작용을 겪게 되는 현상을 뜻한다. 각 사회에서 문화가 변동할 때에는 다양한 부분 문화가 조화롭게 발전하는 것이 이상적이다. 그러나 보통 물질문화의 도입으로 인한 변화는 빠르게 이루어지지만 제도·가치관·예절 등의 비물질 문화는 천천히 변화한다. 예를 들어 자동차 수는 빠르게 급증하지만 교통질서에 대한 의식의 변화는 더디게 이루어지고, 휴대 전화의 보급 속도는 빠르지만 그 속도만큼 공공장소에서 휴대 전화의 사용 예절은 빠르게 변하지 못하고 있는 현상은 문화지체의 대표적 예이다.

따라서 학교에서 나타나는 변화에 대한 부적응을 위해서는 학교의 안팎에서 변화에 대한 필요성을 인지함과 동시에 교육적인 비전과 가치를 공유할 필요가 있다. 물론 변화를 위한 시도에 예상하지 못한 문제들이 수반될 수도 있다. 변화를 최소화하는 것은 안정적인 방법일 수도 있다. '고인 물이 썩는다.' 혹은 '고인 물에는 이끼가 낀다.'라는 속담이 있다. 이 말의 뜻은 변화를 위해 노력하지 않으면, 뒤처지게 된다는 것을 의미한다. 변화는 새롭고, 낯설고, 불확실한 것을 강요한다. 그러나 흐르는 물이 깨끗하게 정화되는 것은 늘 새로운 곳을 찾고, 낯선 것들을 만나면서, 불확실한 곳으로 가기 때문일 것이다.

혁신학교 지정을 취소해 주세요!

서울의 한 고등학교가 혁신학교로 지정되었으나, 지정된 지 사흘 만에 교육청에 지정철회 신청을 하였다. 이유는 학부모들의 반대 때문이었다. 혁신학교 지정 사실이 알려지자 중3 학부모들이 학력 저하에 대한 우려로 학교에 항의는 물론 지원하지 않겠다는 의사를 밝혔고, 이에 재학생의 학부모들도 지정 반대에 나서게 되었다. 이후 교육청에서는 사유가 타당하지 않다는 이유로 지정철회를 반려하였다. 강력한 학부모의 반발로 학교는 다시 지정철회를 요청하게 되었다.[10]

혁신학교는 획일적인 교육과정에서 벗어나 창의적이고 자기 주도적으로 학습하는 학생들을 기르기 위해서 도입된 지 10년이 넘는 학교 정책이다. 기존의 학교교육이 입시 위주의 획일적 학교교육으로 비판을 받고 있었기에, 공교육 정상화의 차원에서 혁신학교의 의미는 많은 사람들의 공감을 얻기도 했다. 그러나 꾸준히 제기되는 혁신학교의 문제는 이른바 재학생들의 기초학력 저하이다. 2016년 학업성취도평가 결과 혁신고등학교 학생의 기초학력 미달 비율은 11.9%로 조사되었으며, 이는 전국 고등학생 평균(4.5%)의 3배에 해당된다(이진호, 2019). 이 때문에 혁신학교는 '학력 수준이 낮은 학교'라는 편견에서 벗어날 수 없다. 그러나 학력이란 과연 무엇인가? 미래 사회 핵심 역량을 위한 교육의 변화를 외치지만, 결국 학력은 시험 성적으로 판단하는 경향이 뚜렷하다. 교육에 대한 인식에 있어서의 문화지체는 학교 밖에서도 존재한다.

민주주의 '무늬'의 학교문화

본래 민주주의는 특정한 원리를 가지고 있지 않다고 보아야 하는데, 이것은 민주주의가 인민에 의한 지배라는 원리 이외에는 아무것도 없음을 의미하기 때문이다(홍윤기 외, 2017). 기본적인 가

---

10. 김대식(2014)을 요약함.

치만을 보장한 채 나머지 부분은 교육을 통해서 채워지고, 학생에 의해서 선택되어야 한다. 그러나 교육청이 학교를 바라보는 시선은 그렇지 않다. 최근에 학교의 민주성을 되살리기 위한 학교자치에 대한 관심이 뜨겁다. 그러나 '교육청에서는 지원하려 하고 있으나 학교가 시작할 준비가 되지 않았다.'는 입장을 보이기도 하고, 학교자치를 추진하면서 학교에 자율성을 보장한다기보다는 표준화된 시스템으로 학교자치에 접근하고 있어, 오히려 학교자치에 역행하는 모습을 보이고 있다(김성천 외, 2018). 학교 민주화의 첫 문을 연 혁신학교 운동이 몇 년 동안 교육청 손길을 타면서 운동성이 옅어지고 행정 중심의 사업으로 변해간다는 우려를 보이는 것(학교교육연구네트워크, 2014)도 이와 비슷한 맥락이다.

민주주의를 경험하지 못한 학교가 민주적인 학교 환경을 갖추어 학생들에게 민주주의를 경험하게 할 수 있을까? 학교는 학생들에게 민주주의를 강요하게 될 것이다. 양손에 움켜잡고 있는 것이 많을수록 새로운 것을 잡기 어렵다. 반면에 양손이 비어있다는 것은 항상 새로운 것을 잡을 수 있다는 뜻이기도 하다.

학교자치 아직은 준비가 필요하다

학교자치라는 용어가 최근 교육감들의 공약에 등장하면서 활발하게 논의되고 있다. 학교자치가 이루어지기 위해서는 단위 학교

운영에 관한 권한의 확대, 학교 내 민주적 의사결정 시스템, 그리고 학교 현장 지원을 위한 교육청의 역할에 대한 제고가 필요하다 (김성천 외, 2018).

단위 학교 운영의 권한 확대를 위해 한 도교육청에서는 757개의 지침 및 공문에 대해서 필요한 지침 및 공문과 불필요한 지침 및 공문을 조사한 바 있다. 이는 두 가지 차원에서 진행되었는데, 하나는 학교 현장 교원의 의견에 대한 것이었으며, 다른 하나는 교육청 내의 의견에 대한 것이었다.

현장 교원 중에서 상당수도 학교자치는 이루어져야 한다고 생각하고 있었다. 그럼에도 불구하고 현장 교원들의 전반적인 의견은 대부분의 지침이나 공문들이 학교 운영에 필요하다는 입장이었다. 그 이유는 교육청의 지침을 준수하기만 하면, 업무 처리에서 안정성뿐만 아니라 업무와 관련된 책임에서도 단위 학교는 자유로워지는 측면이 있기 때문이다. 학교자치의 실현을 위해서는 학교 자체의 노력으로 시행되어야 하는 부분들이 대폭 증가되어야 하고, 이로 인하여 단위 학교의 책임도 증가하게 된다. 그러나 학교자치에 동의하는 교원 중 상당수는 학교의 권한 확대보다는 업무 효율이나 경감의 의미로 학교자치를 이해하려는 경향이 있었으며, 권한에 따른 책임에 대해서는 회피하려는 경향을 보여, 학교자치를 위해서는 현장 교원들의 인식 개선이 우선 요구된다.

교육청 내에서는 학교자치를 위해서 어떠한 지원을 제공해야 하는지에 대한 논의가 진행되었다. 학교가 할 수 있는 일들을 놓치지 않고 반드시 할 수 있도록 지원을 하고자 논의가 시작되었음에도 학교의 업무 여건 보장을 위해서는 일정한 규제와 제재가 꼭 필요하다는 입장이었다.

지금까지 논의를 통해 학교가 더욱 민주적인 곳으로 거듭나기 위해서는 권한과 책임에 대한 교사들의 인식 개선이 우선되어야 함을 알 수 있었다. 학교를 지원하고 지도하는 교육청에서도 보다 과감히 권한을 분배하기 위한 노력이 필요하다.

....

05

민주시민교육의 장이 되는
학교문화의 길을 찾다

학교문화가 민주적으로 변화하기 위해서는 다양한 학교 구성원들의 가치 전환이 함께 이루어지는 것이 중요하다. 이를 위해서 앞의 문제점들을 기반으로 학교가 민주시민교육의 장이 될 수 있도록 우리가 가지 않았던 길[11]을 찾아보고자 한다.

'Merito'-cracy를 'Demo'-cracy로

미래 사회를 살아갈 우리 아이들에게 필요한 핵심 역량으로 OECD에서는 비판적 사고력, 창의성, 의사소통, 협업을 제시하고

---

11. Robert Frost의 시(詩) 'The Road Not Taken'에서는 불확실한 길이지만, 사람들이 다니지 않았던 길을 선택한 것이 모든 변화를 만들어냈음을 마지막 문장에서 이야기하고 있다. 관행과 매너리즘에 빠져있을 수도 있는 학교가 가고 있는 길이 그동안 모두가 다녔던 길이라면, 불확실하지만 변화를 위해서는 가지 않았던 길을 찾아보는 것도 필요하다.

있다.[12] 그런데 이러한 역량들을 메리토크라시적 관점에서 해결할 수 있는지 생각해 볼 필요가 있다.

비판적 사고력이라 하는 것은 주어진 지식을 기계적으로 암기하거나 수동적으로 받아들이는 것이 아니라 지식의 배경과 맥락을 이해하고 타당성을 갖는지에 대해서 생각해 볼 수 있는 능력이다. 그러나 훌륭한 학생으로 인정받는 경쟁 우위를 차지하는 데 필요한 것은 주어진 평가에서 높은 점수를 받는 것이다. 이는 평가자의 의도에 맞추어, 제공하는 지식을 그대로 습득하는 것이 가장 효율적인 방법이 되므로, 학생들은 비판적 사고를 개발하기 어렵다.

창의성은 기존의 지식을 응용하여 실제 현실에 적용하거나 새로운 지식을 만들어 내는 능력이다. 이를 위해서는 학습자의 주체성이 중요하다. 학습된 지식들이 학생들에게 주체적으로 충분하게 내면화되지 않아 지식들 간의 연결성을 구조화하지 못하고 분절하여 암기하고 숙달하게 되면, 그 지식은 단지 시험을 위한 지식일 뿐, 현실의 문제 해결이나 나아가 더 발전된 해결 방안 모색을 위한 튼튼한 주춧돌이 될 수 없다.

의사소통은 자신의 생각을 타인에게 자유롭게 표현하고, 타인의 생각을 경청할 수 있는 능력이다. 서열이 강조되면 타인은 존중의 대상이 아닌 경계와 극복의 대상이 된다. 특히, 다른 사람의

---

12. 이 네 가지 핵심 역량의 첫 글자를 따서 4C라고 하며, 이는 각각 Critical Thinking, Creativity, Communication, Collaboration이다.

의견을 존중하기보다는 다른 사람의 문제점이나 부족한 점을 지적하여 본인의 상대적 우위 확보를 위한 노력에 더 집중하게 된다. 우리나라 속담 중에 '가는 말이 고와야 오는 말이 곱다.'는 말이 있다. 소통의 기본은 원활한 상호작용이다. 경쟁과 극복의 대상과는 원활한 상호작용을 만들어가기가 어렵다.

협업은 다른 사람과 협동하여 공동으로 일을 처리하는 능력이다. 이기적인 사람들끼리 모여서는 협업이 이루어질 수 없다. 협업은 좋은 관계를 기반으로 하기 때문이다. 협업을 위해서는 부족한 구성원에 대해서, 더 많은 사람이 채워주는 방식으로 이루어져야 한다. 그러나 서열과 경쟁을 중심으로 하는 상황에서 내가 아닌 다른 사람의 능력이 향상되는 것은 상대적으로 나라는 개인에게 피해가 되기 때문에 이를 적극적으로 실행할 필요와 의무가 없게 된다.

민주주의는 인간의 존엄성 실현을 위한 자유와 평등의 보장을 중요하게 생각한다. 더욱이 민주주의는 정치 형태를 넘어 생활 방식으로 그 의미가 확대되었는데, 비판, 관용, 타협, 그리고 다수결 등을 통해 여러 가지 문제를 민주적으로 해결하는 방식을 의미한다. 각각의 의미는 다음과 같다.[13]

---

13. 천재학습백과, https://koc.chunjae.co.kr/Dic/dicDetail.do?idx=30887

비판: 어떤 주장에 대해서 잘못이 있는지 없는지 엄격히 따져 보는 것

타협: 각자의 입장을 조정함으로써 대립과 갈등을 해소하는 자세

관용: 자기와 다른 의견을 가진 사람을 너그럽게 받아들이는 정신과 태도

다수결: 어떤 문제에 대해 결정을 내릴 때 다수의 의견에 따르는 것이지만, 다수의 의견이 항상 옳다고 할 수는 없으므로, 다수결로 결정하기 전에 충분한 대화와 토론의 과정을 거쳐야 하며, 소수의 의견도 존중해야 함.

그리고 이러한 생활 방식으로서의 민주주의는 미래 사회 우리 학생들에게 요구되는 역량과도 밀접하게 연결되어 있다.

'정치적인 내용 배제' 대신에 '진정한 정치적 중립'

교육이 정치로부터 완벽히 자유로울 수는 없다. 교육은 개인의 성장에도 초점을 맞추지만, 국가의 미래 경쟁력을 위한 인재 양성의 측면에도 기여할 수 있어야 한다. 균형감각을 갖춘 학생들을 기르기 위해서는 독일처럼 어떤 현상을 다양한 측면에서 생각해 볼 수 있도록 정보들을 제공하고 이를 기반으로 하여 학생들이 각자의 가치를 정립해 나갈 수 있도록 지원해야 한다. 이를 위해서

는 정치적인 중립의 의미를 보다 적극적으로 해석하는 것이 타당하다. 소극적인 해석으로 접근하는 것이야말로 오히려 진실이 왜곡되고, 정치에 대해서 무관심한 시민이 만들어질 수 있기 때문이다. 다만, 정치적인 중립의 의미가 적극적으로 해석되어 적용될 경우에 분명히 경계해야 하는 부분이 있다. 그것은 정치적인 중립의 의미가 훼손되어서는 안 된다는 것이다. 이와 관련하여 적극적인 의미의 해석이 학교에 적용될 때 우려되는 부분은 다음과 같다.

첫째, 학교에서 교원 간의 정치적인 대립과 갈등 상황이 발생할 수 있다. 교원들의 정치 참여가 활발해지게 되어 정치적 감각이 있는 교원들이 확대되고, 이것 때문에 교원들이 서로 정치적으로 대립하고 갈등하는 상황이 발생할 수도 있다. 더군다나 이러한 갈등은 정치적 가치를 공유하는 집단 간의 갈등으로까지 번지게 되어, 공동체의 붕괴로 이어질 수도 있다. 따라서 교원 간에 정치적인 갈등 상황이 발생하지 않도록 교원 각자가 서로의 가치를 존중해 주는 문화의 정착이 함께 이루어져야 한다.

둘째, 학생들의 교육권이 침해될 가능성이 있다. 정치적 중립을 적극적으로 해석하면, 교사의 가치를 학생들에게 적극적으로 표현할 수 있다는 의미가 아니다. 정치적인 내용을 전혀 다루지 못함으로 정치적 식견을 갖추기 힘든 현실 상황의 문제점을 극복하기 위한 방안으로 제시되는 것이며, 특정 집단에게 유리하지 않도록 균형과 조화를 주는 것이 중요하다.

학생의 '간접적인' 참여를 '직접적인' 참여로

학교 구성원을 밝힐 때, 많은 문서에서 학생과 학부모, 교원과 지역사회를 이야기하고 있다. 그러나 초·중등교육법이나 초·중등교육법 시행령에서는 아직까지 학생의 존재를 학교의 구성원이라기보다 미성년인 교육의 대상으로 보고 있는 경향이 강하다.

이를 극복하기 위해서는 학교의 다양한 의사결정 과정을 학생들에게 개방하고, 이에 직간접적으로 학생들이 참여할 수 있는 방안을 강구해야 한다.

예를 들어, 봉사활동심의위원회에서는 교내·외 봉사활동 심의에 앞서 교내·외에 봉사활동이 필요한 영역과 예상되는 봉사 시간 등이 어떠한지를 찾아볼 수 있으며, 봉사활동 계획 수립뿐만 아니라 계획 심의의 과정에서도 직접적으로 참여할 수 있어야 한다. 또한 학교운영위원회에서도 학교의 운영과 관련된 내용을 심의하면서, 학교의 구성원인 학생 입장과 의견도 적극적으로 검토될 수 있게 된다. 그렇다고 해서 학생들의 적극적인 참여를 법적으로 보장하는 것에는 주의가 필요하다. 학생들은 학교의 구성원이지만, 회의에 참석하는 것보다는 학습권이 더 우선되어야 하기 때문이다.

그리고 교내에서 위원회가 열릴 때 교장실과 같이 다소 일반 학생이나 교원의 접근이 쉽지 않은 공간에서 이루어지는 경우가 많다. 또한, 회의의 일정이나 안건들도 학교 내에서 잘 안내되지 않는 경향이 있다. 학교를 민주적인 공간으로 바꾸기 위한 개선도 함께 이루어질 필요가 있다. 물론 모든 회의를 개방형으로 공개하기에는 어려움이 있다. 학생 개인의 정보와 관련되거나 학교 운영상 외부에 노출될 경우 곤란함이 발생할 수 있는 안건들도 존재하기 때문이다.

그러나 이러한 절차가 진행되고 있음을 공개하는 것은 학생이나 교원이 함께 의사결정에 참여하는 민주적인 학교문화를 만들기 위해 반드시 필요하다. 이를 위해서 회의는 일정한 장소에서 진행하되, 개방이 가능한 장소로 선정되어야 하며, 어떤 회의가 예정되어 있는지에 학생들이 볼 수 있도록 회의실이나 게시판에 지속적으로 안내를 하는 것도 필요하다. 이때, 주무부에서는 회의의 안건과 내용을 고려하여 공개회의와 비공개회의를 구분하고, 공개회의는 다시 참관 또는 의견 제시 가능 등으로 구분하여 학생 및 교원에게 알림으로서 학교에서 이루어지는 의사결정에 접근할 수 있도록 보장해 주어야 한다. 학교문화를 학생들의 직접적인 참여를 보장하는 체계로 전환하기 위한 절차를 정리해 보면 다음 그림과 같다.[14]

[그림 1] 학생들의 직접적인 참여 보장을 위한 회의 체계

'교사 중심의 수업'을
'교사와 학생이 함께 중심이 되는 수업'으로

학생 중심 수업[15]은 학생들을 소극적인 참여자에서 적극적인 참여자로 위치시켜, 능동적인 지식을 구성하는 주체로 세우기 위한 노력이었다. 물론 수동적인 학습에는 한계가 있으며, 폭발적으로 증가하고 있는 지식의 양은 학교에서 모두 전달하는 것이 불가능해졌고, 다양한 접근을 통하여 학생 자신의 의지로 얼마든지 학습이 가능해졌다. 그러나 학생들 스스로가 무엇을 배워야 하는지를 알아보고 찾는 것은 매우 어렵다. 따라서 학교는 학생들이 적극적으로 자신이 학습해야 하는 것을 찾을 수 있도록 각 과목에 대한 정보를 충분히 안내할 필요가 있으며, 학생들의 진로에 대한 전문적인 조언도 지속적으로 제공될 수 있어야 한다.

그러나 학생 중심 수업에 대한 논의가 활발해지면서, 교사의 역할은 다소 많이 위축된 느낌을 지울 수가 없다. 실제로 학생이 수업의 중심에 위치하여 배움의 주체가 되기 위해서는 더 많은 교사의 노력과 지원이 필요하다. 이에 수업에서 학생은 배움의 주체가

---

14. 이 장에서 절차나 체계를 보여주기 위한 표를 사용하기는 하였지만, 이는 독자의 이해를 돕거나 민주적인 학교문화를 위한 과도기적인 상황에 적용하기 위한 것이다. 이를 민주적인 학교문화를 만들 수 있는 고정적인 형식이나 틀로 이해하는 것은 민주적인 학교문화 형성에 도움이 되지 않는다. 민주적 학교문화라는 것은, 특정한 틀에 얽매이기보다는, 구성원들의 자발적 참여와 소통을 기반으로 끊임없이 변증법적으로 성장해가는 조직문화를 의미하기 때문이다.

15. 최근에는 '학생 중심'을 넘어 '학생 주도'로까지 의미 확장이 이루어지고 있다.

되고 교사는 가르침의 주체(윤상준, 2018)가 될 수 있도록 각자의 역할을 이해하여 그에 필요한 역량을 쌓아갈 수 있도록 노력할 필요가 있다.

또한, 학력에 대한 의미를 다시 고민할 필요가 있다. 기존의 학력 수준에 대한 개념은 사실 교과 내용이나 지식에 대한 수준을 의미한다. 지식의 암기가 미래 사회의 경쟁력이 아니라는 사실에는 많은 사람들이 동의하고 있으며, 지식보다는 역량이 더 중요하게 다루어져야 한다는 측면에도 동의를 한다. 따라서 평가 측면에서 많은 개선이 요구된다. 다만 평가에 대한 인식을 바꾸는 것에는 사회적인 합의가 필요한 부분이 있다.

2022년 대입제도 개편을 위한 공론화에서 유의미한 차이는 없었지만, 가장 많은 지지를 받은 것은 정시 확대에 초점을 맞춘 1안이었다. 많은 교육 전문가들은 교육이 발전해야 하는 방향이 시험 성적이 아니라 학생의 다양한 측면을 볼 수 있는 학생부종합전형과 같은 평가 체계임을 인식하고 있다. 그러나 대학입시라는 측면에서 이야기하게 되면 객관성과 공정성이라는 잣대가 강조되며, 정시가 그나마 가장 정확하다는 입장이 나타난다. 따라서 미래 사회에 필요한 학력의 의미를 재정의할 필요가 있으며, 이를 기반으로 학교의 수업이나 평가뿐만 아니라 사회적 공감대 형성과 함께 제도의 변화도 이루어질 수 있어야 한다.

'현실 순응'을 '변화 지향'으로

변화를 거부할 수 있다는 것은 현재의 상황이 견딜 수 있거나 개선이 필요하지 않은 상황이라는 의미이다. 우리나라의 교육에서의 변화는 줄곧 Top-down 방식으로 이루어져 왔다. 주로 국가 차원에서 교육정책이 발표되고, 그에 따라 실행 방안이 강구되어 현장에 적용되고 개선하는 방식으로 교육의 변화를 국가에서 주도해 왔다. 최근 긍정적인 평가를 받고 있는 자유학년제나 수시 전형의 확대 등도 마찬가지이며, 고교학점제의 경우도 2022학년도 도입을 위해서 국가에서 비전을 제시한 후, 연구학교나 선도학교 운영 등을 통하여 현장에 적용 가능성과 개선 방안 등을 모색하고 있다.

민주주의는 '민중(demos)에 의한 지배(kratos)'를 의미한다. 실행 주체를 넘어 변화의 주체가 되기 위해서는 bottom-up 방식으로 변화를 모색할 수 있는 방안도 제시될 수 있어야 한다. 이를 위해서 '교육정책 공모'를 하는 방법을 도입해 볼 필요가 있다. 물론 현재 정책에 한 모니터링과 피드백을 제시할 수 있는 '정책모니터링단'도 운영되고 있지만, 이는 이미 하달된 정책에 대한 의견을 요구하는 것이기에 bottom-up 방식의 정책 제안과는 성격이 다르다. 이와 관련하여 학교 현장의 의견을 수렴하고 이를 기반으로 한 교육정책의 추진을 도모하는 것으로 '경기교육 현장참여 정책제안제'라는 것이 있다. 이 제도는 정책 제안을 위한 제안서의 작성도 '제안하는 정책'과 '제안 이유'를 중심으로 작성하게 되어 있어 매우 간단하다.

민주주의를 기반으로 하는 학교문화에서 교육정책이 bottom-up 방식으로 이루어지는 체계는 다음과 같다.

현장 지원 중심의 정책 개발 체계

| 〈학교〉
- 문제점 확인
- 개선방안 도출/적용
- 지원 요구사항 확인
- 지원에 대한 환류

〈학교〉
- 문제점 확인
- 개선방안 도출/적용
- 지원 요구사항 확인
- 지원에 대한 환류 | ▶ | 〈교육청(지역)〉
- 지원 체계 구축/적용
- 상급기관 지원 요구
사항 확인
- 지원 체계 확인/보완

〈교육청(지역)〉
- 지원 체계 구축/적용
- 상급기관 지원 요구
사항 확인
- 지원 체계 확인/보완 | ▶ | 〈국가〉
- 정책적 지원 체계 마
련
- 정책적 지원 체계 확
인 및 보완

〈국가〉
- 정책적 지원 체계 마
련
- 정책적 지원 체계 확
인 및 보완 |

즉, 학교는 확인된 학교의 문제점에 대해서 개선 방안을 고민하여 적용하고, 이에 따라 학교 자체적으로 어려운 측면에 대해서 지역에 지원을 요청한다. 이에 교육청에서는 학교 지원 방안을 구축하고, 지원을 위해 필요한 요소들을 다시 상급기관에 요청한다. 교육청의 지원 체계를 보장하기 위하여 국가에서는 이를 정책적으로 제시하여 학교가 안정적으로 문제점을 개선해 나갈 수 있도록 지속적으로 정책을 보완하면서 지원하는 것이다.

민주주의 '무늬'를 민주주의 '문화'로

민주주의의 도입이 필요하다는 것을 알고 있지만, 그것을 체계나 절차만으로는 완성하기 어렵다. 겉으로는 민주적으로 보이지만 실제로는 그렇지 않다면, 그것은 민주주의 무늬에 불과하다. 진정한 완성을 위해서는 구성원들이 함께 공감대를 형성하여 적극적으로 참여하고 실행할 수 있는 여건이 마련되어야 한다. 이를 위해서 그동안 학교에서 민주적이지 못했던 절차나 문제점 등을 함께 찾아보고, 이를 개선하기 위한 공동 노력이 이루어져야 한다. 개선을 위한 노력에서도 민주주의 생활 방식이 적용되어 학교 구성원 개인의 존엄성이 보장될 수 있어야 한다. 이를 위해서 학교는 하나의 공동체가 되어야 하며, 함께 배우면서 성장하는 학습 공동체가 될 필요가 있다.

더군다나 현재의 교육개혁은 학교에 더 많은 자율성과 권한을 분배하는 방식으로 이루어지고 있다. 이를 위한 민주적인 의사결정을 위해서 구성원들의 토론과 합의에 의한 협력적인 학교 운영을 위해 필요한 것이 학습 공동체이다.

김혁동 외(2017)는 학습 공동체가 되기 위해서는 다음과 같은 전제조건이 필요하다고 하였다.

첫째, 학교 구성원 공동체의 공유된 가치와 비전 설정
둘째, 구성원 간의 반성적인 대화

셋째, 학생의 학습(성장)을 최우선

넷째, 동료 간 협력

　이와 같이 학습 공동체가 되기 위한 전제조건들은 민주적인 학교문화를 위해서 반드시 필요한 것들을 포함하고 있다. 이것은 민주적인 학교문화를 위해서 학습 공동체는 필연적인 것임을 의미한다. 아래로부터의 접근방식과 교원의 협력적인 전문성을 갖추는 것은 민주적인 학교문화를 만드는 데에 중요한 기반이다. 이를 위한 교사 학습공동체를 학교라는 집단 차원에서 구성하는 절차는 다음과 같다.

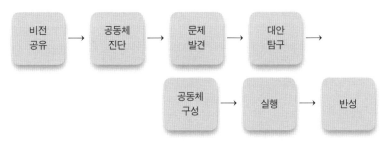

[그림 2] 집단 차원의 교사 학습공동체 조직 절차(김혁동 외, 2017, p. 141)

06

민주적인 학교문화의
싹을 틔우다

학교문화가 민주적이냐고 묻는다면, 아직까지는 여러 한계들 때문에 부정적인 입장들이 많을 것이다. 그러나 척박한 상황 속에서도 민주적인 학교문화의 싹을 틔우고자 하는 노력들이 있다. 그러한 노력들을 함께 살펴보고자 한다.

학생이 참여하여 예산 계획: 직접적인 학생 참여를 보장

학생 자치에 대한 인식이 확산됨에 따라 서울시교육청은 학생의 직접적인 참여 정책인 '학생참여예산제'를 시행하였다(서울시교육청 외, 2018). 학생참여예산제의 운영 절차는 다음 그림과 같다.

학생참여예산제 절차(서울시교육청 외, 2018)

1단계		2단계		3단계
학생참여사업(공모제) ▸ 학생회 주관으로 사업 계획서 심사 및 사업 선정	→	학생참여예산제 ▸ 학교 예산에 반영 ▸ 전체 학생에 공지	→	자율 책임제 ▸ 집행 자율권 부여 ▸ 사업결과 전체학생 공지

서울에 있는 한 중학교에서는 '행복한 학교문화 조성'을 위해서 학생회를 중심으로 한 다양한 사업이 진행되었다. 이를 위해서 학교는 전담 부서를 설치하고, 학생회 전용 공간을 마련해주고, 학급 및 학생회 회의 시간을 보장하는 등 행정적인 지원을 제공하였으며, 이를 위해 필요한 예산에 대해서는 학생참여예산제와 함께 일부 학교의 자체 예산을 편성하여 지원하였다.

학생들은 학교의 강점과 약점, 기회와 위기를 분석하여 추진 과제를 선정하고, 이에 대한 세부적인 운영 과제를 계획하였다. 사업과제의 추진 절차는 아래 그림과 같다.

동시에, 학생들은 학생회장의 공약과 학생들의 건의 사항을 수

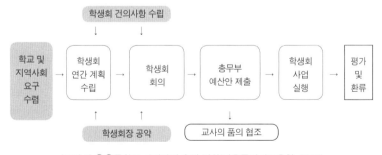

[그림 3] ○○중학교 사업과제 추진 절차(서울특별시교육청, 2017)

렴하고 회의를 통하여 계획을 심의하였다. 이에 따라 민주적인 절차를 통하여 계획을 수립하였으며, 이를 기반으로 예산 계획을 수립하여 사업을 실행하였다. 이러한 과정에서 학생들은 민주적인 절차를 경험하였을 것이다.

또한, 학생들이 필요한 예산을 직접 편성하는 것은 학생 자치활동이 지속적으로 유지될 수 있는 원동력이 되며, 이를 통하여 학생들은 자치활동의 자율성도 보장받을 수 있게 된다. 더욱이 자신들의 계획을 주체적으로 추진하고 실행하는 경험은 민주적인 절차에서 의무와 책임의 중요성에 대한 인식도 향상시킬 수 있기에, 이러한 제도는 민주적인 학교문화를 위한 학생 자치 활성화에 크게 기여할 수 있을 것이다. 이러한 활동들은 민주적인 학교문화 개선을 위해서 보다 확장시킬 필요가 있다. 이를 학생 자치의 형태로만 남겨두는 것은 역시나 학교의 운영에 직접적인 영향을 줄 수 없기 때문이다. 즉, 학생 자치를 학급 자치와 연결하고, 각종 위원회와 연결해 그 연결성을 지속적으로 확장할 수 있는 방안을 모색해야 한다. 이것은 모든 학교의 구성원들이 소외됨 없이 민주적인 학교문화를 위한 공동체가 될 수 있도록 큰 도움을 줄 것이다.

매점이 없는 학교, 학생 중심의 학교협동조합 만들기: 학생 주도의 학교 문제 해결[16]

학교에는 개인이 운영하는 매점이 있었지만, 먹거리에 대한 안전이 확보되지 못한 상황에서 학생들은 급식 대신 인스턴트 음식을 선호하였다. 그래서 학교의 매점을 폐쇄되었다. 그러자 학생들은 도로를 건너 학교 맞은편에 있는 슈퍼를 활용하게 되었다. 이는 오히려 더 큰 문제를 낳았다. 도로를 건너는 것에는 교통사고의 위험이 있었고, 학생들은 여전히 인스턴트 중심의 음식들을 구매하고 있었다. 사실 학교 매점은 휴지나 샤프심 같은 물건들을 사기 위해서라도 필요하다. 결국 학생의 안전이 보장되면서도, 먹거리나 생필품의 구매를 위해서 학교 내 매점은 꼭 필요했다.

이러한 문제점을 해결할 수 있는 방안으로 학생들은 학교협동조합을 제안하였다. 학교에 협동조합 설립을 추진하기 위해서 다른 학교의 협동조합들로부터 자문을 구하며, 필요한 정보에 대한 리스트를 만들 수 있었다. 견학을 통하여 다른 학교의 협동조합에서 다소 비싸더라도 유기농 제품을 판매하므로 건강에 좋은 음식을 구매할 수 있었고, 공정무역을 통해 수입된 제품들을 판매하여 생산지 농업 노동자들에게도 도움을 주었다. 더욱이 매점 자체 공동 구매나 교복 기부 등의 다양한 프로젝트, 급여가 제공되는 학

---

16. 박선하 외(2017)의 내용 중 일부를 재구성함.

생 도우미 활동은 사회적 경제 체험 및 근로 체험의 기회도 제공하는 장점이 있었다.

협동조합 창립을 시작하며, 발기인을 모집하였고, 홍보, 조직, 디자인으로 구분된 분과위원회에도 많은 학생들이 참여하게 되었다. 학생들에게 학교협동조합에 대한 내용을 발표하면서 이를 소개하여 많은 학생들의 공감을 얻었고, 홍보팀에서도 학교에 지속적으로 건강한 먹거리 상품들을 소개하였다. 조직팀은 법적 서류들을 관리하였고, 디자인팀은 매점의 인테리어를 맡았다. 이렇게 세 팀이 각자의 역할에 충실한 결과 협동조합이 잘 운영될 수 있었다.

학생 자치 조회 : 학생 중심의 학교문화를 만드는 경험

경기도 소재의 한 고등학교에서는 학생 자치 조회를 실시하고 있다. ○○고등학교에서 학생 자치 조회를 실시한 것은 2015년부터였다. 이는 학생 중심의 학교문화를 만들기 위한 도전이었다. 일반적인 조회의 모습과 유사하지만, 마이크를 잡고 학생들에게 이야기하는 것은 선생님이 아닌 학생 대표이다. 학교장은 학생 자치 조회를 격려하는 간단한 개회사만을 발표하고 마친다. 그 후 학생 진행자에 의해서 행사가 진행된다.

처음에는 교사, 학생 대표, 학생들 모두에게 낯설었다. 교사들은 학생 대표의 이야기를 평가하고, 학생 대표도 교사들을 의식하여 이야기에 망설임이 있었다. 조회에 참여하는 학생들도 경청하는 자세보다는 그저 신기한 구경을 하는 듯한 모습이었다. 그러나 해를 거듭할수록 발전하는 모습을 보였다.

　학생 대표는 분기별 실시되는 학급 자치회 정기회의에서 논의된 내용들을 바탕으로, 학생들이 해야 하는 일들이나 개선해야 하는 문제점들을 발표하기 시작했다. 최근에는 학생 식당 이용을 위한 예절에 대해서 이야기하였는데, 학생들이 식사를 마치고 난 후 퇴식구 잔반통에 식판을 두드려 잔반을 제거하는 행동으로 소음이 발생하고, 잔반통 주변이 청결하지 못한 문제가 제기되었다. 그리고 이러한 문제점을 해결하기 위해서 남은 잔반을 국 그릇에 모아서 버리는 것을 제안하였다. 학생 자치회는 구호로만 그치지 않았다. 더 나아가 점심 식사 시간에 학생 자치회 학생들은 직접 학생 식당 잔반통 앞에서 피켓을 들고 캠페인 활동을 시작하였다.

[그림 4] 학생 대표의 '훈화'

그리고 선생님들도 캠페인 활동에 동참하게 되었다. 그러자 식판으로 잔반통을 두드리는 학생 수가 현저하게 줄어들었고, 퇴식구 주변도 이전보다 훨씬 깨끗해졌다.

여기에서 질문을 던져보고 싶다. 학생들 스스로가 학교에서 나타나는 문제점을 찾아 이를 위한 해결 방안을 제시하고, 이를 실천하기 위해서 노력하였는데, 그 시작은 무엇이었는가?[17]

학교장의 리더십 패러다임의 변화?: 학교문화를 바꾸는 힘

혁신학교 운동은 교수·학습과 의사결정 과정, 학교 운영 거버넌스의 변화에 초점을 맞추었다. 이는 공교육의 교육다움을 회복하기 위한 노력이었으며, 국가 주도의 학교 혁신 정책이 아닌 아래로부터 위를 향한 자발적인 개혁이었으며, 자발적 참여를 통한 민주적 자치공동체, 소통과 협력의 문화를 형성해야 한다는 인식을 강하게 가지고 있었다.

기존의 학교장 중심의 권위적인 문화에서 벗어나, 학교가 민주적으로 운영되기 위해서, 학교장은 민주적인 의사소통 구조인 상향식 의사소통 구조를 수용하고, 교사의 자발성을 이끌어 내기 위해 교사의 마음을 얻으려고 노력하고, 교사를 지지하고 지원하려

---

17. 그것의 시작은 교사가 권위를 내려놓는 것이었다.

는 노력을 기울여야 한다(배은주, 2014). 이러한 것은 학교장의 리더십 패러다임의 변화라고 볼 수 있다. 한 교장은 다음과 같이 학교장의 역할에 대해서 이야기하였다.

> 교사의 자발성, 집단지성을 어떻게 이끌어 낼 것인가가 중요합니다. 교사로서의 자존감, 존재감을 높여주어야 하거든요. 학교경영을 하는 교장이 위에서 내려 보내서는 교사들이 피동적, 수동적이 돼요. 교사들의 의견을 학교경영에 반영해야 불이 붙는 거죠. 교사의 집단지성이 교장에게 눌려지지 않도록 하는 것이 중요합니다. 그러기 위해서는 교장이 보기에는 아닌 것 같아도 일단 수용하는 자세가 중요합니다. 실패의 경험을 통해서도 성장하는 거거든요. 그 바탕 위에 교사의 자발성이 나오고 **아이들과 좋은 관계** 속에서 존경과 존중을 받을 수 있습니다. 이것이 교사들의 에너지가 될 것입니다. 그 다음이 프로그램이에요. 좋은 관계가 형성되면 수업이 됩니다. 교장이 교사를 권위주의로 억누르지 않고 교사도 학생을 일방적으로 힘으로 억누르지 않아야 합니다(배은주, 2014, p.156. 강조는 저자).

이와 같이 교사들의 자발성과 집단지성에 의해 교사들 사이에 좋은 관계가 형성되고, 학생과 교사의 좋은 관계가 형성되는 것이 학교에서 운영하는 프로그램보다도 우선되어야 하는 것임을 알 수 있다. 학교는 프로그램을 통해서 민주주의를 흉내 낼 수 있다.

이는 앞서 언급한 민주주의의 무늬일 뿐이다. 진정한 민주주의 문화를 위해서는 학교 구성원 간의 관계가 더욱 중요하며, 이를 위해서 학교장의 리더십은 권위주의에서 벗어나 수용하고 지원하는 방향으로 변화되어야 함을 알 수 있다. 또 다른 학교장은 다음과 같이 이야기하였다.

> 우리가 작은 독서모임도 하고 제가 출장 갔다가 오뎅이나 떡볶이도 사가고 그랬거든요. 교사 마음을 얻는 건 그런 거거든요. 무슨 리더십이다, 결제는 뭐 연가는 뭐, 교감은 어디까지 하고, 이런 거 창한 이야기 하는데 선생님 마음을 움직이기는 어렵거든요. 연극 연습하면 아이들 먹을 거 밥이라도 사서 같이 먹으면서 얘기하고. 이런 것들이 선생님 마음을 조금씩 흔들어 놓는 거죠(배은주, 2014, p.156).

두 명의 학교장 모두는 민주적인 학교문화 조성을 위해서 구성원과의 관계를 중요하게 생각하고 있었음을 알 수 있다. 그러나 이야기를 제시하는 방식은 상당히 다르게 나타나고 있다. 어쩌면 교사들의 관계 형성을 위한 학교장의 리더십이라는 말 자체가 상당히 모순된 것일 수도 있다. 왜냐하면 좋은 관계 형성을 위한 정해진 방법이나 규칙을 제시하기 어렵기 때문이다. 이러한 측면에서 '민주적'이라는 표현은 '어떠한 것이 민주적으로 되기 위해서 방법이나 규칙을 특정한 형태로 정형화할 수 없음'이라는 의미를 내포하고 있다고도 볼 수 있다. 오히려 정형화된 틀을 깨기 위한 대담한 시도들이 교사들의 공감대 형성을 통하여 변화와 개선을 이뤄야 한다. 이것이 경험으로 축적되고, 이러한 경험의 축적을 통하여 학교는 더욱 민주적으로 변화할 수 있을 것이다.

참고문헌

김성천, 김요섭, 박세진, 서지연, 임재일, 홍섭근, 황현정(2018). 학교 자치. 서울 : 즐거운
학교.

김익록, 박인범, 윤혜정, 임세은, 주수원, 홍태숙(2018). 모두, 함께, 잘, 산다는 것. 서울 :
맘에드림

김종두(2008). 학교문화. 서울 : 교육과학사

김혁동, 윤상준, 이동배, 임재일, 주주자, 최경철, 황현정(2017). 교사 학습공동체. 서울 :
즐거운학교.

문은식, 배정희(2010). 학습사 및 사회적·동기적 변인과 학습된 무기력의 관계 - 남고생
과 여고생의 차이. 교육심리연구, 24(1), 183-205.

박선하 외 9인(2017). I Love 학교협동조합. 서울: 맘에드림.

배은주(2014). 혁신학교운영의 특징과 갈등 탐색. 교육사회학연구, 24(2), 145-180.

배한동(2006). 민주시민교육론. 대구 : 경북대학교출판부.

서울특별시교육청(2017). 2017학년도 학생참여예산제 실천사례 발표대회 사례집.

서울특별시교육청, 징검다리교육공동체, 학교 시민교육전국네트워크(2018). 2018 학교민
주시민교육포럼 자료집.

성열관(2015). 메리토크라시에서 데모크라시로: 마이클 영(Michael Young)의 논의를 중심
으로. 교육학연구, 53(2), 55-79.

송창석(2001). 새로운 민주시민교육 방법: Metaplan을 이용한 토론·토의·회의 진행법. 서
울 : 백산서당.

신두철, 허영식(2007). 민주시민교육의 정석. 서울 : 도서출판 엠-애드

심성보(2011). 인간과 사회의 진보를 위한 민주시민교육. 서울 : 살림터.

심성보, 이동기, 장은주, 케르스틴 폴(2018). 보이텔스바흐 합의와 민주시민교육. 서울 : 북
멘토.

윤상준(2018). 수업 심리학을 만나다. 서울 : 맘에드림.

장은주(2017). 시민교육이 희망이다. 한국 민주시민교육의 철학과 실천모델. 서울 : 도서
출판 피어나.

조용환, 윤여각, 이혁규(2006). 문화와 교육. 서울 : 한국방송통신대학교출판부.

차우규, 이해영, 박성춘(2001). 생활 속의 민주시민교육. 서울 : 원미사.

홍윤기 외 15인(2017). 가장 민주적인, 가장 교육적인 - 가르치는 민주주의를 넘어. 서울 :
교육공동체벗.

한국교육연구네트워크(2014). 혁신학교에 대한 교육학적 성찰 : 실천적 교육학자 10인, 우리 교육의 새 길을 찾다. 서울 : 살림터.

김대식(2014). "중산고 혁신고 지정 철회 … 사상 첫 사례 '혁신학교 전반 재검토 필요'", 베리타스알파, 대입뉴스. retrieved from http://www.veritas-a.com/news/articleView.html?idxno=34404

이지은(2006). "성적으로 학급회장 선출 자격 제한하는 것은 차별.", YTN, 사회. retrieved from https://news.v.daum.net/v/20061215134315470?f=o

이진호(2019). 유은혜 부총리 "혁신학교 기초학력 저하 동의하기 어려워", 뉴스1, 사회. retrieved from http://news1.kr/articles/?3556536

Dewey, J(1990). 존 듀이 민주주의와 교육. 이홍우 옮김. 서울 : 교육과학사

민주시민교육,
학생 시민과 만나다!

교장도 교사도 학부모도 그리고 우리 학생들도 민주적이고 평등한 관계 속에서 민주시민교육을 경험해
본 적이 없다. 여기에 각자 기존에 가진 권한을 내리고 학생과 수평적인 관계를 나눈다는 것은 말처럼
평화로운 과정이 절대 아니며 무엇보다도 시간과 노력이 대단히 필요한 과정이다. 학생인권조례 이후
민주시민교육에 대한 관심이 높아지고 있으나 학생 자치 활동을 아직도 시혜적 태도로 접근하거나 일
회성 교육 활동, 무늬만 학생 자치 현상이 나타나기도 한다. 이에 이 장에서는 학생 자치가 잘 되고 있
는 학교에서 공통적으로 나타나는 특징을 살펴보고 지속가능한 학생 자치를 위해 지향해야 할 진짜 학
생 자치의 방향에 관해 살펴보려 한다.

01

학생이 시민으로 성장하는
학교를 만나다!

'민주주의는 교문 앞에서 멈춘다', '학교는 민주주의를 가르치지 않는다'라는 말은 우리에게 익숙하다. 학생들에게 민주시민교육 경험을 제공해야 함에도 불구하고 교사가 민주시민 역량을 갖지 못한 한계, 민주시민교육에 대한 사회적 합의 부재, 체계적인 민주시민 교육과정 부재, 범교과라는 이름으로 파행 운영될 수밖에 없는 학교 교육과정 시스템의 문제, 시대착오적인 학교 운영 구조 등으로 나타난 총체적 난국의 결과인 셈이다.

교사가 민주시민이어야 해요. 교사가 민주적으로 생활하고, 함께 살아가는 패턴을 보여주지 못하면, 민주시민교육은 일단 시작부터 실패하게 됩니다. 민주시민교육은 지적으로 접근할 수 없기 때문에, 적어도 교사들이 함께 공부하고 함께 나누고 하는 그런 문화가 나타나야 한다고 생각해요(초등학교 교사).[1]

민주시민교육에서 주입식 교육이나 강의식 교육으로는 많은 효과를 낼 수 없어요. 중요한 것은 참여를 통한 실천인데요. 아이들이 실제로 해보게 하는 것이 중요하고, 정답을 미리 만들어 놓고, 정답을 맞춰나가는 형태는 아니라고 생각해요. 주제를 주고 그 주제에 맞게 아이들이 자기 생각을 전달하고 남의 이야기를 듣는 토론을 통해서 방향을 찾아가고, 그 다음 정답이 한 가지가 아니고 여러 가지 형태로 나올 수 있는, 그런 수업들이 중요하죠 [중학교 교사. (임재일 외, 2018)].

학교에서 학생들은 다가가기 어려운 교사, 입시 위주의 교육과정, 권위적 학교문화, 힘 있는 동료 학생으로 둘러싸여 있다. 한마디로 혼자서는 극복하기 어려운 매우 불평등한 상황에 놓여 있다. 나이, 지식, 힘 등의 우열에 따른 권력 관계가 아니라 학생이 자기 결정권을 가지고, 교사 또는 다른 학생과 함께 평등한 관계를 만드는 것이 학생 자치의 기본 조건이자 필수 조건이다. 학생 생활에서 부당한 권력이 작동되지 않도록 여건을 조성하기 위해서는 교장, 교감의 권한을 내려놓고, 교사도 기존에 수업과 생활지도에서 주도했던 방식의 권한을 학생에게 이양해야 한다. 하지만 기존에 가졌던 권한을 내려놓는다는 것이 말처럼 평화롭고 아름다운 과정이 아니며, 이를 위해서는 학생과 교사의 부단한 노력과 소

---

1. 서지연. 학교자치 연구를 위한 FGI 인터뷰. 경기도교육청. 2018. 4. 16.

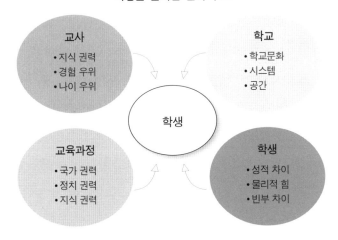

학생을 둘러싼 권력 구조

[그림 1] 경기도 혁신학교 학생 자치 사례 중심

통, 성찰이 필요하다(경기도교육청, 2018).

교사의 시민성 부재, 실천 행으로서의 시민교육의 부재에 대한 반성을 통해 다양한 도전을 하고 있는 학교들이 있다. 민주적인 학교문화 조성에 힘쓴 교사들의 노력으로 학교의 주체인 학생들이 당당하게 학교 운영과 결정 과정에 참여하는 학교, 학생 자신들의 의견이 반영되어가는 경험을 통해 학교의 공동 책임자라는 인식을 가지며 민주시민으로 성장하는 경험을 제공하는 학교들이 있다. 학교에서의 학생 참여는 일회성 학생 참여 행사가 아니라 학생들의 일상생활 참여를 의미하며 이러한 학생 참여의 일상화는 오랜 기간의 체험과 훈련으로 나타나고 있다. 학생 개인은 약하지만 학생들이 함께 연대하면 변화를 만들 수 있으며 모든 제도는 사람이 만든 것이므로 우리가 바꿀 수 있다는 것을 실천으로 행하고 있다. 학교에서 학생들은 권위나 강압에 대한 두려움 없이 학생들을 둘러싼 불편함과 갈등을 극복하려는 의지를 표현하고 실천하고 있다. 이렇게 학생들이 자율성과 책임의식을 가지고 민주적, 자발적인 삶을 실천하도록 운영되고 있는 학교는 학생들에게 어떤 공통의 경험을 제공하고 있을까?

학생이 시민으로 존중되는 분위기가 정착된 혁신학교를 중심으로 수업과 평가, 학급 자치, 학생 자치에 대한 사례를 분석하였다. 조사 대상 학교의 공통점을 요약하면 모든 학교 교육과정 운영의 중심에 학생이 있다는 점이다. 옷차림과 머리 모양에 대한 시시콜콜한 억압과 통제가 아니라 학생 개개의 삶과 연결된 교육과정 속에서, 나-교사-학생이 촘촘하게 연결되어 있다. 학교에서 실시하는 교육과정이 학생 주도형으로 움직이고 수업뿐만 아니라, 다양한 학교생활에서 교사와 학생이 서로를 마주보고 있으며, 공동체 안에서 자유롭게 질문하고 대화하는 민주적인 분위기와 학생들의 주체성이 학교 교육과정에 반영되는 것을 볼 수 있다. 학생이 주체가 되는 학교, 그 안으로 들어가 보자.

02

수업에서 특장:
학생 주체화

    학생들은 일상 삶에서 SNS를 통한 미디어 환경에서 즉각적인 뉴스와 정보를 손쉽게 접하고 나눈다. 관심사에 따라 서로 다른 종류의 경험에 접하게 되고 댓글을 통해 정보의 생산자와 소통하고 참여하는 경험을 하며 서로 다른 방식으로 이를 소비한다. 교사와 같은 기성세대와는 다른 방식의 배움이 삶에서 진행 중이다.

수업 과정 자체로 시민성을 기른다!

〈오늘의 뉴스가 내일의 수업으로! 논쟁수업 토론 예시〉

[개념 형성] 학교 속 자유와 평등 찾기

[이슈 논쟁 토론]

    1단계 현재 교육 이슈인 '수능 중심 정시 확대?'와 관련된 찬성과 반대 Youtube 영상 및 댓글 확인

    2단계 논쟁적 이슈 속에서 자유와 평등 이념 찾기

    3단계 논쟁적 토론을 통한 자기 생각 나누기

    4단계 모둠별 발표 및 전체 공유

[정리 및 내면화] 논쟁 의견 정리 및 공유

[그림 2] 교육 공동체 공론장 토론   [그림 3] 모둠별 자기 생각 나누기

민주주의 학교에서는 이러한 학생의 일상적인 삶과 밀접한 수업을 통해 학생들이 주체적으로 현실을 볼 수 있는 안목을 길러주고자 노력하고 있다.

이 수업을 통해 학생들은 자신이 경험한 다양한 사례를 논쟁적인 토론을 통해 나누고 넓힐 수 있다. 친구들과 함께 역사적 사건이나 경험의 근거를 찾고 의견을 나누는 과정에서 오개념과 잘못된 정보로 인한 실패와 실수가 있을 수 있지만 실패하는 과정에서 사회적 이슈에 대해 주체적으로 생각하는 능력과 친구들의 말을 경청하고 존중하여 협력적으로 문제를 해결하는 능력이 자연스럽게 신장될 수 있다.

민주주의는 과정적 지식이다. 지식이 아니라 경험으로 배운다는 의미이다. 이 수업에서 교사는 지식 전달자가 아니다. 탁월한 교사가 수업을 주로하는 것도 아니다. 사토 마나부는 배움은 3가지 측면, 즉 사물과의 만남, 타자와의 만남, 자신과의 대화라고 했다. 학생 주도적 배움은 기존의 교과서 지식의 주입이 아니라 빠르게 변화하는 세상과 관련된 경험과 지식을 함께 나누고 끊임없이 질문하며 주체적으로 자신의 지식을 구성하는 것을 의미한다. 학생은 학급 구성원으로 참여하면서 다른 학생들이나 교사와 상호작용하며 개념을 이해하게 된다. 지식에 대해 비판적인 성찰을 통해 학생의 삶 속에서 파악할 수 있도록 안내하는 수업의 변화가 필요하다. 학생은 더 이상 과거의 지식을 전수받는, 수동적 존재가 아니다. 이러한 학생 주체적 수업에서는 학생들의 다양한 실수와 실패가 용인되며 가능성으로부터 교훈을 얻고 배우게 된다.

〈수업 과정에서 시민성 기르기 방향〉

물고기를 잡아주는 것 → 잡는 방법을 가르치는 것 → 어떻게 물고기를 잡는지 알아내도록 친구들과 함께 생각하고 교사가 같이 의논하는 것

교사-나-친구를 연결해요!

다른 사람에 대한 인정과 배려는 민주시민교육의 핵심이다. 협력(모둠) 수업 안에서 학생과 교사, 학생과 학생은 서로 연결되어 있으며 소중한 존재로서 인정하고 협력해야 하는 관계를 전제로 한다. 다양한 경험에 대해 성찰하고 서로 소통할 수 있는 기회를 제공하여 학생의 경험적 이해를 지식으로 연결할 수 있는 수업이 필요하다.

우리 학교문화를 잘 모르는 순회 선생님이 오셨어요. 그 쌤은 다른 학교에서처럼 권위주의적 방식으로 수업을 이끄셨죠. 딱딱한 주제에 대한 강의식 수업 속에서 학생들이 한 마디도 못하는 분위기가 너무 답답하고 졸렸어요. 그래서 아이들과 우리 학교 수업 방식에 대해 말씀드렸죠. 그 쌤과 대화하며 수업에 대한 생각의 차이점에 대해 의견을 나눴어요(중학교 학생. 교육정책디자인 연구소 학교자치 토론회, 2018. 10. 10. 재구성).

단 한 명의 아이도 놓치지 않는 것이 선생님만의 역할이 아니라고 말하고 싶어요. 학생들 서로에 의해, 학교에 의해 실현되는 것이에요. 우리 학교에서는 거의 모든 수업이 모둠 활동이고 이를 통해 친구들과 소통하는 시간이 많았고 유대도 끈끈해졌어요. 모둠원을 챙겨주고 모르는 친구와 함께 공부하며 한 번 더 공부한다는 생각이 자랐고, 당연하게 여기게 되었어요. 선생님의 지속적인 관심과 사랑을 받은 아이들은 같은 상처를 가진 아이들 또한 보듬어 주고 서로를 챙기며 서로에게 관심을 주었습니다(혁신학교 졸업생. 2019 하반기 장학생정협의회 자료집, 경기도교육청).

이 사례에서는 교사와 학생이 지배와 피지배 관계로 맺어진 것이 아니라 수업에서 서로 대화를 나누는 관계로 맺어진 모습이다. 수업은 지식과 문제 해결 방법을 가르치는 것이 아니라 학생 자신의 삶을 중심으로 서로 함께하는 협력의 장이다. 이런 수업에서는 경쟁 중심의 이기적 욕망이 아니라 타인에 대한 배려와 포용의 공간으로 변화할 수 있다. 이러한 시민성이 수업을 통해 높아지면 현재 세계화, 다문화된 사회에서 사회적 약자와 소수자에 대한 배려, 이해, 존중 같은 가치를 지켜나갈 수 있다. 전통적 수업에서 지금까지 우리가 경험하고 있는 교사와 학생의 구성이 아니라, 교사-학생(주체)-학생(친구)의 구성으로 수업 과정에서 자신을 표현하고 학생과 학생의 상호작용을 통해 배움으로서 학생의 주체성과 시민성을 이끌어내고 활성화시킬 수 있다.

수업에서 약속을 함께 정해요

수업을 주도적으로 구성하고 계획하는 사람은 교사이다. 하지만 교육은 배우는 사람이 주도권을 갖는 영역이다. 아무리 교사가 최고의 수업을 통해 가르친다 해도 학생들이 받아들이지 않으면 교육의 목적은 달성되지 않는다. 이것은 학생이 수업에서 주체성을 가지고 있어야 하는 근본 이유이다. 수업에 학생이 주도성을 가지도록 교육과정을 재구성하고 수업 방식을 변화시키는 것도 중요하지만 그 전에 학생 주도 수업을 위한 약속을 교사와 함께 정하는 것도 주체성을 높이는 좋은 방법이다. 기존의 학교에도 교사 주도로 제시하는 수업 규칙이 존재하긴 한다. 하지만 학생 행동에 대한 감점, 금지 중심의 규칙이 대부분이고, 학생들을 표준화하고 대상화하려는 의도가 담겨져 있다. 교사 입장에서 소위 '학생다움'을 강제하는 요소들로 구성되어 있다. 다음은 기존의 교사 중심 수업을 위해 교사가 학생들에게 일방적으로 제시한 '규칙'과 학생 주체화를 지향하는, 수업 '약속'을 비교한 사례이다.

⟨교사 중심 수업 규칙⟩		⟨함께 만드는 수업 약속⟩
1. 수업에 늦으면 태도 1점 감점 2. 엎드려 잠을 자면 뒤에 나가서 공부하기 3. 수업 중 휴대폰 적발 시 3주 압수하기 4. 수업 방해 시 태도 점수 2점 감점 5. 교과서가 없을 경우 태도 1점 감점	학생	• 수업 시간을 지켜요. • 옆 친구를 깨워서 함께 공부해요 • 친구의 말을 경청해요. • 자신의 생각을 제시해요
	교사	• 학생 중심 수업이 되도록 노력할게요. • 학생을 존중하고 학생 입장에서 생각할게요

기존의 교사 중심 수업에서는 수행평가와 연계한 규칙으로 교사가 생각하기에 잘못한 행동에 처벌의 개념으로 태도 점수를 감점하거나 고통을 주는 방식을 사용하고 있다. 금지 행위에 대한 나열이며 해당 행동을 한 원인이나 학생 상황의 이해보다는 결과에 초점이 맞춰져 있다. 전형적으로 두려움을 통해 자유를 구속하는 방법이다. 이러한 수업에서는 학생들이 주체적으로 행동하지 못하고 두려움에 자신의 생각이 마비된다. 아예 입을 닫고 숨죽이며 눈치를 보는 무력한 시민성이 길러질 수밖에 없는 것이다.

반면에 '우리의 수업 약속'은 학생의 규칙뿐만 아니라 교사도 지커야 할 규칙이 있으며 이를 도출하기 위해 우리 모두가 행복한 수업이 되기 위해 어떤 가치와 태도가 필요한지 대화와 토론을 통해 함께 만드는 과정이 있었다. 약속을 함께 정하는 것만으로도 학생들은 존중받고 있다는 느낌을 경험할 수 있고, 잘못된 행동을 스스로 억압하는 것보다는 함께 노력해야 하는 것임을 깨닫게 된다. 이 과정에서 민주적 시민성이 높아지게 된다.

수업도 평가도 학생과 함께 만든다!

어느 중학교, 교사와 학생의 끊임없는 상호작용이 이루어지는 수업 시간! 좋은 수업을 만들기 위해 한 학기를 마무리하며 수업과 평가에 대해 다양한 이름으로 교사와 학생 간의 간담회를 실시하고 있었다. 학생 스스로 만든 수업을 기획하여 제안하거나 좋은 수업을 함께 만들기 위해 교사와 학생이 수업에 대해 고찰하고 변화의 방향을 고민하고, 소비자로서 일방적인 평가가 아니라 쌍방향적인 평가, 그리고 학생 스스로 수업에서 자신의 모습을 돌아볼 수 있는 시간을 공통적으로 만들고 있었다.

우리 학교에는 좋은수업만들기 간담회를 운영하고 있어 아이들이 터놓고 말할 수 있는 기회가 보장되어 있어요. 중간고사와 기말고사 후 한 분기동안 들었던 모든 수업을 평가하고 개선 사항을 제시하는 작업을 학생들이 직접 해요. 이 작업을 하기 위해 각 반에서 좋은수업만들기 위원을 뽑고, 매뉴얼에 따라 진행해요. 과목을 수강한 학생들이 그 수업에 좋았던 점, 함께 고쳐야할 점, 아쉬운 점을 적고 그것을 바탕으로 서로 이야기를 나눠요. 그리고 작성한 설문지를 과목 선생님께 전달하죠(○○중학교 학부모).[2]

또한 학생은 수업 전반에서 이루어지는 평가 과정에서도 주체적인 역할을 하고 있었다. 교사가 가르쳐야만 한다는 생각을 버리고 학생들에게 먼저 의사를 물어보는 모습을 볼 수 있었다. 교사와 함께 수행에 대한 평가의 기준을 만들면 어떨지 물어보고 함께 방향을 수립하거나, 구체적인 수행평가 주제를 설정함으로써 학생의 시선으로 학생들이 원하는 평가를 이끌어 갈 수 있었다. 특히 과정 중심 평가의 내용을 설계하는 데에 능동적이고 주체적인 역할을 할 수 있다. 평가 주제와 평가 기준을 교사와 함께 만든다면, 수업에서 문제 해결이나 탐구의 과정이나, 친구들과 상호작용에 더욱 능동적으로 참여할 것이다. 과정 평가 기준도 순위를 정하기 위한 엄격하고 표준화된 방식에서 학생의 의견에 따라 보다 유연한 방식으로 적용할 수 있다. 주체적으로 학생이 평가의 과정에 참여하게 되면 자기평가, 동료 평가, 외부 전문가 평가 등도 선택할 수 있고, 해당 평가에 좀 더 책임감을 가지고 임할 수 있다.

---

2. 201동 모임(2019)에서 재구성.

더불어 투명한 신뢰감을 바탕으로 스트레스 받는 평가에서 벗어나 학생의 주체성과 민주적 시민성을 회복할 수 있다.

머리에서 가슴으로 학생이 실천해요!

　세상에서 가장 먼 여행이 머리에서 가슴으로 가는 여행이라고 한다. 수업에서 배운 지식이 쉽게 실천으로 이어지는 것은 아니다. 지식을 달달 외우는 방법이 아니라, 친구들에게 자신의 생각을 표현하고 의미를 만들면 어떨까? 학생과 교사가 이미 쌓은 경험이나 사회문제를 친구들과 둘러앉아 협력하여 문제를 해결하는 과정에서 전문가나 지방자치단체를 찾으며 자연스럽게 실천을 이끌 수 있다.

　나아가 수업과 연관된 창의적 체험활동, 동아리, 진로 수업과 연계하여 학교를 넘어서 자신이 사는 지역사회 또는 더 넓은 사회 공동체로 확장하는 경험과 체험을 통해 시민으로서 주체성을 가질 수 있게 된다. 지역을 기반으로 활동하고 있는 수많은 시민단체와 지역단체들이 있다. 시민사회가 곧 지역이므로 민주 사회로 가는 시민의 참여형 수업이 지역에서 이루어지는 과정을 경험하도록 계획한다. 학교교육 주체들과 함께 공동으로 실천하는 경험을 통해 지역의 공동 목표와 공동선에 대한 생각을 확장하며 성숙한 시민으로 성장할 수 있다.

교육의 공간이 학생의 일상생활의 공간이 되면 학생들은 전과 다른 성장 경험을 하게 된다. 또한 일상적인 삶과 만나게 하는 교육적 노력을 통해 학생들이 현재의 시민이라는 것을 인식하는 계기가 된다. 학교에서 청각 장애를 가진 친구를 위해 전교생이 수화를 배우려고 노력하는 초등학교의 실천은 유명한 사례이다. 사회 시간에 세계 갈등 문제를 배우고 구조적 문제를 해결하기 위해 시리아 난민 돕기 기금 마련 경매 활동, 지역 시민단체와 함께하는 환경 프로젝트 실천 활동이 삶으로 이어지고 있다. 수업에서 다양성을 존중하고 지식을 협력적으로 구성하여 삶의 공동체 안에서 참여, 실천함으로써 연대의 가치와 시민성을 기를 수 있다. 단, 이러한 실천 경험이 일회성 이벤트로 끝나지 않도록 지속적인 시민 감수성을 신장할 수 있는 수업과 교육 활동이 선행되어야 함은 아무리 강조해도 지나치지 않아 보인다.

[그림 4] 시리아 난민 돕기 경매 활동

[그림 5] '내가 소녀상이다' 프로젝트

03

학급 자치에서 특징:
교실 민주주의! 따뜻한 유대와 상향식 의사결정

한 중학교에서 학급의 역할에 대한 설문 조사를 한 적이 있다. 학급의 역할에 대한 질문에 90% 이상의 선택을 받은 항목은 바로 '청소'였다. 이는 현재 학생들이 학급에 대해 인식하고 있는 바를 잘 보여준다고 할 수 있다. 학급은 학생의 권리보다는 의무가 존재하는 장소인 것이다(정찬호, 2015).

이러한 인식 속에서 학생 자치가 잘될 리가 없다. 학생 자치는 학급이라는 공간에 갇혀서 존재할 뿐이다. 학급에는 반장, 부반장이 선출된다. 하지만 대부분의 학교에서 반장은 담임의 보조 역할로 머무르는 경우가 많다. 형식적인 학급회 시간에 도대체 무엇을 해야 할지 모르겠다는 학생과 교사도 많아 교육과정에서 보장하고 있는, 그 시간을 자습이나 노는 시간으로 때워버리기도 한다.

학생에게 학급은 말단 교육 행정기관이 아니다. 학급 수, 교원 수

	자신이 아는 부분	자신이 모르는 부분
다른 사람이 아는 부분	열린창 (open area)	보이지 않는 창 (Blind area)
다른 사람이 모르는 부분	숨겨진 창 (Hidden area)	미지의 창 (Unknown area)

	자신이 아는 부분	자신이 모르는 부분
다른 사람이 아는 부분	열린창 (open area)	보이지 않는 창 (Blind area)
다른 사람이 모르는 부분	숨겨진 창 (Hidden area)	미지의 창 (Unknown area)

출처: 김 조세핀(2014)

[그림 6] 조해리의 창 구성 영역   [그림 7] 민주적 학급 조해리의 창

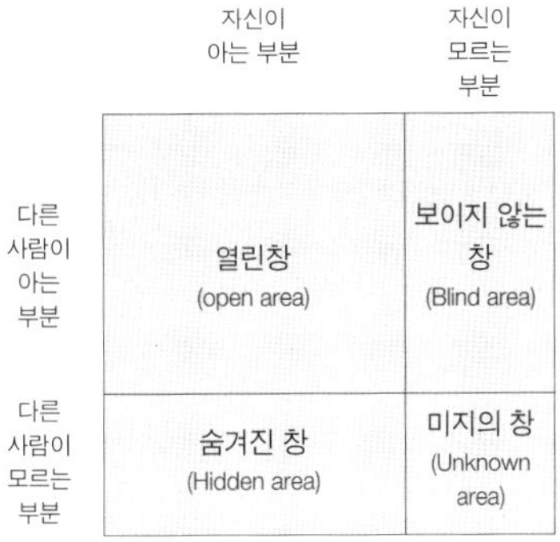

를 결정하는 행정 단위의 기본이 아니다. 무한 경쟁 입시 사회 속 일상의 꾸중과 무시 속에서 자존감이 무너져 허세 가득한 학생들과 무기력한 학생들이 공존하는 곳으로서, 자신의 권리를 지킬 수 있는 방법이나 친구들 간에 유대를 쌓고 갈등을 해소하는 다양한 방법을 배우는, 참여할 수 있는 공간이 바로 학급이다. 학생이 학교의 주체로 바로 서기 위해서는 학생 자치의 기초인 학급 자치가 잘 운영되어 학생의 다양한 의견이 상향식으로 전달되어야 한다.

 하지만 학생 자치의 기초라고 해서 무턱대고 학급회를 진행하라고 하면 잘될까? 프레이리는 대화가 이루어지기 전에 만남이 이루어져야 한다고 했다. 교실은 만남을 위해 정서적으로 안전하고 어떤 질문도 자유롭게 던질 수 있는 허용적인 공간이 되어야 한다. 그리기 위해서 자신을 표현하고 서로를 잘 알 수 있도록 다양한 방법과 기회를 제공하는 장이 되어야 한다. 바람직한 조해리의 창에서 보듯이 소통과 대화의 시간을 통해 학급에서 자기 공개 (self-disclosure)를 장려하고 친구들과의 피드백을 통해 공개 영역을 크게 확장할 수 있을 때, 자존감과 소속감이 커지면서 신뢰가 가는 학급 자치가 시작될 수 있다.

이렇게 학생들이 자존감, 신뢰감, 소속감을 가진 학급 분위기를 조성하고 진정한 학급 자치를 이루기 위해서 어떤 공통된 방법을 적용하고 있을까?

조종례 시간 일상의 기적: 따뜻해야 산다!

대부분의 학교는 아침 시간에 방송실에서 전체적으로 안전교육 영상을 틀거나 인성교육 관련 영상을 보여준다. 제한되어 있는 창의적 체험활동 시수에 법령으로 정해진 의무 교육을 운영하기 위해서 짜투리 시간을 활용하는 절박한 상황을 이해 못하는 것은 아니다. 하지만 학생들에게 이러한 시간은 민주적 시민성과 거리가 먼 경험, 즉 주체성을 잃고 엎드려 잠을 청해도 되는 방관자로서의 경험으로 전락하고 만다.

교사들은 조종례 시간을 활용하여 짧지만 지속적인 만남을 통해 학급 친구들과 일상의 소소함을 나눌 수 있도록 관계를 형성할 수 있다. 오늘 최고의 순간, 오늘 배운 한 가지 소개하기, 오늘 가장 후회하는 일, 친구들에게 하고 싶은 말과 같은 질문을 돌아가며 일상적으로 나눈다. 분단별 번개 기법(1~2초의 짧은 시간에 떠오르는 생각을 말하고 넘어가는 말하기 기법)이나 풍선이나 공(공이 떨어지는 자리의 학생 주변 4명 말하기)을 활용하여 놀이 속에서 발표할 수도 있다. 또는 학급 이름 짓기, 학급 마스코트 만들기를 통해 소속감을 높일 수도 있으며, '오늘을 다시 살 수 있다면 꼭 하고 싶은 것'과 같은 질문을 통해 자신의 감정과 삶을 돌아보고 친구들의 감정을 긍정적으로 수용하며 공감하는 활동으로 학교와 자신들의 삶을 연결하도록 안내한다.

지속적인 공동체 활동: 이어져야 산다!

담임교사는 학급에서 1/n이다. 학급 학생들이 제안하고 기획하는 공동체 활동을 학기 초에 계획한다. 생일 파티, 월별 이벤트 데이, 모둠 단합 프로그램, 학급 미니 체육대회, 학기별 단합대회 등 다양한 프로그램을 함께 계획해서 정한 후, 학급 부서와 학급 운영 위원회를 통해 협력적으로 추진한다. 교사 주도로 학급이 착한 일을 할 때마다 주는 칭찬 스티커, 사탕, 초콜릿 등 보상을 통한 통제적 공동체는 교사를 지치게 하기 쉬우며 지속가능하기 힘들다. 왜냐하면 학생 한 사람의 삶이 공동체 안에서 공유되지 않고 교사만 쳐다보는 학급이 될 수 있기 때문이다. 교사 주도로 도덕적인 지향점을 정하고 이끌기 때문에 대화와 타협의 민주적 시민성보다 순종하는 모범생만 기를 수 있다. 사이좋은 도덕적 화합도 중요한 가치이지만, 서로를 인정하고, 주체적으로 대화나 타협을 통해 기획부터 진행, 평가까지 스스로 할 수 있는 경험의 장이 필요하다. 억지로 꾸며지는 공동체가 되지 않으려면 담임이 가지고 있는 '통제 시선'을 버리면 된다. 담임의 역할은 학급 운영이 아니라 학급 자치를 위한 환경을 조성하는 일이다. 학급의 1/N으로서 학생의 눈높이로 공동체에 들어가면 된다. 학급 공동체를 위해 희생하는 활동이 아닌 학급 학생들과 이어지면서 수평적 대화를 통해 존중과 배려, 실천과 연대의 가치를 경험하고, 학급 안에서 민주적 시민성을 신장하게 될 것이다.

학급 생활협약: 금지하면 더하고 이해하면 조절한다

친구들끼리 갈등이 있으면 그 친구들 돕기 회의를 요청해요. 그리고는 둥그렇게 앉아요. 담임 선생님도 같이 앉아요. 친구들의 이야기를 함께 듣고 우리가 의견을 돌아가면서 내요(초등학교 학생).[3]

학급과 복도에 껌과 가래가 늘상 있어요. 아이들과 치우고 치워

---

3. 서지연. 학교자치 연구를 위한 FGI 인터뷰. 경기도교육청. 2018. 4. 16.

도 맨 날 생겨나요. 발견하고 잔소리하고 치워도 계속 반복되더라고요. 그래서 이우학교 선생님이 하신 방법을 써봤어요. 조회시간에 아이들에게 "내가 정말 의미 있는 작품을 보여줄게!"하며 화면을 띄웠어요. 화면에는 우리 반 바닥에 붙어 있는 껌 2~3개 사진들 … "이 작품이 의미하는 것이 무엇일까? 이 학생의 마음을 이야기해 보자"라고 운을 띄우고 해당 학생들의 마음을 읽어 보도록 했어요. 귀찮음과 습관의 문제부터 시작해서 교실에 휴지가 없는 불편함, 껌도 자유롭게 씹지 못하게 금지하는 학교문화 등에 대한 이야기가 나왔어요. 모든 행동에는 이유가 있더라고요. 휴지 없는 우리 반 환경의 불편함에 대해서도 알게 되었고요. 또 자연스럽게 다른 사람에 대한 배려와 존중에 대해 이야기를 나누며 문서상의 규칙이 아니라 실제 주체적으로 대화를 통해 깨닫고 정하는 규칙을 만들게 되었어요(중학교 교사).[4]

학급에서 '하지 마!'라는 강제적인 금지가 넘치면 오히려 문제행동이 더 많아지고, 신뢰를 보내면 학생들은 함께 조절하려고 노력한다. 하지만 대부분의 교사는 학생들을 기다려주기 어렵다. 상황은 충분히 이해되나 통제와 금지하는 행위로 학생들에게 도덕적 시민성이 길러지지 않는다. 카리스마 넘치는 담임 아래에서 학생들은 문제 해결자가 있어서 편한 면이 있을 수 있지만, 자율성

---

4. OO중학교 전문적학습공동체 학교자치 토론회(2018. 11. 30.)

이 결여된 생활 속에서 스트레스와 억눌림이 나타나며 이 과정에서 시민성은 결핍된다. 시간이 걸리고 미숙할지라도 학생들을 기다려주면 회의와 토론을 통해 자율성을 키우며 약속을 지키려고 노력하는 모습을 보인다. 교사는 학생들이 여러 다양한 입장을 듣고 토론하며 숙의 민주주의 과정을 경험하도록 장을 마련하고 기다려주면 된다.

단, 주의해야 할 중요한 것은 학급 학생들이 서로를 일일이 감시하며 협약을 이행하는지 점검하고자 하는 감시 체제를 만들고자 하는 목적이 아니라는 점이다. 학급에서의 문제를 인식하고 함께 고민하며 조절하고자 하는 협력적 시민 체제를 지향하므로 학급 생활협약 취지와 지향점을 공유하도록 한다. 또한 공동체의 이름으로 "무조건 따르라!"라는 강요보다는 다른 의견에 대해 서로 챙겨주는 문화가 조성될 수 있도록 노력한다. 파머 파커는 《가르칠 수 있는 용기》에서 가르침의 공간은 침묵과 언어를 동시에 환영하는 공간, 고독을 지지하며 동시에 소속감을 부여하는 공간이라고 했다. 꼭 공통된 의견을 도출하려고 노력하지 않아도 된다. 강제적인 합의 대신 투명하게 서로 인정해주는 시도를 지속적으로 늘리는 것이 중요하다.

협력적 체험학습: 학생이 기획한다!

　최근 지방자치단체의 교육 투자가 활발해지고, 혁신지구사업이 활성화되고 자유학기제가 확장되는 등의 영향으로 학생들은 많은 종류의 학교 밖 체험학습을 경험하고 있다.

　　수업 안 하고 체험학습을 가는 것은 부담 없고 좋죠. 근데 어떤 때
　　는 어디로 가는지도 몰랐다가 버스에 탄 후 알게 된 경우도 있었
　　어요. 그런 체험학습은 금방 한 번 쓱 보고, 휴게실에서 앉아 친구
　　들과 수다를 떠는 경우가 많죠(중학교 자유학년제 학생).
　　……
　　우리 학교는 6년간 진로 체험학습을 잡 월드로만 갔어요. 수학여
　　행도 없었고요. 저는 이런 학교를 얼른 졸업하고 싶어요(초등학교
　　학생).[5]

　다른 사람에 의해 계획된 일정을 무의식적으로 따라다니는 체험학습은 교육적 효과가 떨어진다. 민주시민교육이 잘 이루어지는 학교에서는 양적인 체험학습보다는 학생들이 주체적으로 수업 시간이나 자치 시간을 활용하여 기획하고, 구체적 장소와 일정을 결정하는 체험학습을 더 중시하고 있었다. 체험학습 평가를 포함

---

5. 교육정책디자인 네트워크 학교자치 토론회(2018. 10. 10.)

하여 전 과정에 학생들이 주체성을 가지고 참여할 수 있도록 학생의 의사를 적극 반영하여 추진하는 방식으로 주체성을 확산하고자 노력하였다.

교사에게 체험학습은 하나부터 열까지 너무 힘든 업무일 수 있다. 체험학습과 관련된 안전 매뉴얼만 펼쳐 보아도 그 단계가 너무 복잡하고 끔찍하다. 하지만 고정관념과 교사 편의주의 때문에 학생 의사가 제대로 반영되지 않는 체험학습이 진행되면 교육적 효과보다는 수동적이고 강제적인 관습만 배우고 올 수 있다.

이전에 다녀온 체험학습과 중복될 경우에는 학생들의 동기가 전혀 발생하지 않는다. 학생들의 의사와 상관없이 결정되는 여행이 아닌 학생들의 욕구와 흥미를 유발하고 교육적 효과와 만족도를 이끌어낼 수 있도록 학생이 주체가 되는 장을 만들어야 한다.

아이들에게 먼저 길을 묻기

학교에 대해 자유롭게 이야기하는 분위기이기는 해요. 하지만 학생 자치회에 속한 학생들에게만 권한이 주어진 것 같아요. 대토론회, 축제 기획, 교장 선생님과의 간담회 등을 통해 자신의 의견을 이야기하고 학교에 반영할 수 있지만 평범한 아이들은 좀 다르죠. 왜 학생회는 하나만 존재하나요? 우리와 같은 평범한 아이들을 대변하는 학생회도 있었으면 좋겠어요(중학교 학생).[8]

이처럼 학생 중 대표성을 가진 학생 자치회 학생들만 하는 학생 자치가 일반적인 학교 모습이다. 학생회 임원들 외에는 다른 학생들은 흥미가 없거나 제대로 전달받지 못해 관심을 가질 기회 자체가 부족한 상황이다. 게다가 대표성을 가진 학생 자치회 임원이 안건을 결정하더라도 어른의 허락을 받아야 하며, 학생회 담당 선생님의 '좀 생각해보자'라는 말 한마디에 포기할 수밖에 없는 것이 현실이다. 이런 반복되는 과정 속에서 학교 운영과 교육과정 편성에 학생의 목소리는 점차 들리지 않게 된다.

학생이 주체화된 학교에서 학생회는 학생에게 우선 물어본다. 우리가 어디로 갈지 적극적으로 의견을 제시하지 않으면, 학교는 더 이상 묻지 않은 채 대신 결정할 것이므로 우리를 위한 목소리를 내야 한다는 시민의식을 가지고 있다. 학교는 전체 학생의 의견을 수용하고 이끌어나갈 수 있는 정책을 기획하고 제시하고자 노력한다. 교사들의 기대와 눈높이를 고려하는 것보다는 다른 학생들 의견에 중점을 두고 있으며 자신들의 의견이 채택되었을 때 책임지는 부분까지도 고려하여 행동하고자 한다.

다음은 대표적인 혁신학교의 학생회 조직 구성에 대한 모식도이다. 대의원이 학급회에서 나온 건의 사항들을 수렴하여 학생회에 전달하면, 학생회 회장단은 교직원 회의에 참여하여 충분히 안건에 대해 논의를 하며 바람직한 합의의 과정을 거친다. 안건

---

6. 서지연. 학교자치 연구를 위한 FGI 인터뷰. 경기도교육청, 2018. 4. 16.

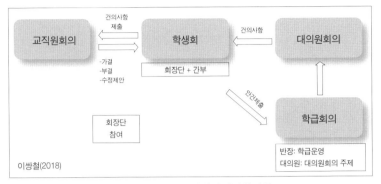

[그림 8] 학생회를 통한 학생 의견 참여 구조

에 따라 [그림 8]과 같은 과정이 수없이 반복될 수도 있다. 의사결정 과정이 오래 걸리고 다양한 갈등으로 쉽지 않은 과정일 수 있으나 학생들은 이 과정에서 시민으로서 민주주의를 배우고 있다. 이러한 학생 참여 구조를 가진 학교에서 볼 수 있는 특징은 무엇일까?

교육 활동을 학생이 주도해요!

2월에 신학기를 맞이하여 전교사가 모두 모여 신학기 업무 발표부터 학교 비전에 맞는 교육 활동을 정하는 연수를 진행하는데요. 학생회 임원들이 전교사 앞에서 우리 학교 학생들이 바라는 교사상, 우리가 좋아하는 동아리 활동, 함께 하고 싶은 체험 활동에 대한 바램을 PPT로 소개하였어요. 올해 학생회에서 추진하고자 하는 계획도 연수했고요. 선생님들 앞에서 떨리긴 하는데요. 준비하면서 학생회 활동에 대해 다시 한 번 책임감을 느끼기도 하고, 학생 대표로서 선생님들께 존중받는 느낌이 드니까 뿌듯했어요(중학교 학생).[7]

매달 한 번씩 하는 교직원 회의에 학생회 임원이 항상 참여하여 의견을 제안하고 토론하는 과정 이외에도 교사의 전문적 학습 공동체 시간에 교사가 잘 이해하지 못하는 학생 심리 이해 연수나 학생들의 요구 사항과 희망에 대해 공유하는 연수를 진행하기도 하는 모습을 보였다. 단순히 안내뿐만 아니라 주요 건의 사항을 공유하고 그 자리에서 교사들과 함께 실행 가능한 사항들을 결정하기도 하였다. 또한 창의적 체험활동의 범교과 주제에서도 연수를 진행하기도 하였다. 외부 강사를 불러 방송실에서 영상을 트는 것보다 학생들이 직접 만든 프레젠테이션 자료나 동영상이 학생들의 흥미나 몰입도를 더욱 높일 수 있어 교육적 효과가 높았다. 이것은 학생 주도의 교육 활동으로 연계되는 모습을 보였다.

《90년대생이 온다》에서 '변한 것은 세대가 아니라 시대'라며 이 시대는 위로가 필요한 게 아니라 그들의 입장에 대한 이해와 지지가 필요하다고 했다. 학생들의 축약된 언어와 그들이 열광하는 병맛(어이없는 유희)을 도저히 이해하기 힘든 만큼 그들의 문화가 빠

---

7. 서지연. 학교자치 연구를 위한 FGI 인터뷰. 경기도교육청, 2018. 4. 16.

르게 변하고 있다. 우리 교사도 그들을 이해하기 위해 함께 변화하고 있을까?

진지한 모범생을 진지충으로 만들어 버리는 기본 문법의 파괴와 뒤집기와 유희의 공간인 SNS, 그리고 드립과 허세, 솔직함의 문화를 이해하려면 전문가인 학생들이 교사를 대상으로 교육을 하면 좋을 것이다. 청소년을 대상으로 바라보는 시선을 거두고 그들을 선생님으로 받아들여 보면 어떨까? 학생이라는 존재에 대한 의미를 솔직하게 나누고 대화하는 공간을 마련해보자. 서로의 차이를 발견하고 새로운 학생의 존재에 대한 개념을 세울 수 있다. 또한 교육과정 운영에서 창의적 체험활동의 범교과 영역 수업 시, 이벤트적인 일회성 강사를 통한 방송 수업보다는 해당 주제에 관심 있는 학생 강의단을 통해 학생 눈높이에 맞게 토론한다거나 진솔한 학생 사례를 통한 강의로 더 좋은 교육적 효과가 나타날 수도 있다. 이를 통해 학교 주체로서 존중받을 수 있는 권리를 획득할 수 있으며 자신들을 이해하고자 노력하는 교사들의 진지한 협력을 통해 시민성은 신장될 수 있다.

학생을 위한 민주적 공간을 만들어요!

1962년 학교 표준설계도에 의해 지어진 건물에 2018년 학생들이 살고 있다. 학교의 주인은 학생이라는데, 교사에게 있는 휴게

실이 학생에겐 허락되지 않고, 자유롭게 사용할 수 없는 공간들이 학교 여기저기 많다. 혹여 비행의 장소가 되지 않을까 굳게 잠긴 자물쇠가 학교에는 가득하다. 대부분의 특별실은 교사의 허락 없이는 자유롭게 드나들 수 없다. 교실 배치를 다 끝낸 후 남는 교실을 학생 자치 공간으로 배정한다던지, 학생을 위한 공간을 기획한다는데 학생의 의견은 물어보지도 않고, 학교 사정에 따라 정해버리는 일이 비일비재하다.

하지만 학교에서 학생들이 느끼는 공간의 문제점을 조사하고 인식하여 개선하는 노력과 도전들도 나타나고 있다. 프로젝트 이름은 학교별로 다르지만 학교에서 생활하는 학생들을 존중하는

[그림 9] 학생 친화적 공간- 간디학교

[그림 10] 학생 친화적 공간 - 가정중학교

[그림 11] 학생 중심 소그룹 룸- 간디학교

[그림 12] 자유로운 공간 - 간디학교

의미를 담고 있으며, 학생 주도의 학교운영이라는 의미를 담고 있다. 학교의 구조 때문에 환기가 잘 안 되고 일조량이 부족한 부분 개선, 중앙 현관의 경직성과 학생 문화와 동떨어진 학교 공간 구조를 개선하고자 하는 학생 자치회 중심의 노력이 나타나고 있다. 일제강점기 교육의 잔재인 구령대를 아이들이 놀 수 있는 공간으로 전환하고자 하는 학교, 칸막이 있는 교실이 아닌 오픈 스페이스 교실, 아이들이 좋아하는 다락방 도서관, 아이들이 원하는 운동장 등 학생들이 민주적으로 공간 주권을 가지려는 움직임이 나타나고 있다. 공간에 대한 의미를 교육 공동체가 함께 공유하고 학생들의 적극적 참여를 이끌어내어 목적에 맞게 공간을 바꾸려는 노력이 나타나고 있다.

학생 인권 규제하는 규정의 개정

　학생 자치회 중심으로 학생들의 인권을 규제하고 학교생활에 불편함을 주는 규정에 대한 개정의 노력이 많이 나타나고 있다. 하지만 학생의 실내화, 헤어스타일, 복장에 대한 규정을 두고 협의하는 것이 진정 협의할 사항일까? 민주시민교육이 잘 이루어지는 학교에서는 이것이 교육학 어디에도 나오지 않는, 한국 학교에만 존재하는 비인권적인 통제 상황임을 인식하고, 비정상적인 통제에 대한 정상화를 학생들과 함께 고민해야 하는 모습이 나타났다.

학교에서 기존의 금지 위주의 서술, 즉 '~을 하지 않는다'보다는 '~를 한다'는 책무성을 강조하는 규칙을 제정하고자 노력하고 있으며 이 과정에서 학생들의 인권 감수성이 신장되고 있었다. 물론 학생들이 학교 규정이 없어진 것처럼 행동하기도 하고 교사와 학부모들은 학생들과 신경전을 벌이기도 하며 우려의 목소리가 나오기도 한다. 이럴 때 학생 인권만 주장하지 않고 대토론회를 통해 교사, 학부모 즉 학교 3주체 모두 적용하는 학칙을 구성하여 권리와 책임을 함께하고자 노력하는 모습이 나타났다. 이는 학생인권조례 이후 나타나는 학생 인권과 교권의 대결 구도에서 비뚤어진 관계를 회복하고자 하는 노력이며 학교 공동체의 구성원으로서의 회복적 만남을 위한 노력을 의미한다.

교사도 1/n이 되는 자치회의(다모임)

어떤 학교에는 학생과 교사, 교장이 1/n로 동등하게 참여하는 회의 모임이 있다. 교장 선생님이 제안한 안건에 대해 학생들은 거부권을 행사하기도 하며 이러한 과정에서 학생의 주체성은 존중받게 된다.

> 선생님들도 많지만 학생들이 더 많아요. 학교에서 생활하면서 불편함에 대해 공유하고 새로운 변화나 의문을 가지죠. 결국 우리가

움직이지 않으면 학교는 바뀌지 않는다고 생각해요(중학교 학생).[8]

교사에 의한 처벌 위주의 학교 제도에서 벗어나 공동의 비전을 가지고 학생들이 주체가 되는 정기적인 회의를 통해 학생들의 학교생활은 삶이 공유되는 공간이 되며 공동체로서 기능하게 된다. 다모임은 전교생이 모이기도 하고 학년별로 모이기도 하는 등 다양한 모습으로 나타나며 사안에 따라 같은 주제로 여러 번 모이기도 하고, 반별이 아니라 다른 반과 섞여 모둠을 만들어 토론하기도 한다. 민주주의가 소수의 탁월함에 대한 저항이란 의미를 가지고 있으므로, 소수의 학생 자치회 임원들이 다모임의 회의를 이끌지 않고, 다수에게 기회를 주며 돌아가면서 진행하기도 한다. 민주시민교육이 잘 이루어지는 학교에서는 이러한 다모임을 운영하기 위해서 학생 자치를 위한 시간과 공간, 예산의 확보가 중요하다. 그리고 무엇보다 다모임과 같은 숙의 민주주의 경험에 대한 가치를 높게 평가하는 철학이 교육 공동체에 공유되고 있었다.

다양한 방법 활용을 통한 전교생과의 소통 노력

전체 학생들, 또는 전 학년이 모이는 다모임 회의를 주기적으로

---

8. 강원도 ○○중학교 방문 후 학생 인터뷰(2018. 5. 30.)

한다 해도 인원수가 많으므로 학생의 일상적인 작은 목소리는 외면될 수 있다. 누가 학생을 대신해서 오늘의 시민으로 만들어 주지 않으므로 학생 모두의 목소리와 마음을 읽고 함께 행동하기 위해서 다양한 소통 방식을 고민해야 한다. 학교 공동체를 이루는 모든 구성원들은 학생들이 자주 접하는 SNS를 통한 소통, 학생 눈높이에 맞는 학교 게시판을 통한 소통을 위해 노력해야 한다.

> 오늘 수업에서 우리가 나이가 어리다고 너무 당연하게 반말을 하시고, 거친 욕을 하셨어요. 보통 때는 괜찮은데 서로 감정이 상해 있는데 그러시니 너무 싫더라고요. 선생님들도 학부모를 대하듯이 우리의 이야기를 끝까지 들어주셨으면 좋겠어요(고등학교 학생).[9]

> 유튜브에 짧은 영상을 만들어서 올리고 퍼 날랐어요. 영상은 링크로 금방 퍼져요. 유튜브에서 유명한 '교복입원프로젝트'를 패러디해서 우리 학교 교복을 적용해봤죠. 7~8세의 아동복과 우리 교복 블라우스와 비교했고요(중학교 학생).[10]

이러한 사례들은 학생 자치회 페이스북에 올라온 글로 '좋아요'

---

9. 〈학교 자율과 자치 실현을 위한 교원능력개발평가 개선방안〉, 경기도교육연구원, 2018.
10. 서지연. 학교자치 연구를 위한 FGI 인터뷰. 경기도교육청. 2018. 4. 16.

를 200개 이상 받으며 학생들의 댓글이 끝없이 이어졌던 게시물이다. 학생들의 삶에서 선생님들의 반말과 거친 언어 사용, 교복에 대한 불편함은 매일 겪는 일이지만 공식적인 자리에서 누구도 불편함과 괴로움을 말하지 않았다. 하지만 학생들이 삶과 이어진 SNS에서는 자유롭게 그들의 생각을 공유한다. 이 과정을 통해 듀이가 말한 사회적 행복에 대한 민감성을 기를 수 있다. 학생 자치회 페이스북을 뜨겁게 달군 해당 글은 학생들의 여론이 되고 이는 학생 자치회를 통해 학교 3주체가 지키는 학교 생활 규칙이나 학교 교육과정 운영에 반영된다.

지역 학생들과 연대하는 참여 활동

'학교는 바뀌지 않는다! 당신이 행동하지 않는다면!'은 청소년 인권행동 아나수로의 유명한 홍보 문구이다. 학교의 뿌리 깊은 권위주의적 관행과 학생을 미성숙한 교육의 대상으로 보는 교사 중심의 문화로 학생들의 주체성이 쉽게 존중되지 않는다. 또한 학생들의 머리카락 같은 학생 인권 문제는 성인들에게 사소하고 중요하지 않은 문제로 치부된다.

하지만 민주시민교육이 잘 되는 학교들은 우물 안의 개구리에서 벗어나, 주변 학교 학생들, 지역사회 전문가, 지역 시민단체 등과 함께 문제를 고민하고 행동하는 모습이 나타난다. 지역 학생들의 네트워크를 조직하여 정기적으로 만나고, 학교의 우수 사례를 공유하거나, 지역 문제를 토론하고 교류하고, 온오프라인으로 연결된 조직을 통해 자신의 학교 문제뿐만 아니라 지역사회, 국가의 문제에 대해 학생들의 의견을 공유하고 토론하기도 한다. 우리 지역의 블랙 교칙 찾기, 학교 교복을 편한 교복으로 바꾸기, 학교에서 불평등한 성차별 찾기 등의 활동을 통해 사례를 모으고 지역 공동 캠페인을 하기도 한다. 또한 사회 이슈나 세계 이슈에 대해 지역 학생들과 연대함으로써 지역 학교 간 공동 행동을 실천하기도 하였다.

> 지금처럼 청소년들이 입시 때문에 고통 받고, 청소년 자살률이 아무리 높아도 다 무시하잖아요. 청소년은 정당 가입도 자기 마음대로 못하고, 심지어 선거 운동도 마음대로 못해요. 이런 것들을 바꿀 수 있는 것이 청소년 참정권 보장이라고 생각해요(촛불청소년 인권법제정연대 김정민 학생).[11]

이 학생은 청소년 참정권 보장을 위해 국회 정문 앞에서 머리를 빡빡 깎았다. 학생들이 이렇게 간절하다는 것을 시민사회와 정부에게 알리기 위해서이다. 이와 같이 학생이 행동하지 않으면 사회가 변하지 않는다는 생각을 실천한 사례를 온-오프라인으로 공유

---

11. 단비뉴스. 자퇴·삭발 불사하고 '인권'찾아 전진. 2018. 7. 29. http://www.danbinews.com/news/articleView.html?idxno=10568

하고 자신의 학교뿐만 아니라 주변 지역 학교와 연대하여 함께 청소년 참정권에 관심을 가지자는 캠페인을 진행한 학교의 활동도 좋은 사례이다.

학교 민주주의가 성숙한 대표적인 혁신학교의 수업, 학급 자치, 학생 자치의 특징을 살펴보았다. 그 과정이 실패와 좌절로 가득하고 지난하고 평화롭지 않은 과정으로 상처투성이일지라도 학생이 주체가 되어 교사, 학부모와 함께 만들어가는 학교 공동체를 지향하는 노력의 과정임에는 분명하다. 이 과정에서 하나는 분명하다. 함께 살아가고 있는 현실을 직시하고 함께 바꾸는 과정에서 교사와 학생들은 진정한 동료가 되며 이 경험은 진정한 시민교육의 길이 된다. 혁신학교나 민주적인 학교에서 학교 민주주의를 경험한 교사나 학생은 그 전으로 되돌아갈 수 없다. 교육부와 시도교육청에서 추진하는, 가르치고 계몽하는 민주시민교육과는 다르다. 학교 민주주의를 경험한 교사와 학생이 자신이 경험한 진정한 시민교육의 길을 따라 실천하고 있으며 이러한 움직임은 계속되고 있다.

04

지속가능한
학생 사회를 지향하다!

학생 사회[12]는 가능할까?

조희연 서울시 교육감은 '학생을 시민으로, 학교를 시민 사회로'
라는 목표로 민주시민교육을 추진하고 있다. 이는 학생이 생활하
는 공간에서 학생의 삶을 중심으로 정책을 시행하고, 지금까지 행
정 관료제의 말단으로서 시키는 대로 이행하는 학교가 아니라 3
주체와 지역사회가 함께 민주적으로 운영하는 학교를 만들겠다는
의지이다. 하지만 전통적인 근대교육이 한국 사회에 너무 강고하
게 뿌리 박혀 있고 승진 구조나 인사 분야에서 이해관계가 첨예하
게 얽혀 있어 교육개혁의 내용은 문서로만 존재할 뿐, 변화가 지
지부진하다. 교육정책은 5년이 멀다 하고 쉽게 바뀌고 정책의 여

---

12. 교육공동체벗, 《가장 민주적인, 가장 교육적인》, 2017.

파는 곧바로 학교에 영향을 미치지만 참정권이 없는 학생은 자신을 대상으로 하는 정책에 대해서 어떠한 영향력도 행사하지 못한다. 그저 불만도 가지지 말고 시키는 대로 할 수밖에 없는 존재, 시민으로서의 권리가 없다는 점에서 학생은 가장 소외된 사회적 약자이다. 교육이란 명분으로 정치적 발언을 자유롭게 못하는 교사 또한 마찬가지 상황이다.

왜 학생 자치회는 하나만 존재해요?

학생 자치회만으로는 대다수 학생들의 민의를 대변하지 못한다. 선출로 만들어진 맨 위의 조직이 아니라 학교에서 생각이 비슷한 학생끼리 모여 학생 인권 관련 책을 읽거나 다양한 사례를 공부하여 이를 공유하고 실천으로 옮기는 다양한 조직이 필요하다. 단지 학생회만 있는 것이 아니라 학교의 소식을 전하고 학생의 목소리를 내는 언론 활동을 하는 학생들의 조직, 학생들의 인권을 개선하기 위해 활동을 하는 동아리, 학생회나 교사의 행동에 대해 비판적으로 대안을 요구하는 모임 등이 여기에 해당된다. 교사들의 말할 권리만 보장되어온 학교 신문이 아니라 학교에 대한 비판적 시각을 자유롭게 표현하고 학생들의 알 권리를 말할 수 있는 학생 언론이 필요하다. 현재 학교에는 학생들의 의견을 자유롭게 붙일 수 있는 공간도 없을 뿐더러 불만이 있어도 학생 자치회로 의견을 수렴하여 연대할 수 있는 루트도 사실상 없다.

학생 언론을 통해 평소에 부당하다고 느꼈던 학교의 제도와 관행들에 대해 자유롭게 표현하고, 교사의 검열 없이 자유롭게 게시할 수 있어야 한다. 그리고 온오프라인에서 학생 언론을 활용해서 학생 눈높이에 맞는 학교 혁신 활동 같은 민주주의 경험이 필요하다. 이를 통해 학교가 학생 사회와 교류하며 진정한 시민사회로 변화하게 된다. 자신의 의견을 학교 곳곳에 붙이고 문제가 생겼을 때 함께 모여 그 문제에 대해 해결책을 토론하며, 학교 3주체가 자유롭게 만나 의견을 나눌 수 있는 성숙한 학생 사회를 만들어갈 수 있도록 지원해야 한다.

학생 자치는 임원이어야 할 수 있나요?

학급의 임원과 학생 자치회 임원을 모두 합해도 전교 학생들의 5%도 되지 않는다. 소수의 아이들만 학생 자치회에 주어지는 시간, 공간, 예산의 권리를 누리고 있다. 지역 교육청과 연계되어 운영되는 지역 학생의회와 같은 활동에도 학생 자치회 임원들이 참여할 수 있는 권한을 누리며 소수 인원이 민주시민교육의 이름으로 막대한 예산의 혜택을 받고 있다. 대다수의 학생들은 학교 운영의 의사결정에서 배제되며 의견을 내고 싶어도 발언권이 없어 위축되어 있는 상황이다.

학기별 학급회장을 투표하는 제도 대신에 학생들을 모둠으로 나누고 순번으로 정해진 각 모둠의 팀장들이 모여 학급운영 문제나 학급에서 일어나는 다양한 문제들에 대하여 의사결정을 하는 방법을 활용하는 것은 어떨까? 아테네의 직접 민주정치에서 나타나듯이 부족하더라도 임원을 맡을 기회를 돌아가면서 가지는 것, 또는 추첨으로 임원의 기회를 주는 것은 학교의 주인이라는 주체성과 책임감, 그리고 시민성을 상당한 수준으로 높여줄 것임에 틀림없다. 민주시민교육은 학생의 주체화 과정이다. 타율적으로 정해진 주어진 질서와 관계로부터 벗어나 학교의 주인으로 주체화되는 지름길이 될 수 있다.

학생 자치 활성화가 학생 자치회 활성화인가요?

우리 학교 학생 자치회의 활동은 아주 다양해요. 대부분의 크고 작은 학교행사를 진행하고요. 지난주에는 소방 훈련도 학생회 주체로 했어요. 연예인처럼 진행도 잘하고 참 대견합니다. 하지만 아이들에게 보이는 학생회는 또 다른가 봅니다. 보통 학생은 학생 자치회실에 들어갈 수도 없고 프린터를 함께 사용할 수도 없으며, 맨 날 피자 먹고 치킨 먹는 것을 부러워만 하고 있더라고요. 학생들의 의견을 수렴하는 역할보다 행사 진행자의 역할, 또 하나의 교사의 역할이라고 할까요?(○○중학교 교사)[13]

학교자치 흐름에서 학생들에게 학생 자치회라는 권력이 또 하나 생긴 것일까? 다수의 학부모나 학생의 의견을 듣기보다 교사로부터 위임된 권력을 통해 자신의 의견을 강요하거나 의사결정 과정 없이 마음대로 정하려 하는 모습이 나타나기도 한다. 진정한 학생 자치는 학생 자치회뿐만 아니라 다양한 학생들의 의견이 언론의 형태로 여기저기 분출되고 공유되는 것이다.

이러한 모습은 아직은 대부분의 학교에서 볼 수 없다. 민주시민교육이 잘 되고 있다는 혁신학교에서도 찾아보기 힘들다. 학생 자치의 의미가 학생 자치회를 의미하지 않는다. 현재 많은 혁신학교에서 나타나고 있는 학생 자치는, 일부 학생들에 한해서 학생 자치회를 통해 학교행사 진행이나 학교 운영에 대해 모니터하는 정도이다. 학생이 학생들을 대상화하는 교육이나 교사가 짜놓은 판에 꼭두각시처럼 움직이는 학생 자치회의 모습은 학생 자치를 가장한 것일 뿐이다. 진정한 민주적, 수평적 문화와 의사결정 시스템을 위해서는 수많은 다양한 의견이 조율될 수 있도록 관계를 보장하는 방안이 필요해 보인다.

---

13. 교육정책디자인네트워크 학교자치 토론회 2018. 10. 10.

대토론회,
생활협약을 함께 만들면 학생 자치가 실현된 것일까요?

> 우리 반의 학급 평화 규칙, 생활협약을 만들기 위해 학생들은 모
> 둠별 토의를 통해 다양한 규칙들을 만들어 냈어요. 그중에 학급
> 친구들의 적극적 지지를 얻은 5가지의 꼭 지켜야 할 것과 하지 말
> 아야 할 규칙을 결정했어요. 손재주가 남다른 몇몇 친구들이 모여
> 학급 게시판에 붙일 평화 규칙 게시물도 만들었죠. 그리고 이후
> 학급 평화 규칙은 학생들의 관심 밖으로 밀려나 버립니다(경기도
> 교육청, 2018).

　교육자치, 학교자치가 화두가 되면서 학교 대토론회, 생활협약
만들기가 유행처럼 번지고 있으며, 민주적인 학교문화의 잣대가
되기라도 하는 것처럼 필수 교육 활동으로 자리 잡고 있다. 하지
만 학교 권력 속에서 학생의 자기결정권이 보장이 되어 있지 않은
상황에서 교사나 일부 학생들이 지식과 힘의 우위에 있게 된다.
이에 따라 일방적이고 강제적으로 실행되는 활동은 학생 자치가
아니라 일회성 행사일 뿐이다. 학생 자치의 이름으로 가장된 학생
에 대한 통제가 나타나고 있는 것이다.
　학생들의 삶의 공간인 학교와 교실에서 학생 과 학생, 학생과
교사의 권력 관계에 대해 지속적인 대화를 통해 성찰하고, 학생
생활과 수업을 바라보자. 권위를 내려놓고 수평적인 관계가 조성

되어 학교생활과 수업 속에서 학생들이 존중받으며 협력을 통해 스스로 문제를 해결하고 배움을 만들어 나간다면 민주주의 경험과 실천을 통해 학생들에게 한 시민으로서 갖추어야 할 시민성을 획득하게 될 것이다.

학생 자치가 활성화되면 민주시민교육이 완성될까요?

학생 자치는 다양한 참여가 존재하는 공간으로 학생 시민의 자유로운 의견이 존중되는 체험터이다. 하지만 학생 자치가 활발하다고 해서 무조건 민주적 시민성이 길러지는 것이 아니다. 학생 자치 과정에서 새로운 권력이 발생하고 학생회와 비학생회와의 갈등, 상급 학년과 하급 학년과의 갈등 등이 끊임없이 존재한다. 특히 상급 학년의 위엄은 교사보다 권위보다 높을 때가 있다. 학교운영을 민주적으로 학생 자치로만 이끈다고 해서 민주시민교육이 잘 되는 학교가 아닌 것이다.

학생 자치 속에서 소수의 권력이 지배하는 것을 막기 위해서라도 교사, 학부모, 학생 3주체의 대화와 균형 잡기가 필요다며 학생 사회에서도 소수의 학생 권력이 나타나지 않도록 자발적이고 주체적인 학생 조직들이 모여서 학교나 사회문제에 대해 토론하는 정치 과정을 끊임없이 만들어야 한다. 이를 통해 건강하고 민주적인 학생 사회를 만들 수 있다.

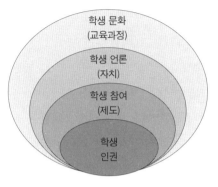

홍윤기, 정용주(2017)

[그림 13] 학생 사회의 기초와 발전 모식도

공부를 잘하든 못하든, 학생회 임원이든 아니든, 고학년이든 저학년이든, 학교에서 학생들이 정치의 주체로 참여할 수 있는 분위기 조성이 필요하다. 여러 학생 조직이 유연하게 결합된 학생 사회는 관료적 조직과 교사 사회에 의해 억눌린 학생 전체를 대변하며, 학교의 주체로서 학생과의 관계 방식의 변화, 학생들의 삶을 중심으로 한 학교운영을 추구한다. 즉, 학교 자체가 학생 시민의 광장이 되는 것! 이것이 학생 사회의 지향점이다.

누구나 자치 역량은 가지고 있다. 학생들도, 교사, 학부모도 그렇다. 그렇게 역량을 실현할 수 있는 민주적 관계를 맺을 수 있는 문화, 환경을 조성하는 것이 중요하다. 학급 자치, 학생 자치, 학교자치를 위한 민주적 역량을 펼칠 수 있는 환경을 조성하고 학교 주체로서 자존감을 신장할 수 있도록 문화가 조성되어야 한다. 우리에겐 학생 자치 역량이 없는 것이 아니라 학생 자치 경험이 없을 뿐이다. 좋은 의도로 시작된 자치의 도전이 실패로 끝나더라도, 혼란과 갈등으로 내상을 입더라도 교사와 학생 모두가 행복한 교육 공동체를 꿈꾸며 함께 사는 학생 자치를 통해 경험하는 과정에서 교사도, 학부모도, 그리고 우리의 학생들도 진정한 주체로 성장할 수 있을 것이다.

경기도교육청(2018). 교실 속 민주주의. 교육공감 학교, 5호.

김성천 외(2018). 학교 자치. 서울 : 즐거운학교.

넬 나딩스(2018). 논쟁 수업으로 시작하는 민주시민교육. 서울 : 풀빛.

이쌍철(2018). 민주시민교육을 위한 학교운영 방안 연구. 진천 : 한국교육개발원.

임재일 외(2019). 청소년 시민교육을 위한 시민교육과정 개발. 서울 : 노무현재단.

장은주(2017). 시민교육이 희망이다. 한국 민주시민교육의 철학과 실천모델. 서울 : 도서
출판 피어나.

정찬호(2015). 공부동행. 서울 : 서해문집

조세핀 킴(2014). 교실 속 자존감. 서울 : 비전과리더십

홍성수(2018). 말이 칼이 될 때. 서울 : 어크로스

201동모임(2019). 모두가 행복한 교육공동체를 꿈꾸다. 서울 : 빈빈책방

홍윤기, 정용주(2017). 가장 민주적인, 가장 교육적인. 서울 : 교육공동체벗

민주시민교육,
지역사회와 만나다!

학교에서 배웠던 것들이 사회에서 통하지 않으면 어떨까? 장차 학생들이 살아가야 할 사회는 여러 사람들이 저마다 다른 관점으로 살아가고 자신들의 이익을 위해 치열하게 투쟁하고 서로의 삶이 복합적으로 얽혀 있는 공간이다. 학생들은 문제가 발생하면 학교에서 배운 것처럼 민주적으로 의견을 모으고 합리적인 방법으로 문제를 해결하기 위해 노력할 테지만 현실은 그리 녹록치 않을 것이다. 이 장에서는 학교 시민교육이 왜 지역사회와 만나야 하는지, 지역사회 안에서의 시민교육이 극복해야 할 과제들은 무엇인지, 그럼에도 지역사회 안에서 학생들은 어떻게 시민으로 성장해 나갈 수 있는지에 대해 살펴보려 한다.

01

··

학교 시민교육이
지역사회와 만나야 하는 이유

'마을을 위한 교육(learning for community)'은 학생들이 지역 사회 발전의 훌륭한 자원이 될 수 있도록 미래 진로 역량을 키워주는 활동이다. 그 지역사회가 가지고 있는 환경적 기반을 근거로 하는 문화, 자원, 사회, 경제 등의 학습은 학생들의 진로교육을 이루고 자연스러운 관심을 유발한다. 마을을 위한 교육을 통해 학생들은 자신의 삶의 터전, 이웃과 공동체를 위하여 할 수 있는 일들을 고민하게 되고, 이러한 고민과 배움의 결과는 그 지역공동체의 지속 가능한 발전을 위한 초석이 된다(서용선, 2016).

아마도 지금의 많은 학생들이 사회의 구성원으로 본격적인 활동을 시작하게 될 때 즈음에는, 본인이 배웠던 내용과 현실 세계와의 큰 차이만을 실감한 채 사회에 적응하기 위한 방법들은 현장에서 완전히 새롭게 배워야 할지도 모른다. 학생들이 학교나 학교

밖에서 다양한 방식으로 경험하고 있는 민주주의는 어쩌면 어른들이 만들어 놓은 울타리 안에서만 작동하는 것일지도 모르기 때문이다. 따라서 학생들이 장차 성장하여 온전한 시민으로 이 사회에 첫발을 내딛기 위해서 학교교육에서 배운 내용들은 현실과 연계되어 미리 경험해 볼 필요가 있다. 그렇다면 학생들이 안전하게 시민사회를 경험할 수 있는 곳은 어디일까? 학생들이 친숙함을 느끼고 있으며, 비판적으로 문제점을 도출하여 개선하기 위해 관심을 가질 수 있는 곳은 어디일까? 그러한 공간이 바로 학생들의 삶의 터전인 지역사회이다. 따라서 학생들은 자신의 지역사회를 통하여 자신이 학습한 것들을 경험하며 체화할 필요가 있으며, 이를 위해서 학교 시민교육은 지역사회와 분리되어 논의될 수 없다. 물론 학교교육 활동 안에서도 시민으로서의 경험을 제공할 수 있다. 그러나 이는 한계가 명확하다.

학교 민주시민교육만으로 시민교육은 충분하다?

> Kymlica(1996)도 학교는 단순히 민주주의를 '체험'하는 곳이 아닌 민주적 삶의 양식을 체득하는 가장 기본적인 삶의 공간이 되어야 한다고 주장하였는데, 이는 학생이 학교에서 어떠한 경험을 하는지가 민주시민교육에서 매우 중요한 요소로 작용하기 때문이다 (장은주·심성보·박영재, 2016: 33 재인용).

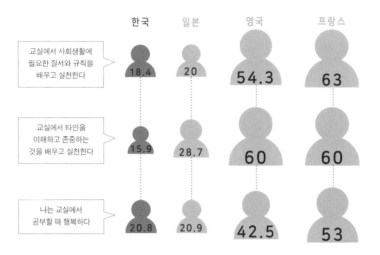

[그림 1] 시민의식 안 가르치는 한국교육 단위: %

	한국	일본	영국	프랑스
교실에서 사회생활에 필요한 질서와 규칙을 배우고 실천한다	18.4	20	54.3	63
교실에서 타인을 이해하고 존중하는 것을 배우고 실천한다	15.9	28.7	60	60
나는 교실에서 공부할 때 행복하다	20.8	20.9	42.5	53

*4개국 초등학생 2349명 대상으로 한 설문조사(2007년)에서 각 질문에 "그렇다"고 대답한 학생의 비율
자료:한국교육과정평가원 https://news.jtbc.joins.com/article/ArticlePrint.aspx?news_id=NB10703665

시민교육에서 학교의 개념은 학생들의 삶에서 가장 많은 시간을 보내는 물리적 공간으로서 다양성 존중, 자율, 참여와 책임, 준법, 갈등 조정, 인권 등 민주적 삶의 방식을 학습하고 경험하는 공간이다. 더욱이 학교의 분위기와 가정환경과 같은 사회문화적 영향력들은 학생들의 참여와 시민의식에 영향을 미친다(이쌍철, 2018). 이런 맥락에서 본다면 학교에서 시민으로서의 경험은 제한적일 수밖에 없다. 학생회 중심의 참여 활동이나 학교의 의사결정 과정에서 참여는 학생들의 의견을 반영해야 한다는 공감대 형성과 학생들도 의견을 건의하거나 행사를 운영하는 부분이 많기 때문에 합리적인 방향으로 타협이나 결론이 날 가능성이 높다. 하지

만 실제 마을이나 사회에서의 의견 충돌이나 갈등 상황에서는 문제가 쉽게 해결되지 않는 경우가 많다.

물론, 입시를 빌미로 통제와 제재의 방식으로 학교를 지배해왔던 시절에서 벗어나 학생들이 학교의 의사결정에 참여할 수 있는 것만으로도 시민교육이 많이 실현되었다라고 생각할 수 있다. 그러나 학교교육에서 제공하는 참여의 기회들은 다소 입시나 소위 좋은 직장에 들어가기 위한 하나의 스펙으로만 여겨지고 있다. 학생회에 참여하거나 학교의 다양한 행사나 의사결정에 참여하는 학생들은 일반적으로 리더십이 높거나 목표한 바가 뚜렷한 '소수의' 우수한 학생들인 경우가 많다. 학교교육에서 시민교육은 소수의 인원만을 위해 필요한 것이 아니다. 모든 학생들이 참여하는 방식을 배우고 여러 가지 갈등 상황을 합의하고 협력적으로 해결하는 경험을 해야 한다.

그러나 학교에는 학교나 학급의 일에 전혀 무관심하고 스스로 자신의 권리를 포기하는 학생들이 많다. 과연 이들이 성장해서 사회로 첫발을 디딜 때 어떤 준비가 되어 있을 것이며 이들을 위해 과연 누가 시민적 역량을 높여줄 수 있는가?

2016년 시행된 국제시민교육연구(International Civic and Citizenship Education Study: ICCS) 결과에 따르면, 한국 학생의 시민 지식 수준은 조사 대상 24개국 가운데 상위권에 속하였으나, 학교 밖 시민 참여(정당이나 정치단체 가입, 지역사회 자원봉사단체 가입, 특정 이슈를 캠페인하는 청소년단체 가입) 수준과 시민 기관(정당, 정부, 타인 등)에 대한 신뢰 수준은 낮은 것으로 나타났다(장근영 외, 2017). 강영혜 외(2011)의 연구에서도 시민적 지식 수준은 높은 것으로 조사되었지만, 사회·정치적 문제에 대한 참여 수준은 상당히 낮은 것으로 나타나 아는 것과 실천하는 것 간에 괴리가 큰 것으로 보고되고 있다. 결국 시민으로서 갖추어야 하는 내용을 아는 것과 시민으로 살아가는 것이 다르다는 의미일 것이다. 이를 위해서 학교에서 배운 것과 실제의 삶이 일치할 수 있도록 "마을교육공동체"가 현재 교육정책의 중요한 화두로 떠오르고 있다.

지역사회와 연계한 학교 시민교육은 학생들에게 시민으로서의 판단 역량, 사회적 실천 역량, 시민의식을 성장시킬 수 있는 실제적인 동력을 제공할 수 있다.

02

지역사회 안에서 시민교육이
극복해야 하는 과제

…… 학교가 마을에 열리면 금상첨화다. 지금까지 학교는 지역에서 접근하기 어려운 치외법권지대(?)와도 같은 곳이었다. 제 집 앞 골목조차 차들로 점령당한 형편에 그나마 아이들이 놀 수 있는 유일한 장소인 학교 운동장은 거의 접근 불가였다. 학교 선생님들은 대체로 다른 지역에 사시는 분들이었다. 학교가 마을에 연결되면 좋겠다. 그리 오래지 않은 예전에 학교가 마을 놀이터이고 운동장이었다. 학교 운동회는 마을의 큰 잔치였다. 선생님은 마을의 어른이자 유지였다. 마을에 중요한 행사가 있거나 함께 결정해야 할 대소사가 있는 경우 항시 선생님이 초대되고 선생님의 의견이 존중되었다. 마을살이의 이모저모가 학교 안에서 교육과정으로 공유되고, 아이들이 마을 이곳저곳을 누비고 다니며 동네 어른을 만나 마을 내력을 배우면 좋겠다. 학교 선생님들도 마을에 나와 동네 주민들과 마을 일을 의논하고, 주민들이 학교 수업이나 방과

후 활동에 참여하면 좋겠다. 그래서 마을과 학교가 이어지고, 학교가 그야말로 동네의 중심이 되면 좋겠다.

유창복, 《도시에서 행복한 마을은 가능한가》, 휴머니스트, 2014

모호한 개념의 '마을'

요즘 지역사회 중심의 교육 현장에서 마을이라는 단어가 유행처럼 사용되고 있다. 지역사회의 특성이나 규모에 상관없이 '마을'이나 '동네'라는 단어를 빼고는 교육을 논하기 어려울 정도이다. 시군 단위 지명 뒤에 마을을 붙이거나 때로는 도 단위 사업에서도 심심치 않게 마을이라는 단어가 붙어있다. 물론, 마을이라는 단어는 '정이 흐르는 따뜻한 마을'이나 '살고 싶은 마을'과 같은 표현에서 사용되는 것처럼 왠지 따뜻하고 정감이 넘치는 느낌이 든다.

그러나 도시화되고 지역적·물리적 경계가 모호해진, 지금 우리가 살고 있는 공간들을 이런 관점에서 마을이라고 부를 수 있을까? 고층의 아파트가 밀집되어 지역과 다세대 주택으로 이뤄진 마을, 구도시와 신도시에 위치한 마을, 수도권의 인구밀도가 높은 지역과 지방 소도시의 인구밀도가 낮은 마을, 이처럼 규모나 특성 또한 천차만별이기에 마을을 정의하는 것은 쉽지 않다(주영경, 2018). 특히, 인구가 초밀집되어 있는 대도시나 신도시의 경우 마을이라고 소박하게 부르기엔 어려움이 있다. '마을'이라는 단어가

이토록 여기저기에 남용되고 있는 이유는 과거의 아름다웠던 이웃과 정겨운 추억을 그리워하기 때문은 아닐까?

"한 아이를 키우는 데 온 마을이 필요하다"라는 속담은 이미 아프리카보다 우리나라에서 더 많이 사용되는 느낌이다. 학생들이 온전한 시민으로 성장하기 위한 '마을'은 무엇이어야 하는가? 마을에 대한 물리적, 공간적인 합의가 사회적으로 필요하며, 아이들은 마을에서 누구와 무엇을 경험할 수 있을지 알 수 있어야 한다. 교육적 측면에서 어떻게 구성된 공간에서 시작해야 할지, 이는 실제 시민사회에서 생활과 어떻게 연결 지을 수 있는지에 대해서도 구체적인 논의들이 선행되어야 한다.

구성원들의 지역사회에 대한 애착 부재

지역사회는 우리가 생각하는 것처럼 함께 협력하는 따뜻한 마을의 역할을 할 수 있을까? 학생들은 자신의 지역사회가 평생의 터전으로 인식하며 애착을 갖고 있는가? 지역사회의 구성원들은 한 아이를 키우기 위해 정성을 쏟을 만큼 관심이 있는가? 교육 여건이 좋고 경제적으로 좋은 지역은 모르겠지만, 우리나라에서는 자녀의 대학입시에 조금 더 도움이 된다면 언제든지 주거지를 옮길 각오가 되어 있는 부모들이 많다. 학생들 역시 '인 서울'을 목표로 내가 살던 동네에서 학교를 다니고 직장을 얻고, 자녀를 낳고 노년을 살아가는 것을 의아하게 생각한다. 최근 들어 저출산·고령화로 인해 인구절벽 문제가 심화되어 인구 10만[1] 명이 무너지고 있는 중소 도시들의 문제라고 하지만 여기서 더 큰 문제는 일할 여력이 있는 젊은 세대가 자신이 태어난 마을을 벗어나 수도권으로 몰리고, 이로 인해 수도권을 제외한 지역의 청년 인구가 점점 줄고 있다는 것이다.

성공하는 것이 서울로 가서 대기업에 취직하는 것이고 자녀 세대를 위해서라면 어떻게든 수도권으로 이사할 준비가 된 사람들에게 지역의 정주 의식은 어찌 보면 순진한 생각일지 모른다. 마을에 대한 애착과 공동체 의식이 사라져가는 상황에서 마을 문제를 해결하고 다양한 사회참여를 통해 우리 마을을 좀 더 좋은 마을로 바꿔보자는 것은 삶을 그 지역에서 마무리할 어르신들에게나 해당되는 말일지 모른다. 물론, 부모님이나 선생님의 영향을 받아 마을 행사나 축제 등을 적극적으로 기획하고 참여하는 청소년들이 있을 수도 있다. 하지만 많은 학생들의 경우, 마을 활동이 본인의 스펙이나 생활기록부에 기재가 되지 않는다면 관심이 떨어질 거라 이야기하고 있다. 초등학교나 중학교는 대부분 거주지를 중심으로 학교가 배치되어 학생의 생활권과 거주지가 유사하지만 적극적인 시민성을 기반으로 다양한 자치활동에 참여해야 할 고등학생들은 진로와 학구에 따라 생활권과 거주지가 일치하

---

1. 한국경제, "인구 10만 명을 사수하라"… 초비상 걸린 중소도시들. 2019. 3. 19. hankyung.com/economy/article/2019031875051

지 않을 수도 있다. 다른 동네에서 학교를 다니는 학생들이 굳이 남의 동네 문제에 발 벗고 나서지만 정작 자신의 동네에는 무관심한, 애매한 상황이 발생할 수 있다. 상황이 이런데 민주시민교육을 이야기할 수 있는 여지가 있겠는가?

마지막으로 학교와는 관련이 없지만 지역에서 삶을 가꾸고 생업을 이어나가는 지역 주민들이다. 지역 주민들 중 일부는 사실 자녀들이 그 마을에서 학교를 다니는 것도 아니고 그 동네에서 사는 것도 아니고 단지 생업을 그 마을에서 일구고 있을 뿐이다. 그리고 마을교육은 매우 생소한 개념이고 교육이란 주제는 자신들이 신경 써야 할 우선순위에서 밀리고 있는 상황이다. 지역 주민들은 그 어떤 구호보다 삶이 우선이다. 결국, 다양한 시민 주체가 한 마을에서 살거나 생활하고 있지만 왜 우리가 함께해야 하는지, 마을교육공동체를 통한 시민교육이 왜 필요한지를 이해하지 못하는 것이 현재의 상황이라 할 수 있다.

마을교육공동체의 학생에 대한, 신뢰와 책무성 부족

앞서 살펴본 것처럼 양질의 교육 서비스와 쾌적한 주거환경을 위해 살기 위한 주거지와 경제활동 등을 위한 생활권은 이미 분리되어 있다. 즉, 과거에는 사는 마을과 활동하는 마을이 동일했다면, 현재에는 사는 마을과 활동하는 마을이 전혀 다르기도 하다.

그럼에도 최근에 마을 교육이 강조되면서, 마을에 있는 다양한 자원과 관계망들이 아이들의 성장을 돕는 데 직간접적으로 기여할 수 있다는 막연한 기대 아래 다양한 마을교육공동체가 만들어지고 있다.

마을교육공동체는 "함께 키우고, 배움터가 되고, 주인이 되는 것(김용련, 2014)"으로 정의해 볼 수 있다. 즉, 마을교육공동체는 지역 주민이나 학생들이 마을에서의 여러 가지 행사를 기획하고 참여하는 것처럼 마을 일에 참여하는 경험을 통해 학생들이 시민으로 성장할 수 있도록 권한과 책임을 공동으로 가지는 것이라 할 수 있다. 이를 위해서 마을에서는 학생들이 안전하고 편안하게 시민이 될 수 있도록 어른들이 교육협동조합을 만들어 아이들의 교육, 복지, 생활 등에 관해 참여할 수 있도록 하고 있다.

그러나 상당수의 마을교육공동체들이 학생들을 주체적으로 성

[그림2] 경기도 시흥시 장곡동 주민자치 프로그램 공개모집 플랜카드

장할 수 있는 협력적 관계가 아닌 단지 교육의 대상으로만 여기고 있다. 그렇기 때문에 학생들은 소위 생각 있는 어른들에 의해서 만들어진 프로그램이나 잘 짜여진 체계 안에서 시민으로서의 경험을 하게 되고, 이 과정에서 이를 계획한 어른들 관점에서 바람직한 방향을 이상적인 모습이라고 생각하도록 강요받게 되기도 한다. 사회 활동의 참여 경험은 개인의 자유의지에 따른 참여 과정을 보장해야 하며, 이를 통해서 학생들이 올바른 판단과 인식을 할 수 있도록 성장할 수 있다는 믿음을 주기에는 아직 부족하다.

뿐만 아니라, 마을교육공동체 운영이 현재 공모 사업들을 중심으로 하고 있다는 것에도 문제가 있다. 물론, 일부 시도에서 진행되는 공모형 주민자치 프로그램은 오랜 시간 마을에서 씨앗을 뿌리고 많은 사람들의 참여로 진행되고 있는 우수한 모델(예: 경기도 시흥시 장곡동 마을교육자치회)도 있다. 그러나 마을교육공동체가 사업 중심으로 흘러갈 경우 학생들은 성과를 내기 위해 필요한 존재로 전락할 수밖에 없다. 왜냐하면, 공모 사업은 예산을 지원 받기 위해 사전에 사업 계획서를 내고, 그 계획대로 진행하였는지 각종 증빙서류들을 제출해야 한다. 결국 문서 작업만으로 사업의 완성도를 평가하게 되는데, 학생들이 민주적 절차나 활동을 경험할 수 있도록 헌신적인 교육 활동을 진행할 경우, 오히려 필요한 여러 가지 서류나 절차를 놓치게 되고, 결과적으로 다음 연도에 동일 사업에 공모 신청을 할 경우 제외될 가능성이 높아지게 된다. 이런 현상들로 인하여, 우리가 바라는 민주시민교육은 마을의 공동체 안에서 부딪치고 좌절하고 다시 일어서는 과정인 것인데, 결국 가시적인 성과를 낼 수 있는 것들로 정형화되고 획일화된 프로그램들만 살아남게 되어, 시민으로서의 참여 기회는 제한된다.

시민교육에서 가장 중요한 핵심은 시민으로서의 참여 경험이다. 따라서 학생들에게 가장 필요한 것은 어른들이 만들어 놓은 교육의 장에서 사회가 바라는 방식으로 생활의 기술을 익히는 것이 아니라 다양한 문제들 속에서, 공동체 안에서 협력하고 참여하면서 '세상을 살아가는 힘'을 기를 수 있는 경험을 지원받는 것이다.

학생 주도적 마을 활동 참여가 제한적

학생들이 실제 마을 활동에 참여할 수 있는 부분은 매우 제한적이다. 대부분의 마을교육공동체는 학교나 교육청 주도로 이루어지고 있으며 학생들의 안전과 행정상의 이유로 학생들 주도로 이뤄지는 학교 밖 마을 자치는 손에 꼽을 정도다.

특히, 우리나라에서는 다음에 제시된, 앤더슨의 '의사결정 과정'(Andersson, 2018)으로 살펴본다면 학교 밖 자치나 시민 참여를 교사 주도의 건의형이나 협의형을 주로 볼 수 있다. 물론 점차 학생 주도로 변화하고 있지만 실제로 우리가 지향해야 하는 독립형으로 갈 수 있을지는 의문이다.

통보형 (Informed)	건의형 (Voiced)	협의형 (Concerted)	교사 지원형 (Supportive)	독립형 (Independent)
→	⇄	← →	← · · · →	○
운영과 관련한 의사결정 권한을 교사가 전적으로 가지며, 학생은 결정된 사항을 통보받고 그에 따르는 형태로 학생이 참여하는 유형	학생이 불편 사항, 개선사항 등을 학교에 건의하면 학생의 건의를 받아들일지 여부를 교사 간 협의를 거쳐 결정하는 유형	교사와 학생이 주어진 의제에 대해 상호소통을 통해 의사결정을 하고, 그 결과에 대해 공동으로 책임을 지는 참여 유형	학생이 주도적으로 의사결정 권한을 행사하지만, 학생의 요청 등이 있을 때에 한해 교사의 지원이 주어지는 형태의 학생 참여 유형	교사의 참여가 완전히 배제된 상황에서 학생 스스로가 의사결정을 하는 학생 참여 유형

교사 주도   학생 주도

또한 학생들은 적극적으로 지역사회나 마을의 다양한 공동체 활동에 참여하고 공익을 위한 다양한 부분에 참여하기 위해서, 정규 교육과정 외에 바쁜 시간을 쪼개 자신의 시간과 에너지를 투자해야 하는 어려움이 있다. 실제로 서울연구원의 〈서울시 청소년 참여 실태와 청소년참여 활성화 추진전략〉[2]을 살펴보면 서울시 청소년 기구 참여 비율은 1.7%로 극소수에 그치고 있으며, 청소년 기구 참여 경험이 있는 청소년도 2~3% 수준에 불과하다. 청소년들의 사회·정치적 참여는 청소년 개인의 잠재력 발달과 사회성 향상뿐만 아니라 민주시민 육성, 취약 청소년 포용 등 사회적으로

---

2. http://www.newstomato.com/ReadNews.aspx?no=881103

도 요구되고 있지만 실제 청소년들의 참여는 매우 낮다.

UN 등 국제기구에서도 청소년의 기본권을 강조하며, 청소년 참여 확대를 권고하고 있지만 실제 이를 실현하기 위해서는 다양한 합의가 필요하다. 또한 마을공동체를 활성화시키기 위해서는 기존에 학교에서 해왔던 다양한 의사결정의 경험을 마을의 서로 다른 학생들과 지역 주민, 공동체의 여러 구성원들과 함께 진행해야 하는데, 이때 서로의 이익이 충돌하고 민주적인 의사결정을 위해 많은 시간과 노력이 필요한 것도 사실이다.

민-관-학의 부실한 협력 관계

이질적 집단이 서로 만나서 일을 함께 한다는 것은 보통 어려운 일이 아니다. 일하는 방식이나 절차가 다르고 사용하는 용어나 예산이 다르면 도대체가 저 사람들은 무슨 일을 하며 무엇을 하는지 알 수가 없는 경우가 많다. 물론 제대로 된 통합의 시너지는 이질적인 것들 사이에서 나온다고 하지만 민-관-학, 마을-교육청-시청 - 학교가 함께하는 것은 넘어야 할 산이 한두 개가 아니다. 마을교육공동체에 속해 있는 수많은 구성원들은 굳이 '마을교육'을 말하고 서로 함께해야 하는지에 대해 의문을 품고 있는데, 심지어 각자 가지고 있는 가치와 비전마저 다르다. 현재 하고 있는 여러 가지 일들도 벅찬데 다른 영역의 일을 고민하고 전혀 상관도 없는 이질적인 집단의 사람들과 토론하고 논쟁하는 데 많은 에너지를 소진한다. 도대체 정체불명의 '마을교육'이나 '민주시민교육'이 무엇인가 하는 시작점에서 한발자국도 나아가지 못하거나 의견의 합의를 이루지 못해 서로 다른 개념 차이를 좁히지 못하고 자리가 마무리되는 경우가 부지기수다.

경기도교육청은 마을교육을 '마을을 통한, 마을에 관한, 마을을 위한 교육'이라고 규정한 바 있다. 지역사회의 인적, 문화적, 환경적, 역사적 자산을 적극 활용하고, 학생들이 마을에 대해 배우며, 그 결과 마을의 삶을 고민하게 만들겠다는 것이다. 이러한 구상에는 이를 통해 학생들을 건강한 '민주시민'으로 길러낼 수 있고 학교와 지역사회가 함께 노력해야 한다는 의미가 전제되어 있다.

문제는 시민교육에 대한 각자의 접근 방법이나 관점이 매우 상이하다는 것이다. 학교가 교사의 입장에서 마을을 바라보는 관점은 교사의 수업에서 부족한 부분을 마을의 물적·인적 자원을 써서 수업에 적극적으로 마을을 가져오면 나중에 아이들이 마을을 위한 삶을 살게 될 것이며 수업에서도 효과성을 높일 수 있다고 생각하는 것이다. 교사들에게 마을의 주민이나 마을이라는 공간과 환경은 수업을 위한 훌륭한 수업 자료인 것이다. 물론 학교자치 활동이나 교과 활동 등을 통해 민주시민교육이 어느 정도 이뤄지고 있음을 전제하면서 말이다. 결국, 민주시민교육이든, 마을교육이든 학교 중심으로 교육의 목표를 달성하기 위해 지역사회와 협력하는 것이 일반적이다.

공공기관을 대표하는 주민센터(동사무소), 구청이나 시청은 어떨까? 본래 설립 목적이 시민들의 생활과 문화나 복지와 같은 삶 전반에 대한 행정을 맡아보는 것이 주 임무이다. 교육과는 그 출발점이 맞닿아 있지 않다. 시장의 공약이나 철학, 정책 등이 많아 어쩔 수 없이 업무를 수행하는 과정에서 교육을 끌어들일 수밖에 없다. 그래서 할 수 있는 방법이 교육청과 협력하여 일정 부분의 교육예산을 학교 현장까지 갈 수 있게 지원하는 것이 최선일 수도 있다. 간혹 시흥이나 오산과 같이 교육 분야에 특별한 관심을 가지고 시청과 교육청이 협력하는 부분도 있지만 이는 지극히 드물며 수많은 공무원과 교사, 지역사회 주민들이 수년간 치열하게 논쟁하고 설득한 결과라 할 수 있다.

그렇다면 교육지원청은 어떤가? 시 단위의 공공기관인 시청은 파트너십을 유지할 수 있는 기관인 시 교육청과 위계가 맞지 않아 도교육청과 MOU를 체결하고 간단한 업무조차도 매우 복잡하게 처리해야 하는 절차를 해결해야 한다. 시청에서 지원을 해주고 싶어도 여러 가지로 엮여 있는 법적 문제들로 인해 허울뿐인 협약에 그치는 경우도 많다. 또한 시 교육청에서는 넘쳐나는 민원과 업무 때문에 시청과 협력하고 업무를 공유하는 것이 불가능하다. 결국, 교육청은 명분을 제공하고 시청은 예산을 지원하는 분화된 이중적인 업무 방식을 미봉책으로 만들어 낼 수밖에 없는 실정이다. 이러한 어려움 속에서 교육청이 민주시민교육을 주도하는 것은 불가능에 가깝다. 교육부나 도교육청 부서에 민주시민교육과가 생긴 것이 근래임을 감안한다면 민주시민교육을 위해 교육청과 지역사회, 학교가 협력하는 것은 유례없는 시도가 될 수도 있다. 물론 몽실학교나 꿈의학교가 이런 시도들을 지속적으로 실천해왔지만 이는 혁신교육을 앞세운 경기도 일부에서 교육청-학교-지역사회의 협력이 잘 이뤄진 일부의 성공에 지나지 않다.

구성원들의 약한 시민의식

> 그 사람이 마을 활동에 참여하는 이유는 하나예요. 자기가 하고 있는 일에 도움이 되기 때문이죠. 그리고 그 주변에 그 일을 지원하는 사람들이 견고하게 보호막을 쌓고 있기 때문에 다른 사람들이 들어가는 것도 여간 쉬운 일이 아니에요. 하지만 더 문제는 그 사람들이 이 마을 사람들이 아니라는 거예요. 예전에 자기가 살던 마을에서 여러 가지 문제로 마찰을 빚자 그 마을에 폭탄을 던지고 떠난 사람이거든요. 언제든 자기 마음에 들지 않으면 마을을 망가뜨리고 가차 없이 떠날 수 있다는 게 문제죠.[3]

아파트 엘리베이터를 보면 아파트 관리와 관련한 시민들의 참여를 요청하는 경우가 있다. 하지만 많은 경우, 주민들의 무관심

---

3. 경기도 시흥시 마을활동가 정경 인터뷰 중. 마을교육공동체 컨퍼런스. 2018.

으로 곤란을 겪는 경우가 많다. 또한 마을의 지속적 발전과 협력을 위한 주민 자치나 주민참여예산 사업에서도 소수의 시민 참여와 전시 행정으로 몸살을 겪는 경우가 많다. 주민들의 역량 강화를 위한 학습이나 공부 모임에도 생계와 연관이 되지 않는 경우라면 사람들이 오지 않아 파리를 날리는 경우가 허다하다.

상황이 이렇다 보니 마을공동체에 참여하는 활동가들의 일부는 자신의 사익과 영리를 위해 마을 일에 참여하는 경우가 있고 이때 내부 갈등에 의한 고발이 아니면, 마을공동체의 운영과 관련한 여러 가지 사항을 모니터할 수 있는 방법이 마땅치 않다. 물론 이렇게 부조리한 마을 활동가들은 극소수라 생각한다. 하지만 이들이 마을 활동에 참여할 경우, 다른 마을 활동가나 지역 주민들이 입는 피해, 다시 마을교육공동체를 살리기 위해 드는 시간과 노력은 상상을 초월한다. 이미 실망하고 상처 입은 지역 주민들을 다시 끌어들이는 것은 헤어진 연인의 마음을 다시 되돌리는 것만큼 어렵다. "한 아이를 키우기 위해 한 마을이 필요하다는 것"과 대조적으로 "한 마을을 망가뜨리기 위해서는 한 명이면 충분하다"는 생각이 든다.

이론상으로는 좋은 활동가들에게서는 그들의 삶을 배우고, 그렇지 않은 활동가들은 '반면교사' 삼아 그들의 삶을 피해가면 된다고 생각하겠지만 실제로 경계가 모호한 인간관계에서 일부의 사람으로 인해 공동체가 입는 상처는 매우 클 수도 있다. 그럼에도 불구하고 중요한 것은 이러한 부분도 학생들이 참여를 통해 배워

나가야 하는 부분이라는 것이다. 학교를 넘어 실제적인 시민의식을 배울 수 있는 공간인 마을로 삶의 영역을 넓혀야 살아있는 민주시민교육을 경험할 수 있다. 마을 안에서 시민의식을 함양하고 함께 살아가는 방법을 배워가는 것이야말로 지금의 청소년들에게 필요한 경험인 것이다. 또한 학생들이 권리를 위한 '참여'와 권리에 따른 '책임'을 균형 있게 함양하고, 이러한 모든 과정 안에 다른 사람을 존중하고 배려하는 마음을 배울 수 있다.

그런데 소위 '시민'이라 자처하는 사람들이나 '시민' 단체들이 범하는 오류 중 하나는 자신들의 권리와 책임을 강조하는 과정에서 실제로 다른 사람들의 권리를 짓밟거나 여러 가지 형태로 폭력을 가하는 경우를 심심하지 않게 볼 수 있다. 마을공동체가 지속되기 어려웠던 이유들을 종합해 보면 결국 시민의식의 부재가 그 원인이 아니었나 싶다. 어쩌면 우리는 마을이나 사회에서 우리 권리를 위한 책임이나 책임을 위한 권리에만 치중한 나머지 그 중심에 꼭 있어야 할 공동체성이나 서로의 다양성을 존중하는 기본 중의 기본을 놓치고 있지 않았을까?

03

학생들은 지역사회를 통하여
어떻게 성장할 수 있는가?

교육을 바꾸려면 사회를, 마을을 바꾸어야 한다. 노동자도, 이주민도, 장애인도, 그리고 청소년도 마을 회의에서 자신들의 목소리를 내고 이를 반영해가는 것이 진정한 민주시민교육이고, 마을교육공동체가 해야 할 일이다. 아이들을 깊은 잠에서 깨어나게 하고 싶다면 땅과 사람, 돈까지도 상품으로 사고팔면서 막대한 부를 쌓아가는 거대한 시장 질서와는 다른 그림을 그려야 한다.[4]

교육의 변화는 마을과 함께해야 완성될 수 있어

학교나 마을이 변화하기 위해 많은 노력이 있었지만 아직도 변화와 혁신을 부르짖는 이유는 그 일이 그만큼 힘들고 어렵기 때문일 것이다. 또한 아무리 노력을 해도 이뤄내기 어려운 것들이 산재해 있고, 설령 일정 목표를 이루었다고 해도 기관장의 정기적인 변화나 실무자들의 이동으로 언제든 과거로 돌아갈 수 있는 위협이 도사리고 있다. 또한 앞으로도 수없이 많은 어려움과 문제 상황, 사람들 간의 갈등이 어떻게 생길지 예측 불가능하다.

그럼에도 불구하고 마을공동체에 학생들과 함께 참여하는 일은 우리에게 숙제가 될 것이다. 촛불혁명이나 온라인 국민청원처럼 우리의 참여가 사회를 조금 더 살기 좋게 바꿔나갈 수 있다는 믿음, 우리도 사회를 바꾸어 낼 수 있다는 자신감을 갖는 일은 그 무엇보다 중요하다. 불확실한 시대에 교실을 넘어 마을이 학생들을 위한 삶의 공간으로 바뀌고, 공공성을 기반으로 우리의 삶이 나아지도록 지역주민들이 적극적으로 노력해야 한다.

하지만 교실에서는 입시에 밀려 정작 중요한 교육들은 뒷전으로 밀리고 있지는 않은지 고민해볼 필요가 있다. 이제까지 우리는 학생들이 보다 더 행복한 삶을 살 수 있도록 성공을 목표로 한 '삶을 위한 교육'에 힘써왔다. 불확실한 미래를 걱정하는 학생들에게 어떻게 살아야 하는지 말하는 것만으로 자신을 좋은 사람이라고 착각하고 살아왔다. 제도권 내에서 다양한 교육 활동을 제공하고 그것도 모자라 학원으로 방과 후 활동으로 아이들을 내몰며 자신을 헌신하고 희생한다고 착각했었다. 그리고 어른들이 생각하는 방식으로 아이들이 자라도록 힘썼으며 어른들의 얘기들을 잘

---

4. 하정호, 마을교육공동체가 주의해야 할 몇 가지, 파일 참조

듣는 아이들은 세상을 살아가는 데 커다란 어려움이 없을 것이라고 믿으며 살아왔었다. 하지만 열심히 노력했어도 가난한 삶을 살아가야 하는 아이들에게, 또는 자본주의의 논리로 돌아가는 세상 속에서 하나의 소모품으로 사용되는 수많은 사람들에게는 심정적 위로 이상이 되지 못한다. 그것은 위선일 뿐, 제대로 된 교육이 아니다.

이제는 '삶에 대한 교육'이 필요하다. 여기에는 자본을 뛰어넘는 철학과 공동체의 신뢰가 있어야 가능하다. 학생들이 성장하는 과정에서 무엇이든 경험하고 만날 수 있으며 안전을 보장할 수 있는 공간이 필요하다. "누구라도, 언제라도 실패할 수 있지만 그 경험을 바탕으로 언제든 다시 도전할 수 있다"는 신뢰의 안전망이 바로 그러한 공간이다. 우리는 이러한 안전망을 단순히 아이들을 유해한 환경으로부터 보호하는 것으로 인식하고 있지만, 시민성을 기반으로 어른이든 아이든 거대 자본에 짓눌리지 않고 더불어 살아가는 사회를 만드는 일, 그 일의 주인이 학생이고, 마을교육공동체가 그러한 삶의 바탕이 된다면, 그것이 진정한 의미의 '사회적 안전망'이 아닐까?

> 어린이와 청소년이 "있는 그대로의 자신인 것, 휴식하여 자신을 되찾는 것, 자유롭게 놀고 활동하는 것, 안심하고 인간관계를 만드는 것"들이 가능한 거점을 시에서 제공해야 한다.
>
> — 일본 가와사키시의 아동인권조례

이제 점점 학교의 개념이 커지고 있다. 우리가 학교라 개념화할 수 있는 공간이 물리적 환경을 넘어 마을로, 지역사회로 뻗어나가고 있다. 아이들을 안전한 공간인 학교에 두고, 온실 속 화초처럼 정제된 프로그램을 제공해서 키우는 것이 아니라 삶의 여러 가지 모습을 지니고 있는 마을 안에서 시간, 공간, 노력을 필요로 하는 민주적 절차를 스스로 경험하면서 자신의 삶의 주인으로 성장해 가는 경험과 연습을 할 수 있는 광의의 학교가 필요하다. 우리는 이러한 보다 넓은 개념의 학교를 마을교육공동체라 볼 수 있을 것이다.

마을교육공동체가 그 역할을 다하고 정상적인 역할을 수행하기 위해서는 또 다른 학교나 프로그램을 만들어 아이들을 가두어 두기보다는 제도권 밖에 아이들이 원하는 활동을 보장해 줄 수 있는 시간과 공간을 만드는 일을 시작해야 한다. 단순히 마을교육공동체가 "시민"을 캐치프레이즈로 내건 프로그램을 운영하는 주체가 되어버리면 '마을', '교육', '공동체', '시민' 중 어느 하나 만족시킬 수 없는, 이익 단체들의 온상이 되는, 허무맹랑한 결과를 낳을 우려가 크다. 마을교육에서 민주시민교육이 필요한 가장 큰 이유는 공간과 사람이 바뀌어도 마을만의 비전과 가치를 지속적으로 이어나갈 수 있는 동력이 바로 시민성이기 때문이다.

민주시민을 길러내는 지역사회

시민 역량은 사회나 국가를 넘어 중요한 의미를 가지고 있다. 개인의 삶을 위협하는 다양한 위험 요소가 증가하고 이를 적절히 대응하는 방식이 국가나 사회의 강력한 통제가 아니라 시민 역량을 지닌 시민 개인에게 점차 무게가 실리고 있는 추세이다. 지역을 넘어 국가 단위의 각종 문제에 대해 여러 관점으로 문제를 분석하고 합리적으로 해결 방안을 실천할 수 있는 역량 제고는 시민성 함양을 통해서만 가능하다. 학교에서 머물렀던 시민교육이 마을로 나가야 하는 이유가 바로 여기에 있다.

학교에서 배운 것을 실천해볼 수 있는 시민교육의 장, 마을로 나가 각양각색의 특징을 가지고 있는 마을공동체에 따라 해결해야 할 다양한 사안을 경험함으로써 따라 시민적 권리의 실현과 공공 영역에서의 문제해결 과정에 적응할 수 있다. 자발적인 사회참여는 소중한 교육적 기회와 경험이 될 것이다.

주체별 시민교육의 내용

가정	학교	마을	사회
부모의 시민성 모방 · 경험	시민교육 학습 · 배움	시민교육 실천 · 내면화	시민으로 함께 살아가기

민주시민 역량은 결국 실천적이고 주도적인 사회참여를 통해서 길러질 수 있다. 마을교육은 결국 마을과 학교의 담장을 없애는 것에서부터 시작하며 각각 분리되어 분절적으로 교육의 역할을 담당하던 교육의 한계를 극복하고 협력적이고 종합적인 차원의 교육을 다시 시작하는 것을 의미할 것이다. 과거 마을의 어른이 모두 선생님이고 부모님이었던 시절, 들판에 나가 농사를 배우고 가정 안팎으로 예절을 배우고 마을 어른들이 아이들을 함께 돌보고 가르치던, 마을에서의 삶 자체가 이미 교육이었던 그 문화를 오늘에 되살리는 것이 마을공동체가 지향해야 할 가치일 수도 있다. 다만 과거와 다르다면 마을의 수많은 어른들이 한 아이를 가르치기 위해 꾸지람을 하거나 낡은 사고를 가르치는 방식이 아니라, 함께 시민으로서 살아가는 방식을 서로 공유해가는 공동체성이 기반이라는 것이다. 단순히 도덕책에 개념적으로 알고 있는 이야기가 아니라 서로를 존중하고 배려하며 함께 더불어 살아갈 때, 진정한 마을교육과 시민교육이 가능해질 것이다. 좋은 일은 서로 권하고 불편한 일들은 해결하기 위해 서로 존중하고 협력하며 어려운 사람들을 도울 수 있는 일들을 경험한다면 이보다 더 좋은 시민학교는 없을 것이다.

　핵가족 시대로 접어들고 경쟁과 물질만능이 우리 사회를 뒤덮고 사상 유래 없는 각박한 사회를 우리는 하루하루 전쟁처럼 살아가고 있다. 메마른 땅에 아이들을 심어 두고 땀과 눈물을 짜내어 키우다 보니 정작 마을에 관심을 가질 여력이 없다. 경쟁이 갈수록 치열해지고 모두가 먹고살기에 바쁘다. 먹고사는 문제가 첨예하게 대립되는 마을에서 '누군가'가 자신을 도와주는 것이 아니라 자기의 생업을 방해하거나 이래라 저래라 훈수를 둔다면? 대부분의 사람들에게 별로 달갑지 않을 것이다. 또한 '시민'이라는 가치를 앞세워 기존에 관습처럼 해오던 것들을 금지하고 변화시켜야 할 상황에 내몰리는 것 또한 반갑지 않을 것이다.

하지만 마을은, 공동체는 본래 그렇게 귀찮은 곳이다. 아이들을 위해 쓰레기나 오수를 거리에 버리지 못하게 하고, 숲을 지키거나 유흥가가 들어서는 것을 막아내고 하는 것이 마을이며 시민인 것이다. 그런데 그런 일에는 관심조차 없으면서 시민교육을 하겠다고 한다면 누가 지지하고 수긍할 수 있을까? 이러한 일들은 단순히 학교에서 배운 것만으로는 완성되지 않는다. '교육'을 중심으로 마을공동체를 만드는 것은, 단순히 학생들과 지역 주민들이 만나 축제를 만들고 지역 행사에 다양하게 참여하는 것이 아닐 것이다.

전북교육청은 학교자치조례를 공포(2019. 3. 23.)하였다. 학교교육의 주체인, 학생, 학부모, 교직원이 함께 학교자치조례를 이해하고, 조례가 안착되어 민주적인 학교문화가 조성되도록 비전과 기회를 제시한 것이다. 이러한 조례들을 시작으로 학교가 공고한 학교 담을 허물고 보다 구체적이고 실천적인 마을자치를 위한 시도를 해보길 권한다. 학교를 넘어 마을자치조례가 공포되면, 교육주체들은 마을에서 일어나는 갖가지 이해관계에도 적극 개입하고 싫은 소리도 들어가면서 마을의 교육 환경을 개선해가야 한다. 그래야 학생들이 배우고 살아갈 마을이 형성될 것이다. 간혹 1회성 행사로 이뤄지는 마을 청소, 벽화 그리기 같은 이런저런 캠페인에 동원되고, 낯선 사람들과 어울려야 한다. 온갖 교육에 불러 다녀야 하는 불편함을 시작으로, 주민센터, 학교, 지역아동센터, 마을의 시민단체, 공공기관, 지역의 청소년들이 모여서 '마을교육자치회'를 구성해보면 어떨까? 마을마다 다른 다양한 문제들, 예를 들면 아이들의 안전이나 놀이터, 우범지대, 유치원 보육 및 돌봄 시스템, 지역 어르신들 문제, 노숙자나 사회취약 계층, 노동 환경에서 발생하는 문제를 적극적으로 협의하고 서로의 삶에 관심을 갖는 노력이 필요하다. 이런 마을이 있어야만 우리 아이들이 조금이라도 더 나은 곳에서 시민으로 성장할 수 있을 것이다.

지역사회에서는 무엇을 경험할 수 있는가?

가정, 학교, 지역사회 등의 학습 환경이 청소년의 인지 및 사회정서 역량 발달에 미치는 영향을 파악하고 이러한 특성이 교육, 노동시장, 건강 수준, 시민 참여 등과 같은 사회 영역의 진보에 미치는 영향(김미숙 외, 2017: 21)을 분석해 보면, 건강한 마을이나 시민사회는 학생들이 시민으로서의 자질을 함양하는 데 얼마나 중요한 역할을 하는지 알 수 있다. 이를 위해 OECD DeSeCo 프로젝트에서는 시민교육에서 강조하는 공감, 소통, 협력 역량의 필요성과 구체적인 내용을 제시한다. 또한 OECD가 추진하고 있는 공동 연구인 ESP(Education and Social Process) 프로젝트에서는, 환경이 사회정서 역량에 어떤 영향을 미치는지 알아보고, 사회정서 필수 역량을 개인, 관계 및 공동체 차원으로 구분하여, 개인 차원의 필수 역량은 비판적 사고력, 창의성으로, 관계 및 공동체 차원의 역량은 협업 능력, 의사소통 능력, 정의적 능력으로 바라보고자 했다. 전 세계적으로 OECD DeSeCo 프로젝트나 ESP 프로젝트의 중요한 전제는 과업의 대부분이 학교를 넘어 지역사회까지를 교육의 장으로 파악하고 있는 것이다. 일반적으로 시민교육과 연관된 주제 영역은 시민들에게 필요한 주제로 나눌 수 있는데, 이는 마을 개념을 확장시키면 보다 더 의미가 명확해진다.

마을 속에서 공동체성을 구현하기 위한 연대와 참여는 복잡한 갈등을 해결할 수 있는 실질적인 해결책이며 통합과 소통, 상생을 이루기 위한 도구적 역할을 할 수 있는 핵심 가치이다. 아울러, 인간의 공동체성을 넘어 인간과 자연의 공생을 위한 생태와 환경에 대한 주제는 세계적인 관심사로서 인류의 생존과 깊이 연관되어 있다. 민주주의에 대한 다양한 지식과 가치 및 태도를 습득한 시민들의 참여를 통해 민주주의 사회가 발전할 수 있는 것은 자명하다. 따라서 시민의 정치적 참여는 민주주의 발전을 위한 시민 자질에 매우 중요한 요소라고 할 수 있으며 마을이나 지역사회는 다양한 정치 참여가 가능할 수 있는 참여와 공론의 장이어야 한다.

결국, 마을공동체는 민주시민교육을 체화하고 연습할 수 있는 공간이어야 한다. 학교를 넘어 광의의 '민주주의'를 만나고, 정부와 시민의 역할을 이해하고 그 안에서 발생할 수 있는 여러 구성원들의 갈등과 문제들을 알아차리고 '공동체' 안에서 서로의 의견을 존중하고 합리적인 방안으로 문제해결의 과정을 익히는 공간이 바로 마을이어야 한다. 이를 통해 학생들은 '나와 다른' 가치와 생각, 비전, 이해관계가 얽혀 있는 다양한 사람들과 '더불어 함께 살아가는' 방식을 배우게 될 것이고, 이것이야말로 민주시민교육의 지향점이 될 것이다.

해외의 지역사회에 존재하는 시민교육 재단

선진국에서는 학교의 민주시민교육뿐만 아니라 지역사회의 시민교육이 활발하게 이뤄지고 있다. 학교에서 할 수 없는 여러 시민교육을 지역사회의 시민교육과 관련한 민간 재단들이 당파를 떠나 바람직한 시민 양성을 위해 노력하고 있다. 하지만 우리나라는 시민교육을 지원할 있는 재단이 손에 꼽을 만한 수준이며, 교육 현장으로 재단이 시민교육을 지원한다고 할 때 정파 싸움에 휘말려 진보와 보수의 대립으로 이어질 우려가 있어 학교는 어떤 상황에서도 중립을 유지해야 하는 상황이다. 그렇기에 대다수의 시민교육은 일반 시민을 대상으로 민주주의 인식, 태도, 행동 역량의 신장을 위해 추진되고 있다. 민주시민교육은 공공기관, 시민단체, 재야단체 등의 다양한 주체에 의해 교육 및 운동의 형태로 지속적으로 이뤄지고 있는 상황이다.

영국에서 공립학교 교사들에게 학생들을 대상으로 시민교육을 잘 실행할 수 있도록 수업 자료를 개발하여 보급하고, 전문가들을 연결해주는 비영리 재단인, 시민교육 재단(Citizenship Foundation)은 우리에게 여러 가지 활동을 시사해준다.

영국의 시민교육재단 역할

1) 학교 교사들이 시민교육을 학생들에게 할 수 있도록 교사들을 교육시키고,
2) 수업에 바로 쓸 수 있는 교재를 개발하여 무료, 유료로 보급하며,
3) 기업과의 파트너십을 통해 전문가들이 수업에 가서 교육을 직접 진행하거나 지원하고,
4) 시민교육이 더욱 널리 퍼지도록 학교, 지역 리더들에게 끊임없는 홍보한다.

특히, 'Go-Givers'라는 사회 활동을 보면, 지역사회에 기여하는 데 필요한 기본적 지식 및 자신감 배양 프로그램을 전문적으로 운영하고 있다. 결국, 학교를 지원하는 시민교육 시스템이 지역사회와 유기적으로 협조되어야만 실제적인 시민교육이 이뤄질 수 있음을 알 수 있다. 전국시민서비스(National Citizen Service, NCS)는 만 15∼17세 잉글랜드 및 북아일랜드 청소년들을 대상으로 운영되며 1년에 세 차례(봄, 여름, 가을) 민주시민교육 프로그램을 진행하고 있는데, 학생들은 이 교육과정을 통하여 새로운 관계망을 형성하고 지역사회 발전에 기여하는 방법을 모색하는 동시에 문제해결 능력을 습

득하게 된다(이종희, 2016). NCS 프로그램은 정규 학기 이외의 기간을 활용해 구성되는데 졸업 시험의 일환으로 중등 과정 자격시험인 GCSE(General Certificate of Secondary Education)에서 요구하는 조건들에 부합하는 요건들로 구성되기 때문에 GCSE는 학생들이 다양한 형태의 능동적 민주시민교육을 이수할 수 있도록 하고 있다.

또한 시민패널 운영은 젊은 층의 정치적 무관심 현상이 확산되면서 이에 대한 지자체 차원의 위기의식을 반영하고 있다. 시민채널은 자체 연합, 'National Youth Agency'등 다양한 단체들과의 협력을 통해 민주시민교육을 증진시키고 있다. 특히 시민 패널의 운영은 실질적이고 지속적인 민주시민교육을 달성하는 데 이바지하고 있다.

이러한 활동들은 학교의 문제 해결이나 의사결정을 위한 자치회를 넘어 학생들이 지역사회의 중심이 되고 지속적인 민주시민교육을 마을과 연대하여 실천할 수 있는 좋은 모델을 제시한다.[5]

민주시민의식으로 바꾸는 지역사회

자신들의 의사나 운영 방식이 공동체에 반영되지 않을 때, 무관심, 권위의 부정, 정치적 효능감 상실 등을 경험하게 된다(Ehman

---

5. 영국의 민주시민교육 사례는 이종희 교수의 블로그 http://blog.never.com/jougheesalon(220771767839)을 참고했다.

1979: 4-5)고 할 때 학생들의 주체적인 참여를 통해 민주적 의사결정에 영향력을 행사하는 행위로 마을 자치를 바라보면 어떨까? 물론 여기서 가장 중요한 개념은 '주체적 참여'이다. 마을에서 살고 있는 학생들의 목표가 성공해서 이 마을을 떠나는 것이라면 마을의 붕괴는 가속화될 것이다. 내가 살고 있는 마을, 내가 다니고 있는 학교, 내가 주로 활동하는 지역사회에 관심을 가지고 나의 참여와 기여로 우리가 살고 있는 공간이 더 나아지고 그 안에서 시민으로서 필요한 역량들을 배워나갈 수 있으면 그것이야말로 살아있는 경험과 배움이 아닐까 생각한다.

파리에서는 열린 정부 프로젝트의 일환으로 시민 참여 프로젝트를 시작했다. 시민 참여 프로젝트의 핵심은 시장이 자신의 재임 기간 중 전체 예산의 5%를 항상 '참여 예산(budget participatif)'이라는 이름으로 시민의 몫으로 남겨놓으며 파리 모바일 프로그램 등을 통해 스마트폰으로 시정에 참여할 수 있는 파리 시민은 이 예산 제도로, 자신의 제안을 구체적으로 현실화할 수 있게 되었다. 파리 시민카드(Carte Citoyenne) 제도와 파리 오픈 데이터 시스템과 같은 아이디어가 대표적인 사례이며 2015년에는 6,770만 유로(한화 약 880억 원)의 예산으로 8개의 시 차원 프로젝트와 180여 개의 구 차원 프로젝트를 실현했다.[6]

---

6. 〈소통도시 파리〉, 《서울사랑》, 2017. 2

또한 네덜란드의 암스테르담[7]은 정부는 물론 기업과 학교, 지역 주민이 참여하는 오픈플랫폼인 "암스테르담 스마트시티"을 통해 시민과 기업 등 누구나 온라인으로 아이디어를 제안하고 수용하고 있다. 시민들이 자발적으로 스마트 미터기와 디스플레이를 설치해 직접 에너지 사용량을 확인하고 에너지 교육과 토론을 통해 에너지 절감에 성공한 '지속가능한 이웃' 프로젝트가 대표적인 성공 사례이다.

물론, 이런 움직임은 우리나라에서도 있다. 시민 주도로 만드는 '디지털 도시'를 표방하는 서울시는 서울 시민과 공무원 등 70명과 함께 "상반기 디지털 포럼"을 개최했다. 실제 시민들의 이야기를 듣고자 시행한 '디지털 도시 서비스 공모전'에서 수상한 교통카드, 반려동물 관리, 자전거 사고, 여성 노숙인 복지 등의 발표를 듣고 현장 투표를 시행하였다. 또한 시민 참여와 소통의 힘으로 디지털 도시를 준비하는 모습은 변화하는 사회의 시민들의 힘을 보여줄 수 있는 좋은 모습이다. 물론 이러한 사례는 일반인들뿐만 아니라 학생들에게도 나타날 수 있다.

학생들이 지역사회에 관심을 가지면 어떤 일들이 일어날까? 학교 앞 아파트 건축을 막아달라는 자신들의 이야기를 다른 사람들에게 알리고 구체적으로 행동으로 옮기려면 어떻게 해야 하는지, 다양한 이익들이 맞물린 상황에서 어떤 방식으로 문제를 풀어나

---

7. 디지털타임스. 2018. 6. 25.
　http://www.dt.co.kr/contents.html?article_no=2018062602102219050001

갈 것인지에 대한 관심과 참여가 점점 늘어나고 있다. 다만, 이러한 일들이 일상적인 참여가 돼야 하며, 학생 주도적 참여를 지향하고 누구나 참여할 수 있는 방식이어야 할 것이다. 이러한 지역사회 중심의 일상적 참여 보장은 학생들이 자신들의 생활공간인 가정·학교·지역사회 영역에서 실생활과 밀접한 관계가 있는 일상적 삶의 작은 부분에서부터 시작할 수 있다.

> 비바람을 피해 도시락을 먹을 수 있게 해 주세요
> 국립중앙박물관에 현장 체험 학습을 간 아이들은, 그곳에 도시락을 먹을 실내 공간이 없다는 것을 알게 되었습니다. 다른 곳을 조사해 보니 상당수 박물관들은 실내에서 도시락을 먹을 수 있는 공간을 갖춰 놓고 있었습니다. 아이들은 다른 아이들의 서명을 받아 박물관 홈페이지에 민원을 넣고 편지를 써서 보냈으며, 신문사에도 알렸습니다. 국립중앙박물관 측은 이러한 의견을 받아들여 체험 학습실 한 곳을 '도란도란 도시락 쉼터'로 만들어 점심시간에 개방하기로 하였습니다. 아이들은 더 나아가 박물관 실내에서 음식을 먹을 수 있는 공간을 의무화하는 법을 건의하기 위해 국회의원을 만났습니다(민주시민교과서 5~6학년용 66쪽, 경기도교육청).

이러한 학생들의 사회참여는 과거에도 있었고 지금도 계속되고 있다. 하지만 그 빈도나 횟수가 매우 적다는 것이다. 학생들이 주도적으로 진행하는 이러한 방식의 참여는 교사나 마을 활동가들

[그림 3] 참여를 통한 지경사회의 문제 발굴   [그림 4] 민주적 절차를 통한 문제해결 방안

[그림 5] 지역 문제 해결을 위한 적극적 참여   [그림 6] 지속적인 참여를 위한 마을교육자치회

이 조력하는 방식으로 지원이 가능하다. 또한 마을 자치나 학생주
도형 사회참여는 지역사회에서 발생하는 사회문제를 학생 스스로
모색하고 결정할 수 있도록 유도할 필요가 있다. 다음은 마을에서
지속가능한 지역 발전을 위해 교사, 학생, 마을 전문가가 함께 모
여 마을 교과서를 개발하는 과정을 보여주는 사례이다.

　또한 지역 속에서 마을교육공동체로서 학생, 지역주민, 교사가
주체적으로 참여하는 아래의 프로그램 사례도 있다. 이러한 학생
참여 중심의 마을 문화는 어른들의 희망의 언어나 잘 짜여진 프로
그램으로는 결코 달성되지 않는다. 마을 안에서 아이들의 좌충우
돌 일어나는 작은 경험과 성취 속에서 교육적 성장이 일어나고, 그

학생과 함께 마을 교과서 개발하기

일시	세부 사업내용	비고
10월	[정왕마을교육자치회 발대식] • 정왕마을교육자치회 오리엔테이션 • 운영위원회, 마을교육연구회 조직 구성 • 정왕마을교육자치회 일정공유	참여기관 학교, 마을
11월 ~ 12월	[마을 - 학교 공동 워크숍] • 사람을 중심으로 한 마을과 학교에 대한 이해 • 정왕마을교육자치의 비전과 미션 수립	회원 전체
	[마을교과서 성취기준 개발 및 연구 기획] • 마을교과서 집필진 확보(초·중등학교, 학교 밖) • 마을교과서 작업을 위한 공부 모임 10회기 실시 (교과서 작업 및 선진지 학습여행) • 기록 담당자: 사진, 글, 영상으로 결과물 제출	마을교과서 집필진 / 학교 교사, 학생교사, 학부모, 마을교사, 마을활동가

	[학교 밖 학교 운영 - 청소년, 일반 주민]
	학교밖학교 ─┬ 청소년(다문화포함), 학교밖학교(13.5인생학교)
	      └ - 심리 · 정서, 기초학력, 진로등 지원
	      마을 주민 대상 학교 밖 학교(달맞이학교)
	      - 일반주민 야학(검정고시 준비) 지원
	• 마을교육과정 교사진 확보(현직교사, 학생교사, 마을교사)
	  - 전원 마을 내 자원봉사자로 구성
	  - 장소 : 학교, 학교 밖 유관기관 공간공유
	(군서중, 정왕고, 사)더불어함께, 경기꿈의학교 시흥거점 센터
	아시아스쿨 등)	

	[정왕마을교육자치회 성과공유회] • 마을교육과정 교과서 집필진 활동 결과 • 참여자 소감 발표 • 2018년 사업 평가 및 2019년 사업방향에 대한 논의 * 마을교육자치의 모든 활동을 글과 사진, 동영상으로 제작 하여 기록으로 남긴다.	

정왕 마을교육자치회

것이 보람이 되어 새로운 실천과 도전의 동기가 될 때, 비로소 추진력이 생긴다. 소소하게 일어나는 문제들을 관심 있게 보고 내가 아닌 다른 사람들에게 관심을 가지고 공동체성을 기반으로 문제를

학생중심 마을교육 공동체 활동 내용

사업명	주요내용	추진결과 / 성과	비고
시흥아동 청소년 지원 네트워크	민·관·학 협의원	- 청소년 전용배움터 주체 구성 - 경기꿈의학교 시흥거점센터 '아시아스 쿨' 위탁 - 관내 학교와 마을배움터 연계 교육복지 활동 활성화 - 공간 마련과 프로그램 지원	학교 마을
	청년기획단 조직	- 청소년 프로그램 기획 및 운영	주 1회
	청소년 연대캠프	- 중2학생 대상, 평화캠프 운영 - 청소년 동아리 구성	연 1회
	학부모 자조모임	- 청소년 거리배움터 '별다방' 밥팀 으로 지원활동 참여 - 학교 내 자원봉사활동 홍보	격주 1회
	청소년 자원봉사단	- 청소년 동아리 발대식 정왕동 주택디역을 중심으로 안전방법 대, 프로그램 기획 및 자원활동 활성화	월 1회
	마을지원활동가 모임	- 별 다방 자원봉사, 마을축제 기획단으로 참여하여 활동함	수시로
마을문화 기획단	'마을 음악회' 학생주도의 기획·운영	- 학생들이 학교와 마을을 넘나들면서 마을과 사람들을 만나서 함께 소통하는 활동	월 1회
엄마품 멘토링	맞춤형 1:1 멘토링	- 3기 엄마품 멘토링 강사단 발족 - 1:1 아동·청소년 돌봄 안전망 구축	월 1회
아시아 스쿨 프로젝트	'공유부엌' 음식·사람·공간 공유	- 마을사람들과의 관계 형성, 마을 이해, 마을교육 활동이해와 참여도 상승	9월~ 11월
	'목소리' 시민역량강화 PG	- 지역에서 마을활동가들이 시민의 목소리를 매체를 통해 전달하는 활동	
	공간 공유활동	- 징검다리 협동조합 강사들 학습 모임 (학교와 지역아동센터 연계 재능기부) - 정왕지역의 동아리 학습모임 활동	수시

정왕 마을교육자치회

해결하는 방식을 익힐 수 있다. 이를 통해 학생들은 민주 시민의식과 더불어 사는 역량을 지닌 마을의 주체로 변화해 나갈 것이다.

참고문헌

강영혜, 양승실, 유성상, 박현정(2011). 민주시민교육 활성화 방안 연구. 진천 : 한국교육개
　발원.

경기도교육청(2018). 경기도교육청 2018 민주시민교육 기본계획. 수원 : 경기도교육청.

교육부(2018). 풀뿌리를 내리기 위한 흔들림과 나침반.

곽병선 외(1993). 민주시민교육: 민주시민 자질 함양을 위한 한국교육의 과제. 진천 : 한국
　교육개발원.

김미숙 외(2017). OECD ESP 사회정서역량종단조사 국제공동연구(Ⅰ). 진천 : 한국교육개발원

김성수, 신두철, 유평준, 정하윤(2015). 학교 내 민주시민교육 활성화 방안. 서울 : 한양대
　학교 국가전략연구소.

김위정(2012). 가정환경과 학교경험이 청소년의 시민성 형성에 미치는 영향. 한국청소년
　연구, 23(1), 201-222.

김지현(2016). 공동체의식 함양을 위한 민주시민교육의 학생 자치활동 활성화 방안. 부산
　: 부산광역시교육연구정보원

김태준 외(2010). 한국 청소년의 시민역량 국제비교 연구: 국제시민교육연구(ICCS)참여.
　진천 : 한국교육개발원.

민주화운동기념사업회(2008). 핵심 역량 정의 및 선정 프로젝트(Deseco Project) 요약:
　OECD 연구보고서. 의왕 : 민주화운동기념사업회.

송지훈(2018). 학생 자치활동 활성화 방안 연구. 서울 : 한양대학교 교육복지정책중점연구
　소.

조윤정, 박미희, 박진아, 이지영(2015). 경기도 학생 자치 실태 및 활성화를 위한 연구. 수
　원 : 경기도 교육연구원

이쌍철(2018). 민주시민교육을 위한 학교운영 방안 연구. 진천 : 한국교육개발원

고병권(2011). 민주주의란 무엇인가. 서울 : 그린비.

서울시교육청, 경기도교육청(2016). 마을교육공동체로 서로 물들다. 제2016-01-002호.

임재일 외(2019). 청소년 시민교육을 위한 시민교육과정 개발. 서울 : 노무현재단.

정용주 외(2017). 가장 민주적인, 가장 교육적인. 서울 : 교육공동체벗

하정호(2016). 마을교육공동체가 주의해야 할 몇 가지. 교육협동조합 마을학교.

Jackson, P. (1968). Life in classrooms. New York : Holt, Rinehart, & Winson.

Chapter
06

민주시민교육,
교육정책과 만나다!

학교 시민교육은 학교 민주주의를 통해서 이루어져야 한다. 하지만 학교 민주주의의 길은 쉽지 않다.
이번 장에서는 학교 민주주의가 왜 학교에서는 작동하지 않는지를 나름 규명해보고자 한다. 먼저, 민
주주의의 역사를 통해서 알 수 있는 교훈을 바탕으로 학교 민주주의의 민낯을 드러낸다. 교육기본법과
2015 개정교육과정에서는 민주시민교육을 우리교육의 목표로 설정하고 있음에도 불구하고, 그것이 학
교의 실제로 왜 자리매김하지 못하고 있는 것일까? 물론 과거에 비해서 학교는 좋아지고 있다. 그럼에
도 불구하고, 형식주의와 양적 민주주의의 수준에 머물러 있다. 이를 어떻게 극복할 수 있을까? 민주시
민교육을 목표로 하는 교과목에 대한 통렬한 반성이 필요하다. 각종 정책에서 소외되어 있던 학생과 청
소년들의 목소리를 정책에 반영해야 한다. 그 길에 대해서 제시한다.

01

학교 민주주의를
위한 길

민주주의는 어렵고 힘든 개념이다. 개념의 다의성, 포괄성, 모호성, 역사성을 지니고 있기 때문에 각자 유리한 방식으로 해석할 수 있다. 우리 교육의 핵심 키워드이지만, 그 용례는 시대마다, 사람마다, 맥락마다 달리 사용되었다. 역사적으로 독재자들이 자신을 비민주적이라고 생각하지는 않았다. 2차 대전 이후 독일은 나치에 대한 반성을 바탕으로 민주주의와 자치, 분권을 매우 강조하였다. 독일의 주 정치교육원은 학생들뿐만 아니라 성인들까지도 민주주의의 발전과 성숙을 위한 다양한 프로그램을 제공하고 있다. 이러한 시스템은 민주주의라는 제도와 문화를 꽃피울 사람이 매우 중요하다는 역사적 교훈을 그들이 얻었음을 알 수 있다.

우리나라는 어떠한가? 반민주주의와 비민주주의가 역사적 과정에서 횡행하였지만 이에 대한 뼈아픈 성찰과 반성을 하지 않은 상태에서 시대는 흘러갔고, 이 과정에 "비동시성의 동시성"시대를 만들어냈다. 전근대와 근대, 현대와 미래의 가치와 문화, 인식이 함께 흐르고 있다. 정확히는 반민주와 민주의 삶의 양식이 함께 동거하고 있다.

역사적으로 민주주의는 진전했지만 민주주의의 역사에는 항상 아름다운 스토리만 존재한 것은 아니었다. 프랑스 대혁명 이후의 과정을 생각해보라. 우리나라는 어떠했는가? 혼란과 소통의 성장통을 겪는, 때론 덜 효율적이지만 민주주의는 지속적으로 채택되어 왔다. 치자와 피치자의 순환 구조, 참여와 소통, 선출 권력의 한시성, 견제와 균형, 합의와 숙의, 권력분립 등 다양한 제도적 문화적 장치를 개발해왔다. 인간을 신뢰하면서도 신뢰할 수 없는 상황을 가정한 다양한 장치를 법적으로 만들어왔다. 삼권분립이 대표적인 예가 아닐까?

민주공화국을 이끌어가는 주체는 누구인가? 철인정치와 같은 엘리트가 무지몽매한 대중보다는 더욱 정치를 잘 이끌 수 있을 것이라는 믿음도 있고, 엘리트가 아닌 시민의 판단과 시민에 의한 선출 권력의 창출과 견제, 교체 등의 과정을 중시해야 한다는 믿음도 있다. 고전 민주주의와 현대 민주주의의 발전과정을 통해서 우리가 얻을 수 있는 교훈은 결국 민주주의는 공짜가 아니고, 이를 잘 감당할 수 있는 시민을 잘 길러낼 때 이 시스템이 유지될 수 있다는 점이다. 단순히 국가 권력으로부터의 자유를 넘어 개개인의 삶의 질과 행복을 가꾸어가는 하나의 사회 시스템을 제대로 가꿀 수 있는 깨어있는 시민의 힘이 매우 중요하다. 민주공화정은 결국 깨어있는 시민 한사람으로부터 구성되는 시스템이기 때문이다. 궁극적으로는 민주주의는 "파워 엘리트"가 아닌 공민, 호민, 시민이 선택하고 선출한 권력을 일정 기간 보장하는 시스템이다. 단회성 투표를 통해서 권력을 창출하고 나머지 기간은 잊어버리는 방식이 아닌 일상의 정치 참여를 통해 견제하고, 비판하고, 소통하고 참여하는 과정이 매우 중요하다. 최근 들어서는 대의 민주주의를 넘어 직접민주주의의 가능성을 온라인 혁명을 통해서 실험하고 있는 상황이다.

나치 역시 형식적 민주주의를 통해서 선출된 권력이었고, 그의 메시지에 독일 국민들이 무비판적으로 반응하면서 세계사적인 비극이 발생하지 않았는가? 결국, 민주주의 체제와 문화를 구성할 수 있는 시민을 누가 어디에서 어떻게 길러낼 것인가는 한국사회에서 매우 중요한 과제가 아닐 수 없다. 한국의 헌정사를 보면, 서구의 민주주의 제도를 급격하게 이식하였지만 그것을 감당할 수 있는 우리의 인식과 문화 토대는 취약했다. 시민의 성장은 약했고, 권위적 국가는 강했다. 프랑스 혁명의 과정에서 볼 수 있듯이 홉스, 로크, 루소 등 철학과 사상의 인식 체계를 바탕으로 왕정과 대립을 하면서 성장하던 부르주아 세력이 1차적으로 권력을 쟁취했고 이후 프롤레타리아와 여성으로 서서히 선거권을 확대했던 역사적 교훈의 과정을 우리는 체험하지 못했다. 일제 강점기를 맞이한 상황에서 실학사상과 동학사상 등 민주주의의 씨앗들이 싹을 제대로 틔어보지 못했다. 결국, 제도와 인식의 괴리는 매우 컸고, 형식 민주주의를 오랜 세월 우리는 경험했다.

민주주의의 힘과 토대를 어디에서 만들고 구축할 것인가? 다시 학교이다. 최근 들어 학교 민주주의를 많은 이들이 이야기한다. 교육 자체가 민주시민을 길러내는 과정이고, 목표인데, 현실은 그렇지 않다 보니 상대적으로 학교 민주주의라는 말이 많이 회자되고 있다. 혁신학교 내지는 혁신교육을 일구었던 이들이라면 그 의미를 더욱 잘 알게 된다. 교원, 학생, 학부모를 주체로 세워나가면서 참여와 소통의 과정을 통해 함께 비전을 일구어가는 과정 자체는 민주주의의 본질이기 때문이다. 그런 점에서 교육 자체는 민주주의를 내포한다. 법적 근거도 있다. 한국사회에서는 민주시민을 길러내는 과정을 교육의 이념과 목표로 설정하고 있다. 교육기본법을 다시 살펴보자. 교육기본법 제2조는 우리나라의 교육이념을 다음과 같이 밝히고 있다.

> 교육은 홍익인간(弘益人間)의 이념 아래 모든 국민으로 하여금 인격을 도야(陶冶)하고 자주적 생활능력과 민주시민으로서 필요한 자질을 갖추게 함으로써 인간다운 삶을 영위하게 하고 민주국가의 발전과 인류공영(人類共榮)의 이상을 실현하는 데에 이바지하게 함을 목적으로 한다.

개인에게는 인격 도야, 자주적 생활능력, 민주시민으로서 필요한 자질을 교육을 통해서 갖추게 하여 인간다운 삶을 누리게 하고,

이를 토대로 민주국가와 세계를 가꾸어나가겠다는 삼중적 의미를 담고 있다. 개인, 사회와 국가, 세계를 품는 확장적 의미를 지닌다.

2015 개정 교육과정을 다시 들여다보자. 앞서 제시한 교육기본법의 이념을 토대로, 2015 개정교육과정 총론에서는 자주적인 사람, 창의적인 사람, 교양 있는 사람, 더불어 사는 사람(민주시민)을 제시하고 있다. 2015 개정교육과정에서는 필요한 역량으로 자기관리 역량, 지식정보처리 역량, 창의적 사고 역량, 심미적 감성 역량, 의사소통 역량, 공동체 역량을 제시하고 있다(교육부, 2015). 이러한 흐름은 초중고 교육목표로서 민주시민의 자질 함양을 강조하게 된다. 다시 말하면, 우리나라 공교육의 핵심목표는 민주시민교육을 길러내는데 있다.

하지만 이 시점에서 우리에게는 질문이 필요하다. 우리 교육은 정말 민주시민을 길러내는데 관심을 기울였는가? 아니, 민주시민이 많이 양산되는 것을 원했는가? 그런 사람들을 많이 길러냈는가? 구체적으로 교육목표에 부합된 체제와 문화, 방법을 학교라는 공간에서 제대로 적용하고 있는가? 이러한 질문에 대한 우리 교실, 우리학교의 대답은 무엇인가? 이에 대해서 명확히 대답하지 못한다면 우리는 교육의 현상과 실체에 대해 공허하게 느껴진다. 물론, 상대적인 진화와 발전은 분명히 이루어졌다.

단적인 예로. 3차 교육과정을 살펴보자. 우리나라의 교육과정 개정의 역사에서는 총론이나 각론에서 "민주"를 강조하고 있으나, 시대적 배경 상 "반공", "국민", "민족중흥"을 강조하였다.

우리는 조국 근대화를 조속히 성취하고 평화적인 국토 통일과 민족중흥의 사명을 완수하기 위하여 거족적으로 유신 과업을 추진하여야 할 역사적 시점에 서 있다. 이러한 민족적 대업을 완수하기 위하여, 우리는 긍정적으로 사고하고, 능률적으로 행동하며, 국민의 지혜와 역량을 한데 모아 우리에게 알맞은 민주주의를 확립함으로써 주체적이며 강력한 국력을 배양하는 데 총력을 기울여야 한다. 이를 선도하고 뒷받침하기 위하여서는 국가의 교육이념을 바탕으로 하여 교육의 목표와 내용이 부단히 재검토, 개선되어야 한다. 이러한 점에 비추어, 교육 과정을 구성함에 있어서 국민 교육 헌장 이념 아래 국민적 자질의 함양, 인간 교육의 강화, 지식.기술 교육의 쇄신을 기본 방침으로 한다(문교부, 1979).

국가주의, 권위주의, 반공, 산업화라는 거대한 흐름에서 개인은 국가발전을 위한 도구였을 뿐, 개인의 발전을 위해 국가가 무엇을 할 것인가에 대한 고민은 상대적으로 취약했다. 성인의 권리도 보장되지 않았던 상황에서 학생들은 오죽했을까? 해방 이후부터 작동했던 "입시로부터의 생존하기 위한 경쟁교육"은 학생이 누려야 할 권리를 유보 내지는 유예시켰다. 대학이라는 목표하에 교육과 민주의 가치는 약화되었다. 1970~1980년대를 살아왔던 이들은 충분히 공감할 것이다. 일제강점기와 군사정부를 거치면서 교육목표와 교육과정에 나타난 민주시민의 이념과 지향은 어느새 껍데기만 남았고, 또 다른 이념이 삶의 공간에서 자리매김하였다. 즉,

형식적 민주주의였을 뿐 실질적 민주주의는 작동하지 않았다.

이러한 갑갑한 구조에도 불구하고, 변화의 열망은 나타났다. 일제강점기하에서 탄압을 받으면서도 가치를 지켜냈던 이들이 있었고, 군부독재하에서도 숨쉴 수 있는 교육을 꿈꾸었던 선배들이 있지 않았던가? 인간은 구조의 영향을 받지만, 일방적으로 구조를 받아들이기보다는 상호작용하면서, 대립하고 저항하면서 변화를 일군다. 교육 민주화의 역사가 그것을 말하고 있다.

시계열적으로 보면, 학교는 점점 좋아지고 있다. 1995년 5·31 교육개혁안 도입 이후에 학교운영위원회가 만들어졌다. 학생인권조례가 도입되고, 관련 법령이 생기면서 체벌은 사실상 금지되었다. 학교장이 일방적으로 학교 교칙을 강요하기보다는 구성원들과 함께 소통하면서 교칙을 만들어가는 모습이 나타나고 있다. 동시에, 학생 자치회 활성화를 위한 노력이 나타나고 있다.

권위적인 학교장의 모습은 점차 줄고 있고, 소통과 참여의 리더십을 보이는 학교장도 늘어나고 있다. 교육청의 문턱도 낮아지고 있다. 하지만, 특정 제도의 도입은 민주주의의 필요조건일 뿐 충분조건으로 보기 어렵다. 물론, 특정 제도가 민주주의에 관한 인식과 변화를 촉발하기도 한다. 학교운영위원회는 학교 운영에 관한 공식적 거버넌스를 만들었다는 자체만으로도 큰 의의가 있지만, 하나의 행정 절차로 입지가 축소된 면도 있다. 이미 답이 정해진 상태에서 심의를 거쳐 행정적인 추진 요건을 갖추기 위한 요식행위로 전락한 것이다.

02

학교 민주주의를 위한
교육정책의 길

그렇다면 학교 민주주의는 어떤 패러다임으로 전환해야 하는 가? 양 중심 접근에서 질 중심 접근으로, 제도에서 문화로, 문화에서 제도의 양방향 접근으로, 간접 참여 방식에서 직접 참여 방식으로, 일부 교과 중심에서 전체 교과 중심으로 전환해야 한다. 우리는 여전히 학교 민주주의에 배가 고프다. 무엇을 어떻게 해야 하는가?

우리는 학교 민주주의에 관해서 더욱 상상력의 지평을 넓혀야 한다. 먼저, 학교운영위원회는 대의 체계를 확실히 구축해야 한다. 학부모, 교원, 학생의 대표가 학교운영위원회에 참여해야 하며, 심의·자문을 넘어 심의의결기구로서 위상을 가져야 한다. 학교 민주주의를 고민할 때 새로운 제도를 만들어내는 것도 중요하지만, 기존의 제도를 진화·발전시키는 과정도 필요하다. 학교운영위원회의 위상과 역할이 강화되면, 학교장은 소통과 조정, 통합의 리더십을 더욱 발휘해야 한다.

관점의 충돌과 대립도 주체 간에 나타날 수 있다. 이에 대한 합의를 도출해내는 과정은 쉽지 않다. 그렇기 때문에 민주주의는 리더를 부정하지 않는다. 민주주의에 맞는 리더십을 요구하고 있을 뿐이다. 학교 민주주의는 학교장의 역할을 제약하기보다는 새로운 역할과 기능을 요구한다. 교직원회의, 학부모회의, 학생회의를 거쳐 올라온 안건에 대해서 심도 깊게 논의하고 결정하는 장이 학교운영위원회여야 한다.

앞선 장에서 논의한 것처럼 학생들의 정책 참여권을 보장해야 한다. 우리의 교육은 한마디로 공급자 중심 체제로 봐야 한다. 이는 달리 말하면, 관료주의 체제와 다름 아니다. 현실에서는 학생과 청소년의 의견은 참고일 뿐, 기속력을 가지지 않는다. 이를 위해서는 향후 학생과 청소년의 선거권 보장이 절대적으로 필요하다. 학생들의 정책 참여권의 핵심은 선거권 보장이다. 우리의 선거법은 만 19세로 선거연령을 규정하고 있는데, 만 18세로 낮추어야 한다. 대부분의 OECD 국가에서도 선거 연령을 만 18세로 규정하고 있다. 군대도 갈 수 있고, 혼인도 가능하며, 운전도 가능하지만, 선거만 안 된다. 만 18세 선거연령에 대한 반대 논리는 학생과 청소년은 아직 미성숙하다는 입장과 혼탁한 선거의 과정에 학생들이 휘말릴 필요가 없다는 입장 정도에 불과하다.

OECD(2013)의 자료에 의하면, 젊은 세대들과 성인 세대 간 언어능력과 수리력, 문제해결력에 상당한 차이가 나타나고 있다. 16

세-24세만 따로 놓고 보면, 언어능력과 수리력 공히 앞서 있다. 반면 16-65세로 확장시키면 언어능력은 OECD 평균에 이르고 있고, 수리력은 더욱 떨어진다. 문제해결력은 상위에 속한 비율이 16-24세 그룹이 OECD 평균을 훨씬 상회한다. 그러나 중장년층을 포함하면 확연히 도달 비율이 낮아진다. 그 외에 PISA라든지 TIMSS와 같은 국제학업성취도 평가를 놓고 보면 우리나라 학생들의 학업성취도는 세계적인 수준으로 볼 수 있다.

OECD 국제 성인역량 조사(PIAAC) 한국 및 OECD 평균

(단위: 점수, %)

구 분	언어능력		수리력		문제해결력	
	16~65세	16~24세	16~65세	16~24세	16~65세	16~24세
한 국	273	293	263	281	30%	63.5%
OECD 평균	273	280	269	271	34%	50.7%

주: 문제해결력은 컴퓨터 사용 능력이 없는 사람들의 경우 제외되었으므로 평균 점수를 비교하지 않고, 상위수준(2수준 및 3수준)에 속한 사람들의 비율로 비교
교육부·고용노동부(2013).

문화체육관광부(2017)의 발표자료에 의하면 성인 연간 독서량은 8.3권이고, 학생은 28.6권으로 나타났다. 성인들의 평생교육 참여율 역시 OECD 국가 중 하위권에 머무르고 있다. 이러한 자료를 보면, 우리의 교육 시스템은 학생과 청소년이 아닌 성인들을 더욱 걱정해야 하는 상황이다.

3·1운동, 4·19혁명에 참여했던 이들은 누구였는가? 유관순 열사의 나이는 얼마였던가? 역사의 결정적 시기에 나섰던 이들의 나이는 지금의 학생·청소년들의 나이와 다르지 않다. 그들을 여전히 어리다고 인식하는 우리의 인식관이 지나치게 어린 것은 아닌지 반문해봐야 한다. 선거권을 학생과 청소년들이 지니게 되면 우리의 교육 문법과 체질에도 상당한 변화가 올 수 있다. 어른 중심의 시각에서 벗어난 각종 정책들이 새롭게 재구조화될 가능성이 높아진다. 대입제도를 봐도, 어른들은 합의하기 어렵지만 학생과 청소년들은 합의할 수 있다. 나는 수학능력시험으로 대학을 갔지만, 학생부종합전형이 필요한 이들이 누굴일까? 나는 학생부종합전형으로 대학을 갔지만 수학능력시험이 필요하다고 말하는 이들이 누구일까? 학생과 청소년들이다. 입시 고통을 몸소 경험한 이들의 이야기에서 합의의 길이 있지 않을까?

학생과 청소년들은 정치와 정책에 참여하는 과정에서 성장하게 된다. 교과서에서 배운 정치와 민주주의에 관한 지식을 현실에 적용해봄으로서 헌법, 정치와 권력, 민주주의, 참여, 권리와 의무, 시민의 가치를 자연스럽게 배우게 된다. 이만큼 좋은 교육의 장이 어디에 있을까?

이제는 학생과 청소년, 청년이 참여한 거버넌스를 구축해야 한다. 각 교육청에서 1000인 원탁토론 등을 주체하여 학생들의 의견을 수렴하는 과정을 종종 본다. 청소년 정책마켓 등을 통해 청소년들의 건의한 제안을 정책으로 변환시키는 나름의 장치이다. 그러나 이러한 방식은 이벤트 성격이 강하기 때문에 지속가능한 구조가 아니고, 일상에서 작동하는 거버넌스로 보기 어렵다. 학생과 청소년이 참여하는 일상의 거버넌스란 무엇인가? 우선은 학생 자치이다. 학급과 학년, 학교 내에서 이루어지는 학생 자치는 매우 중요한 교육적 함의를 지니고 있지만, 상대적으로 소홀히 했던 측면이 있다. 주변에서 주목하는 혁신학교를 보면 학생 자치가 매우 활성화되고 있다. 학생 자치와 학생회 자치는 다소 차이가 있다. 학생 자치는 문화성, 일상성, 전체성, 참여성의 속성을 지닌다. 학생이 학교라는 생태계에서 자신들의 문제를 스스로 해결할 수 있는 문화와 일상에서 이루어지며, 누구든 학교의 발전을 위해 참여할 수 있는 권리를 보장하는 개념이다. 학생 자치를 현실적으로 구현한 모습이 학생 자치회로 나타날 뿐이다.

학교운영위원회에도 학생회 대표들의 참여를 보장할 필요가 있다. 교원, 학부모, 지역사회로 구성되어 있는데, 여기에 학생 대표들의 참여를 보장하자. 단계적으로는 참관하여 의견을 개진하는 수준에서 시작할 수 있지만 이후에는 학생 대표의 참여를 제도적으로 보장해야 한다.

학생 자치회를 보면, 여전히 공부를 잘하는 학생이 일종의 스펙을 갖추기 위한 의도로 임원을 맡게 되고, 학교 측에서 주어진 의제를 일부 대행하는 수준에서 머무르는 경향을 종종 보게 된다. 관변 성향을 지닌 순응하는 모범생 집단의 학생 자치회로는 역동성을 담보하기 어렵다. 물론, 그것은 학생의 잘못이 아니다. 오히려 학생 자치 내지는 학생 자치회 활성화에 대해서 고민하지 않았던 학교 차원의 성찰과 반성이 필요한 영역이다.

학생 자치회 활성화만 놓고 봐도, 학교 간 격차가 매우 심하다. 학생회 운영에도 정보 격차가 나타나고 있는데 교육청 단위에서 학생 자치회 네트워크를 제대로 구축해주면, 학생들은 자극을 받아서 변화를 추동할 가능성이 높다. 교육청이 나서지 않아도, 학생회 스스로 네트워크를 지역 단위에서 구성할 필요가 있다. 어른들이 조금만 도와주면 충분히 가능한 일이다. 교사와 교사, 시민과 시민, 학부모와 학부모, 학교와 학교의 연대는 있는데 학생과 학생의 연대는 약한 상황이다. 이에 대한 조직화 역시 교육 주체들이 고민해야 한다.

동시에 학생들의 정치적 효능감을 높여야 한다. 교사들의 효능감도 낮은 상태에서 학생들의 효능감을 기대하기는 쉽지 않은 일이다. 교사들의 효능감은 무엇인가를 제안할 수 있고, 민주적 논의 과정의 분위기가 형성되며, 변화를 만들어가는 데 내가 기여할 수 있다는 의식에서 형성된다. 학생들 역시 무엇인가를 건의했을 때 기꺼이 수용되는 분위기를 경험하고, 때로는 수용이 되지 않아도 왜 수용이 안 되는가에 대해서 충분히 설명하는 과정이 필요하다.

학생회 네트워크가 지역별로 구축되고, 이를 활성화하는 데 교육지원청의 역할이 중요하다. 이러한 네트워크가 형성되어 지역에서는 교육장, 광역 단위에서는 교육감과 정례적 만남 내지는 정책 협의가 가능할 수 있다. 한 단계 더 나아가 학생의회 내지는 청소년 의회도 충분히 기획해볼 수 있다. 현실적으로 법적 효력이 발생하는 청소년 의회 구성은 쉽지 않아 보인다. 하지만, 협상력을 지닌 일종의 명예 학생·청소년 의회는 가능하다. 네트워크 성격을 넘어 정책을 제안하고 발의하고 협상할 수 있는 시스템으로서 이런 의회를 상상해볼 수 있지 않을까? 교육청이나 도의회 수준에서 충분히 기획할 수 있다고 본다.

이러한 네트워크를 향후 더욱 발전시키면 전국 단위의 대의체계라 형성되는데, 향후 국가교육위원회가 설립된다면 학생과 청소년 의회의 대표들이 모여서 학생들의 의견을 수렴하고, 정책을 제안할 수 있는 단위 구성이 가능해진다. 이른바 학생과 청소년위원회를 구성하고, 이들의 의견을 정책화할 수 있는 시스템을 구축한다면 우리 교육의 난제를 해결할 가능성이 있지 않을까? 어른들은 교육에 관한 풀뿌리 민주주의를 추동할 흐름을 만들기 어렵지만, 학생과 청소년들은 오히려 가능하다. 어른들은 이해관계에 사로잡혀서 혁신과 변화를 두려워하지만 학생과 청소년은 혁신과 변화를 두려워해야 할 이유가 없다. 향후, 국가교육위원회 위원 역시 어른들만의 몫이 아닌 학생과 청소년 몫을 보장해야 하며, 이들의 참여 공간을 열어주어야 한다(김성천 외, 2018).

학교 민주주의는 더욱 확장해야 한다. 근무평정제도는 사실상 학교장 1인 평가시스템으로 봐야 한다. 동료평가가 있지만, 교장 교감의 평가를 뒤집기는 어렵다. 그런 점에서 동료다면평가의 비중을 강화할 필요가 있다. 이 역시 평가의 민주성 관점에서 바라봐야 한다. 하지만 현실적으로 온정주의가 작동한다는 점에서 한계가 있다. 평가의 민주성의 관점에서 본다면, 기존의 형식화된 교원능력개발평가 체제를 대대적으로 손볼 필요가 있다. 현재처럼 형식적으로 운영하는 방법도 있겠지만, 교원과 학부모, 학생에 의한 교장과 교감 리더십 평가가 강화되어야 하고, 이를 바탕으로 승진과 중임 여부를 판단하는 시스템으로 전환한다면 학교의 문법은 달라질 수 있다. 교원평가에서 학부모는 학교 전반에 대해 피드백을 하고, 학생들은 교사의 수업과 생활지도에 대해서 피드백하는 시스템을 더욱 강화해야 한다. 이러한 결과를 바탕으로 학교 평가와 교사 개인 평가를 통합하여 향후 학교가 어떤 방향으로 나아가야 하는가를 구성원들이 함께 토론하면서 개선 방안과 발전 방안을 함께 내놓아야 한다. 이러한 문화가 형성된다면 교장 결원 시 구성원들이 학교장을 선발하고 공동으로 책임을 지는 시스템 역시 가능하다. 교장공모제의 심사 과정에 구성원들의 참여를 대폭 확대할 필요가 있다.

　이러한 장면은 교육과정 계획을 수립하는 과정에서 동일하게 작동할 수 있다. 물론 교육과정의 전문성은 교원에게 있다. 하지만 학생과 학부모의 의견을 수렴할 수 있고, 그 요구 사항에 대해서 충분히 소통할 수 있다. 이른바 교육과정의 거버넌스를 함께 구축해야 한다. 이 과정에서 공급자 중심의 교육과정에 일정한 변화가 나타날 수밖에 없다. 물론, 과도한 사사성, 예컨대 입시 위주 교육이라든지, 수월성 교육 등 사적 욕망을 담아낸 요구에 대해서는 공동체적으로 방어할 수 있는 학습 기제와 논의 기제가 반드시 필요하다. 학교 민주주의는 단순히 누군가로부터의 권한을 견제하는 개념을 넘어선다. 각자가 지닌 상대적 권한과 공간에서 상호작용을 통해 공동체적 조정의 과정을 거칠 수밖에 없다. 학부모, 교사, 학생이라면 학교의 어떤 모습에 대한 불만이 나타날 수 있다. 이를 공적으로 흡수하여 각 주체들의 단위별 협의와 논의를 통해 공식적 단위에서 의제로 채택하고 이를 심도 깊게 논의하면서 대안을 찾아야 한다. 할 수 있는 일부터 하자. 학교의 일상을 보면, 교직원 회의, 학부모 총회, 학생회, 학교운영위원회 등이 작동하고 있는데, 학교 민주주의의 중요한 거점이다.

한 학기 그리고 1년이 지난 다음에 학교 평가를 진행할 때, 민주주의의 원리가 스며들어야 한다. 사전에 각 주체들은 학교의 교육과정 운영에 대해서 만족과 불만 요인 등에 대해서 정리하고, 장점을 극대화시키고 문제를 해소하기 위한 논의의 장을 거쳐야 한다. 이후, 다음 학기 내지는 차년도 교육과정에 변화를 꾀해야 한다. 학교 민주주의는 단순히 교장의 권한을 교사가 보다 많이 가져오는 차원이 아니다. 학부모와 학생, 교원이 서로의 생각을 나누면서 공동체의 문제를 스스로 극복해가는 과정이라는 점에서 교사들 스스로 불편함을 감내해야 한다. 하지만 이러한 과정은 양적 민주주의를 질적 민주주의로 전환하는 데 피할 수 없는 성장통이다. 문서로 치환되는 형식주의를 진정성을 담아낸 소통과 참여의 방식으로 전환하는 과정이 매우 절실한 상황이다. 한때 학교 평가는 보이기식 온갖 문서를 양산하였는데, 최근 들어서는 학교 자체 평가로 전환하는 경향이 보편화되고 있다. 그러나 이 과정 역시 일을 덜어낸다는 취지에서 문서 몇 장으로 대체하는 형식주의도 나타나고 있는데, 경계해야 할 점이다. 학교 자체 평가를 학교 민주주의의 관점에서 재구조화해야 한다. 쉽지만 형식적인 길을 갈 것인가? 어렵지만 의미 있는 학교 민주주의의 길을 갈 것인가?

질적인 변환의 과정은 교장과 교감의 열린 의지와 리더십에서 시작되는 것이고, 깨어 있는 학부모와 학생, 교사의 자각과 요구에서 출발해야 한다. 이러한 공간이 열리지 않으면, 학교 민주주의는 공허할 수밖에 없다. 사라져 버린 역동성, 기획력, 주체성, 관계성을 누가 어떻게 살리고 복원할 것인가?

학교 민주주의의 성숙은 필연적으로 협동조합 내지 사회적 기업과 같은 사회적 경제로 이어진다. 자본주의로 인해 공동체와 삶의 기본적 양식이 파괴되지 않아야 한다는 관점에서 형성된 사회적 경제는 학교에서 꽃피울 수 있다. 교육은 기본적으로 포용과 협력의 가치를 중시한다. 사회적 경제는 경제 이윤을 넘어 사회적 책임, 공동체, 신뢰, 협력, 연대의 가치를 중시한다. 이는 학교를 마을과 연결된 생태계의 관점에서 바라봄을 의미한다. 지역 소멸을 걱정하는 이 시대에 아이들이 마을을 떠나지 않고 마을을 발전시켜야 한다. 지속가능한 지역을 만들어내는 선순환 구조를 만들어야 한다. 이러한 연대와 상호호혜, 협력의 가치는 학교의 고립을 탈피하여 지역, 사회, 세계와 학생들을 연결시킨다. 지역은 학생들에게 프로젝트 실천의 공간이요 배움의 장이다. 이러한 매개의 역할을 학교가 자임할 때 학교는 물론 마을과 사회가 함께 살아난다.

03

시민교육의 관점에서
교육과정 개편하기

시민교육의 관점에서 교육과정을 개편하자. 우선은 민주시민교육을 핵심 목표로 하는 교과목부터 재구조화가 필요하다. 초중고 공히 사회과 교과서를 들여다보라. 과거에 비해서 교과서의 질이 좋아지고 있고, 내용상의 진보가 이루어진 측면이 있지만, 여전히 교과 분절적 속성이 강하며, 대학교의 개론 수준의 내용을 학생들의 수준에 맞게 재구조화한 경향성이 강하게 나타난다. 초등학교와 중학교 사회과 교과서를 살펴보라. 너무 많은 정보를 우겨넣어 학생들의 흥미를 상실하게 만든다. 대부분 학창 시절, 국사와 세계사 교과서를 의미를 파악하기도 전에 일단 암기부터 하던 기억이 있을 것이다. '사회과=암기과목'으로 인식하던 과거의 관성에 대해서 사회과 교사들은 심각하게 받아들여야 한다. 물론, 이러한 인식은 과거 학력고사에서 교과서 중심으로 출제를 하면서 나타난 모습이고, 수학능력시험이 도입되었지만 다양한 읽기 자료를 제시하는 출제 패턴의 변화가 나타났을 뿐, 하나의 정답으로 수렴할 수 있는 문항이 출제된다는 점에서 본질상 크게 다르지는 않다. 학력고사에 비해서 수학능력시험은 다양한 읽기 자료가 포함되기 때문에 독서와 토론, 탐구 수업을 촉진한 측면을 부인하기는 어렵지만, 기본적으로 핵심 개념을 다양한 읽기 자료로 포장하고 있을 뿐이다.

사회과 교육과정 및 교과서를 보면 나름 사고력을 촉진하고, 민주시민교육의 자질을 함양하기 위한 다양한 수업 전략을 채택하려고 애를 쓴 흔적이 있다. 그러나 여전히 기본적으로 수학능력시험에서 출제가 잘 되는 이론과 개념의 기초를 중심으로 강의식 수업이 맹위를 부리고 있다. 만약에 교과 내용을 대폭 줄이고, 질문과 탐구, 활동 중심으로 교과서를 구성하면 오히려 현장에서 채택되지 않을 가능성도 크다. 어찌 보면 사회과 교사들도 학창 시절부터 사회과 수업의 본질을 경험해 본 적이 없다. 어떤 사회과 수업에서 천부인권사상에 대해서 선생님이 질문을 던졌는데, 그 설명을 못했다는 이유로 학생이 두들겨 맞았다는 유명한 일화가 내려오는데, 그만큼 역사를 포함한 사회과 교과가 내용의 의미에 대해서 체화하지 못한 채 지식 전달 중심의 수업을 강행하지 않았는지, 입시라는 현실에 너무나도 쉽게 타협하지 않았는지 반성과 성찰이 필요하다.

이러한 한계를 인식해서 경기도교육청에서는 민주시민교육을 제대로 가르쳐보겠다는 일념하에 민주시민, 통일시민, 세계시민

등 교육감 인정 도서를 개발하였다. 기존의 검정 교과서에 비해서 다양한 읽기 자료를 포함하였고, 주제의 시의성을 더했으며, 각종 쟁점을 많이 다루고 있기 때문에 토의·토론 수업을 진행하거나 프로젝트 활동을 하는 데 유용한 측면이 있다. 이러한 인정 교과서는 교육청 간 협약을 통해 다른 교육청에서 함께 사용할 수 있다. 기존 검정 교과서가 지닌 경직성을 나름 극복하고, 보다 과감한 시민교육을 적용하는 데 일종이 단초를 제공했다고 볼 수 있다. 하지만, 이러한 교과서를 제대로 활용하려면 단위 학교에서 선택교과로 활용해야 하는데, 고등학교에서는 수능 교과가 아니라는 이유로, 초등학교와 중학교는 선택 교과로 적용할 여지가 매우 적은 상황이다 보니 대부분의 학교에서는 교사의 의지에 따라서 일부 단원의 보조 교재로 사용하는 데 그치고 있다.

이러한 한계를 극복하고자 최근 들어 시민교육에 관한 독립 교과 논의가 이루어지고 있는데, 간단한 문제는 아니다. "시민교육"을 독립 교과로 가자는 입장은 기존의 전통적인 사회 교과가 사실상 제 기능을 못하고 있다는 점을 인정하고, 새로운 돌파구를 찾자는 입장이다. 인정 교과서 수준의 시민교육을 담아낸 교과서가 아닌 민주시민을 제대로 길러내는 내용 체계를 구축해서 교육과정과 교과서를 재편하자는 의도를 담고 있다. 취지는 좋은데, 문제는 현실이다. 현재의 교육과정은 교과별로 이수해야 할 단위 수가 정해져 있는데, 시민교육이라는 교과목을 신설될 때, 총 이수 단위를 늘리지 않는다면 내부적으로 다른 교과목을 줄여야 한다.

선택교과목에서 신설하는 것은 크게 어렵지는 않을 텐데 필수교과목으로 간다면 그야말로 타 교과와의 전쟁이 불가피하고, 사회과 내에서도 역사과와 지리과, 일반사회과, 공통사회과 간 긴장이 나타난다. 누가 그 교과목을 주도할 것인가부터 어떤 내용, 체계를 누가 주도할 것인가, 시수는 얼마나 어떻게 구성할 것인가 등등이 난제라고 봐야 한다. 그럼에도 불구하고, 시민교육을 위한 교과목 신설 이전에 왜 이러한 주장이 나왔는가를 냉정히 봐야 하고, 무엇보다 기존 사회과 교과의 정체성은 무엇인지, 왜 이렇게 분절된 방식으로 가야만 하는지, 조금만 인터넷에 검색하면 다 확인할 수 있는 사회과학에 관한 지식을 제한된 교과서의 분량 안에 그토록 많이 집어넣는 이유는 무엇인가에 대해서 명확히 해명할 필요가 있다.

근본적 질문이 필요하다. 수학능력시험과 상관없이도 그 필요성을 인정받는 사회과 교과의 목표와 내용 체계, 정체성을 어떻게 설정해야 하는가? 각 대학의 사회과 교수들은 정말 민주시민교육을 원하고 있으며, 시민의 삶을 살아가고 있는가? 사회과학 지식의 일부를 학생들에게 전수하는 방법을 넘어, 시민성 함양을 위한 철학과 방법, 내용에 대한 지식과 경험을 교사는 축적하고 있는가? 과연 민주시민을 기르는 데 유용한 교과는 사회과뿐인가? 다른 교과목에서는 민주시민을 기르기 위해서 기존 교육과정과 교과서의 내용을 어떻게 바꾸어야 하는가?

궁극적으로 민주시민교육을 제대로 기르기 위해서 2015 개정교육과정 이후를 모색해야 한다. 미래교육이라든지 4차 산업혁명에 관한 담론이 많이 나타나고 있지만, 궁극적으로는 "사람을 위한 기술, 교육, 사회, 시스템"이어야 한다. 이때의 사람은 비판적 사고력, 문제해결력, 창의력, 협업능력, 더불어 살아가는 능력, 기술 활용 능력, 미디어 문해력, 공공성의 가치를 삶으로 실현하는 참여력 등을 갖춘 민주시민을 의미한다.

미래사회는 어떤 방향으로 바뀌게 될 것인가? 현재와 같은 관료주의 길, 시장의 길, 공동체의 길이 있다. 대체적으로 전문가들은 시장의 길로 가게 될 것이라고 예측하고 있지만, 소수는 공동체의 길로 가야 한다는 희망을 표출했다. 시민 공동체를 강조하면서 공공성을 강화해야 한다는 입장에는 우리 모두가 동의할 것이다(류방란 외, 2018). 미래는 '주어진 것'이 아니라 당장 해소해야 할 숙제와 과제를 깨어있는 '시민들과 함께 논의하고 학습하며 실천하는 과정'이기 때문이다.

그런 점에서 차기 교육과정은 시민성을 제대로 함양할 수 있도록 개편 방향을 설정할 필요가 있다. 이는 사회과 교과에 국한하지 않는다. 교육과정 전체를 시민성 강화와 함양을 위해 디자인해야 한다.

미래사회와 미래교육의 담론이 활발하게 이루어지고 있는데, 그 핵심은 사사성이 아닌 시민성의 강화이다. 시대의 변화를 주도하고 감당할 수 있는 지식, 기술, 태도를 갖춘 시민을 어떻게 길러낼 것인가는 미래교육의 핵심 담론일 수 밖에 없다.

참고문헌

문교부(1979). 3차 교육과정 중학교 교육과정 총론. 문교부.

교육부, 고용노동부(2013). 2013년 OECD 국제성인역량조사(PIACC) 주요결과 발표 보도
자료.

교육부(2015). 2015 개정교육과정 초중등학교 총론. 세종 : 교육부.

류방란 외(2018). 제4차 산업혁명 시대의 교육: 학교의 미래. 진천 : 한국교육개발원.

김성천 외(2018). 교육자치 · 분권화와 국가교육 거버넌스 구축. 서울 : 대통령직속 국가교
육회의.

문화체육관광부(2017). 2017 국민독서실태조사. 세종 : 문체부.

삶과 교육을 바꾸는
맘에드림 출판사 교육 도서

나는 혁신학교에 간다

경태영 지음 / 값 14,000원

공교육을 바꾸겠다는 거대한 희망을 품고 시작된 '혁신학교'. 이 책은 일곱 개 혁신학교의 이야기를 담고 있다. 지금 우리 교육이 변화하는 생생한 현장의 모습과 아이들이 꿈을 키우고 행복하게 공부하는 희망의 터로 새롭게 자리매김하는 학교들을 이 책에서 만날 수 있다.

혁신학교란 무엇인가

김성천 지음 / 값 15,000원

교육공동체가 만들어내는 우리 시대 혁신학교 들여다보기. 혁신학교 전반에 관한 이야기를 다루고 있는 책으로, 공교육 안에서 혁신학교가 생기게 된 역사에서부터 혁신학교의 핵심 가치, 이론적 토대, 원리와 원칙, 성공적인 혁신학교의 모습을 보이고 있는 단위학교의 모습까지 담아냈다.

학부모가 알아야 할 혁신학교의 모든 것

김성천·오재길 지음 / 값 15,000원

학부모들을 위한 혁신학교 지침서!
'혁신학교에서는 무엇을, 어떻게 가르치고 있는지, 교사·학생·학부모는 어떻게 만나서 대화하고 관계를 맺어가는지, 어떤 교육목표를 지향하고 있는지 등 이 책은 대한민국 학부모들의 궁금증에 친절하게 답을 한다.

덕양중학교 혁신학교 도전기

김삼진 외 지음 / 값 14,500원

이 책의 1부는 지난 4년 동안 덕양중학교가 시도한 혁신과 도전, 성장을 사실과 경험에 기반한 스토리텔링 방식의 성장기로 전개하고 있다. 그리고 2부는 지역사회와 협력하여 펼치고 있는 교육 프로그램, 배움의 공동체 수업 등을 현장 사례 중심의 교육적 에세이 형태로 담고 있다.

학교 바꾸기 그 후 12년

권새봄 외 지음 / 값 14,500원

MBC 〈PD 수첩〉에 방영되어 화제가 되었던 남한산초등학교. 아이들이 모두 행복하고, 얼굴 표정이 밝은 아이들. 학교 가는 것을 무엇보다 좋아하고, 방학을 싫어하는 아이들. 수업과 발표를 즐겼던 이 학교를 졸업한 아이들이 그 후 12년의 삶을 세상에 이야기한다.

혁신교육 미래를 말한다

서용선 외 지음 / 값 14,000원

혁신교육 정책을 입안하고 추진하는 데 기여해왔던 6명의 교사 출신 연구자들이 혁신교육 발전에 필요한 정책 과제들을 모아 하나의 책으로 제시한다. 이 책은 교육철학, 교육과정, 교육행정과 학교 운영(거버넌스) 등에서 주요 이슈들을 정리하고 혁신교육의 성과와 과제를 보여준다.

좋은 엄마가 스마트폰을 이긴다

깨끗한미디어를위한교사운동 지음 / 값 13,500원

스마트폰은 '재미있고 편리하다'. 그러나 스마트폰 때문에 아이들은 시간을 빼앗기고, 건강이 나빠지고, 대화가 사라지며, 공부와 휴식, 수면마저 방해를 받는다. 이 책은 이러한 사례들을 생생하게 소개하고 부모들에게 아이들의 스마트폰 사용에 어떻게 대응해야 하는지 대안을 제시한다.

진짜 공부

김지수 외 지음 / 값 15,000원

혁신학교가 추구하는 '진짜 공부'와 '진짜 스펙'이 무엇인지 보여주는, 졸업생들의 생동감 넘치는 경험담. 12명의 졸업생들은 학교에서 탐방, 글쓰기, 독서, 발표, 토론, 연구, 동아리, 학생회 활동을 통해 자신들이 생각하지도 못한 진짜 공부를 경험했음을 보여준다. 이 책을 통해 무엇이 진짜 공부인지를 새삼 느낄 수 있다.

행복한 나는 혁신학교 학부모입니다

서울형 혁신학교학부모네트워크 지음 / 값 16,000원

이 책은 학부모가 자신의 눈높이에서 일러주는 아이들의 혁신학교 적응기일 뿐만 아니라, 학부모 역시 학교를 통해 자신의 삶을 고양시켜가는 부모 성장기라는 점에서 대한민국의 모든 학부모들에게 건네는 희망 보고서이기도 하다. 이 책은 혁신학교 학부모로서의 체험을 미리 하는 데 부족함이 없을 것이다.

일반고 리모델링 혁신고가 정답이다

김인호 · 오안근 지음 / 값 15,000원

서울의 한 일반계 고등학교가 혁신학교로서 4년간 도전과 변화를 겪으면서 쌓은 진로, 진학의 비결을 우리 사회 모든 학생, 학부모, 교사, 시민 등에게 낱낱이 소개해주는 책. 무엇보다 '혁신학교는 대학 입시에 도움이 안 된다'는 세간의 편견을 말끔히 떨어 없앤다.

교사, 어떻게 살아야 하는가

김성천 외 지음 / 값 15,000원

오랫동안 교육현장에서 교육과 연구를 병행해온 저자 5인이 쓴 '신규 교사를 위한 이 시대의 교사론'. 이 책은 학교구성원과의 관계 맺기부터 학교현장에서 맞닥뜨리게 되는 여러 가지 문제들과 극복 방법 등 어떻게 개인의 성장을 도모해야 하는지를 두루 답하고 있다.

다섯 빛깔 교육이야기

이상님 지음 / 값 16,000원

충북 혁신학교(행복씨앗학교)인 청주 동화초등학교의 동화 작가 출신 선생님이 아이들과 함께 보낸 한해살이 이야기다. 초등학생의 특성에 맞도록 활동 중심의 교육과정을 재구성하는 한편, 표현 위주의 교육을 위한 생활 글쓰기 교육을 실천하면서, 학교교육을 아이들의 삶과 연결시키고자 노력한 이야기들을 담고 있다.

만들자, 학교협동조합

박주희 · 주수원 지음 / 값 14,500원

이 책은 학교협동조합이 무엇인지, 어떤 유형의 학교협동조합이
가능한지, 전국적으로 현재 학교협동조합의 추진 상황은 어떠한지
국내외 사례를 통해 소개하고 안내하는 한편, 학교협동조합을
운영하는 원리와 구체적인 교육 방법을 상세하게 풀어놓고 있다.

혁신 교육 내비게이터 곽노현입니다

곽노현 편저 · 해제 / 값 17,000원

서울시 18대 교육감이자 첫 번째 진보 교육감으로서 혁신 교육을
펼쳤던 곽노현은, 우리 사회 전반을 아우르는 주요 교육 현안들을
이 책에서 포괄적으로 다루고 있다. 2014년 3월부터 1년간 방송된
교육 전문 팟캐스트 '나비 프로젝트' 인터뷰에 출연한 전문가들과
나눈 대화와 그에 대한 성찰적 후기를 담고 있다.

무엇이 학교 혁신을 지속가능하게 하는가

권성호 · 김현철 · 유병규 · 정진헌 · 정훈 지음 / 값 14,500원

독일 '괴팅겐 통합학교', 미국 '센트럴파크이스트 중등학교', 한국
혁신학교의 사례들을 통해 성공적인 학교 혁신의 공통점을
찾아내고 그것을 지속가능하도록 만들기 위해서 필요한 것은
무엇인지를 보여준다. 독자들은 '좋은 학교'를 만들기 위한 학교
혁신의 세계적인 공통점을 찾을 수 있다.

혁신학교의 거의 모든 것

김성천 · 서용선 · 홍섭근 지음 / 값 15,000원

이 책은 혁신학교에 대한 100가지 질문에 답하면서 혁신학교의
역사, 배경, 현황, 평가와 전망을 구체적인 증거를 통해 설명하고
있다. 이 책은 우리 사회에 필요한 교육은 무엇인지, 교사와
학생들이 더 즐겁게 가르치고 배우면서 성장할 수 있는 교육을
위해 필요한 것이 무엇인지 등을 더 깊이 생각해보게 한다.

혁신학교 효과

한희정 지음 / 값 15,000원

이 책에서 저자는 혁신학교 효과를 살펴보기 위해 혁신학교가 OECD DeSeCo 프로젝트에 제시된 '핵심 역량'을 가르치고 있는지, 학생·학부모·교사가 서로 배우는 교육공동체를 이루고 있는지, 학생의 발달을 위한 다양한 교육과정을 운영하고 있는지 등을 반 학교와 비교하여 설명한다.

더불어 읽기

한현미 지음 / 값 13,500원

이 책은 교사들이 학습공동체를 통해 교직의 전문성과 자율성을 새롭게 발견하며 성장하는 이야기를 다룬다. 이 책에서 저자는 이러한 비인격적인 제도와 환경 아래서 교사들이 행복을 되찾기 위해서는 서로 협력하며 같이 배우면서 아이들과 함께 성장할 수 있어야 한다고 말한다.

I Love 학교협동조합

박선하 외 지음 / 값 13,000원

학교에 협동조합을 만드는 일에 참여했던 학생들의 협동조합 활동과 더불어 자신과 친구들이 어떻게 성장했는지를 이야기한다. 글쓴이 중에는 중학교 1학년 때부터 사회복지사라는 장래 희망을 가지고 학교협동조합에 참여한 학생도 있고, '뭔가 재밌을 것 같다'는 호기심을 가지고 시작한 학생 등 다양한 사례를 담고 있다.

내면 아이

이준원·김은정 지음 / 값 15,500원

'내면 아이'가 자녀/학생과의 관계에서 어떠한 영향력을 행사하는지, 어떻게 갈등을 일으키는지 볼 수 있게 한다. 그 뿌리를 찾아 근원부터 치유하는 방법들은 필자의 경험을 바탕으로 종합한 것이다. 또한 임상 경험을 아주 쉽게 소개하여 스스로 자신의 '내면 아이'를 만나고 치유할 수 있도록 하는 데 중점을 두었다.

어서 와, 학부모회는 처음이지?

조용미 지음 / 값 15,000원

두 아이의 엄마인 저자가 다년간 학부모회 활동을 하면서 알게 된 노하우와 그간의 이야기들을 담은 책. 학부모회 활동을 처음 시작하는 이들이나, 이미 학부모회에서 활동 중이지만 학교라는 높은 벽에 부딪혀 방향성을 고민 중인 이들에게 권한다.

학교협동조합 A to Z

주수원 · 박주희 지음 / 값 11,500원

'학교협동조합'의 설립 및 운영과 관련해 학생, 학부모, 교사들이 궁금해할 만한 이야기들을 질문과 답변 형식으로 풀어냈다. 강의와 상담을 통해 자주 접하는 질문들로 구성했으며, 학교협동조합과 관련된 개념들을 좀 더 쉽고 빠르게 이해하는 데 중점을 두었다.

교육을 교육답게 우리교육 다시 세우기

최승복 지음 / 값 16,000원

20여 년간 교육부 공무원으로 정책을 연구하고 입안해온 저자가 우리 사회가 당면한 교육 문제의 본질과 대안을 명확하게 정리한 책. 저자는 표준화된 교육과정과 평가에 따라 학생들에게 획일성과 경쟁만 강조해왔던 과거의 교육을 단호히 비판하고 학생 개개인에게 맞는 개별화 교육이 필요하다고 주장한다.

혁신교육 정책피디아

한기현 지음 / 값 15,000원

이 책의 저자는 교육 현장은 물론, 행정 프로세스에 대한 경험을 모두 갖춘 만큼 교원 업무 정상화, 학폭법의 개정, 상향식 평가, 교사 인권 보호, 교육청 인사, 교원연수 등과 관련해 교육 현장의 가려운 곳을 제대로 짚어 긁어주면서도 현실성 높은 다양한 정책들을 제안한다.

혁신교육지구란 무엇인가?

강민정 · 안선영 · 박동국 지음 / 값 16,000원

이 책은 혁신교육지구에 관한 거의 모든 것을 아우른다. 시흥시와 도봉구의 실제 운영 사례와 향후 과제는 물론 정책 제안까지 담고 있어, 혁신교육지구에 관심을 가진 사람들뿐만 아니라 혁신교육지구와 관련된 업무를 담당하고 있는 현장의 전문가 및 정책 입안자들에게도 큰 도움이 될 것이다.

주제와 감수성이 살아나는 공감 수업

김홍탁 · 강영아 지음 / 값 16,000원

교육의 본질은 수업이며, 학생들은 수업에서 삶을 배워야 한다. 저자들은 그 연결 고리를 '공감'으로부터 찾아냈다. 역사와 정치, 민주주의를 관통하는 주제가 살아 있는 수업, 타인과 사회를 공감하는 수업을 통해 아이들은 성숙한 민주시민으로 성장해나갈 것이다.

공교육, 위기와 도전

김인호 지음 / 값 15,000원

학생들에게 무한경쟁만 강요하는, 우리 교육 시스템과 그로 인해 붕괴된 교실에서 교육주체들은 길을 잃고 말았다. 이 책은 이러한 시스템 속에서 고통을 겪고 있는 교사, 학생, 학부모, 지역사회가 연대하여, 교육과정·수업·평가·진로 등 모든 영역에서 잘못된 교육 제도와 관행을 이겨낼 수 있는 대안과 실천 사례를 상세히 제시한다.

고교학점제란 무엇인가?

김성천 · 민일홍 · 정미라 지음 / 값 17,000원

이 책은 아직까지 우리나라에서는 생소한 개념인 고교학점제에 대한 거의 모든 것을 아우른다. 아울러 고교학점제가 올바로 정착하기 위해 학교 현장의 교사는 물론 학생, 학부모에게도 학점제를 좀 더 깊이 이해하기 위한 좋은 지침서가 되어줄 것이다.

학교, 민주시민교육을 실천하다!

교육정책디자인연구소시민모임 지음 / 값 17,000원

학교에서 어떤 식으로 민주시민교육이 이루어져야 하는지를 이야기한다. 특히 학생들의 눈높이에 맞춰 민주주의를 그들의 삶과 어떻게 연결시킬지에 초점을 맞추었다. 18세 선거권, 다문화와 젠더 등 다양한 차별과 혐오 이슈, 미디어 홍수 시대의 시민교육, 통일 이후의 평화로운 공존 방안 등의 시민교육 주제들을 아우른다.

고교학점제, 어떻게 실천할 것인가?

김삼향 · 김인엽 · 노병태 · 정미라 · 최영선 지음/ 값 20,000원

이 책은 고교학점제의 구체적인 실천 방안을 중심으로 풀어간다. 특히 소통과 협력이 원활한 학교문화, 체계적인 학교운영, 학생들이 주체가 된 과목 선택과 진로교육을 위한 다양한 교육과정 편성 및 운영, 발달적 관점에서의 질적 평가, 학점제에 최적화된 학교 공간혁신 등을 아우른다. 특히 마이스터고와 특성화고의 실천 사례들도 함께 소개하고 있다.

시인 체육교사로 산다는 것

김재룡 지음 / 값 16,000원

이 책은 정년퇴임까지의 한평생을 체육교사이자 시인으로서 살아온 저자가 솔직하고 담담한 자세로 쓴 일상의 기록이며, 한편으로는 구술사를 꾸준히 고민해온 저자 자신의 역사가 담긴 사료(史料)이다. 그는 자신의 삶 속에서 타인의 고통과 접속하며 자신의 고통을 대면하여 가볍게 만드는, 자기치유의 가능성을 말한다. 사소한 순간의 기억이 모여 운명처럼 완성된 한 생애의 이야기가 여기 있다.

포스트 코로나 시대, 학교가 디자인하는 미래교육

송영범 지음/ 값 15,500원

이 책은 인류의 생존마저 위협하는 다양한 글로벌 문제들의 해결에 있어 학교교육의 역할과 포스트 코로나 시대 미래학교의 방향성을 인본주의 관점에서 다시 짚어본다. 교육사조를 통해 미래교육의 집중 방향을 조명하는 한편, 실제 학교교육의 진화로 이어지는 실천을 위해 최근의 국내외 교육 트렌드와 함께 구체적인 실천 방법에 관해서도 이야기한다.

독자 여러분의 소중한 원고를 기다립니다

맘에드림 출판사는 독자 여러분의 소중한 원고를 기다리고 있습니다. 원고가 있으신 분은 momdreampub@naver.com으로 원고의 간단한 소개와 연락처를 보내주시면 빠른 시간에 검토해 연락을 드리겠습니다.